Umsatzsteuer in der Insolvenz – neue Facetten des Leistungsfähigkeitsprinzips

Europäische Hochschulschriften

Publications Universitaires Européennes
European University Studies

Reihe II
Rechtswissenschaft

Série II Series II
Droit
Law

Bd./Vol. 5369

PETER LANG
Frankfurt am Main · Berlin · Bern · Bruxelles · New York · Oxford · Wien

Johannes Schwarz

Umsatzsteuer in der Insolvenz – neue Facetten des Leistungsfähigkeitsprinzips

PETER LANG
Internationaler Verlag der Wissenschaften

Bibliografische Information der Deutschen Nationalbibliothek
Die Deutsche Nationalbibliothek verzeichnet diese Publikation in der Deutschen Nationalbibliografie; detaillierte bibliografische Daten sind im Internet über http://dnb.d-nb.de abrufbar.

Zugl.: Osnabrück, Univ., Diss., 2011

Gedruckt auf alterungsbeständigem, säurefreiem Papier.

D 700
ISSN 0531-7312
ISBN 978-3-631-63638-1

www.peterlang.de

Vorwort

Die vorliegende Arbeit wurde von der Juristischen Fakultät der Universität Osnabrück im Sommersemester 2011 als Dissertation angenommen (Stand von Rechtsprechung und Literatur: Juli 2011).

Sie teilt das Schicksal wohl vieler Dissertationen, nämlich dass ihr Aufwand und ihre Schwierigkeiten unterschätzt wurden. Nicht nur einmal war die Entwicklung und Erprobung der eigenen Thesen mit der Sorge verbunden, ob der eingeschlagene Weg zielführend ist. Ich bin dankbar, dass ich mir diese Sorge machen durfte.

Dankbar bin ich auch den Menschen, die mich während dieser Arbeit begleitet haben. Mein ganz herzlicher Dank gilt Frau Professor Heike Jochum für die stets gute Betreuung und vor allem für den entscheidenden Hinweis, der mich zu dem Thema meiner Dissertation geführt hat. Danken möchte ich auch meinen Freunden und Kollegen Susanne und Peter für ihren Zuspruch, der mir immer eine große Hilfe war. Einen großen Beitrag zum Gelingen dieser Arbeit hat auch meine Frau Galina geleistet, die mir als Lektorin mit Rat und Tat zur Seite gestanden hat und der ich viel Geduld abverlangt habe.

Schließlich und vor allem gebührt mein Dank meinen Eltern. Durch ihre Liebe und ihr Vorbild haben sie mir die nötigen Grundlagen mit auf den Weg gegeben, ohne die mir diese Dissertation nicht gelungen wäre. Meiner Mutter und dem Andenken meines Vaters ist diese Arbeit daher gewidmet.

Roßtal, im April 2012 — Johannes Schwarz

Inhaltsverzeichnis

A. Problemaufriss und Gang der Untersuchung

I. Die Kollision von Insolvenz- und Steuerrecht

Unter Geltung der Konkursordnung war das Verhältnis von Konkursrecht und Steuerrecht nicht positivgesetzlich geregelt.[1] Mit In-Kraft-Treten der Insolvenzordnung zum 01.01.1999 (Art. 110 Abs. 1 EGInsO) hat sich hieran nichts geändert.[2] Der im Gesetzgebungsverfahren laut gewordene Ruf nach einem einheitlichen Insolvenzsteuerrecht „*aus einem Guss*"[3] hat keine Beachtung gefunden. Weder in der Insolvenzordnung noch in den Einzelsteuergesetzen finden sich umfassende Regelungen des Verhältnisses beider Rechtsgebiete.

In den Steuerrechtsvorschriften wird das Insolvenzverfahren nur vereinzelt erwähnt, so z. B. in den §§ 75 Abs. 2, 171 Abs. 13, 251 Abs. 2 und 3, 282 AO, §§ 4, 16 GewStDV. Aus § 251 Abs. 2 Satz 1 AO, wonach die Vorschriften der Insolvenzordnung für die Vollstreckung von Verwaltungsakten unberührt bleiben, leitet die ganz h. M. ab, dass sich zwar die Geltendmachung von Steuerforderungen im Insolvenzverfahren nach den Regeln des Insolvenzrechts richtet. Die Entstehung der Steueransprüche, die Art der Einkünfte sowie die Berechnung deren Höhe bestimmt sich jedoch auch nach Insolvenzeröffnung unverändert nach den steuerrechtlichen Vorschriften.[4] Mangels einer gesetzlichen Regelung

---

1 *Dietmar Onusseit*, Umsatzsteuer im Konkurs, Köln, 1988, S. 1.

2 *Gerrit Frotscher*, in: Gottwald, Peter (Hrsg.), Insolvenzrechts-Handbuch, 4. Aufl., München, 2010, § 120 Rn. 1; *Dietmar Onusseit*, Die umsatzsteuerlichen Folgen des in der Insolvenz steckengebliebenen Bauvorhabens, in: Insolvenzrecht im Wandel der Zeit: Festschrift für Hans-Peter Kirchhof zum 65. Geburtstag, Recklinghausen, 2003, S. 373.

3 *Dieter Dziadkowski*, Wider die voreilige Aufhebung der Steuerbefreiung für Sanierungsgewinne nach § 3 Nr. 66 EStG, DB 1997, 447 (449).

4 BFH, Urt. v. 27.11.1974, I R 185/73, BStBl. II 1975, 208; BFH, Urt. v. 14.02.1978, VIII R 28/73, BStBl. II 1978, 356, mit Verweis auf RFH, Urt. v. 22.06.1938, IV 687/37, RStBl. 1938, 669. *Frotscher*, in: Gottwald (Fn. 2), § 120 Rn. 9, m. w. N.

wird das Verhältnis von Insolvenz- und Steuerrecht, wie bereits zu Zeiten der Konkursordnung, entscheidend durch die Rechtsprechung geprägt.[5]

II. Die Bedeutung der Umsatzsteuer im Insolvenzverfahren

Innerhalb des von der Rechtsprechung geprägten „Insolvenzsteuerrechts"[6] kommt der Umsatzsteuer im Insolvenzverfahren über das Vermögen des umsatzsteuerlichen Unternehmers eine besondere Bedeutung zu. Das Insolvenzverfahren verfolgt vorrangig das Ziel der bestmöglichen Gläubigerbefriedigung durch Verwertung des Vermögens des Schuldners oder dessen Sanierung (§ 1 S. 1 InsO). Der Insolvenzverwalter ist folglich gezwungen, umsatzsteuerbare Leistungen für die Insolvenzmasse auszuführen oder solche Leistungen, wenn sie bereits vorinsolvenzlich eingeleitet waren, abzuschließen oder rückabzuwickeln. Die Vielzahl an Umsatzsteuertatbeständen bringt die Frage mit sich, ob die aus der Verwirklichung der einzelnen Tatbestände resultierenden Steuerforderungen solche sind, die als Insolvenzforderungen gemäß § 38 InsO lediglich an einer quotalen Befriedigung teilnehmen, oder solche, die als Masseverbindlichkeiten gemäß §§ 53 ff. InsO vorweg aus der Masse zu befriedigen sind. Nicht zuletzt in der Schwierigkeit der Abgrenzung von Insolvenz- und Masseforderungen liegt der Grund dafür, dass die Umsatzsteuer neben ihrer wirtschaftlichen auch eine für den Insolvenzverwalter haftungsrelevante Bedeutung zukommt.

III. Die Bedeutung des Leistungsfähigkeitsprinzips für die Umsatzsteuer

Das Prinzip der Besteuerung nach der wirtschaftlichen Leistungsfähigkeit dient als Maßstab für eine gerechte Verteilung der steuerlichen Lasten

---

5 *Gerrit Frotscher*, Besteuerung bei Insolvenz, 7. Aufl., Frankfurt a. M., 2010, S. 17; *Dietmar Onusseit*, Die Rechtsprechung des BFH mit insolvenzrechtlichem Bezug in der Zeit vom 1.1.2000 bis 30.6.2006, ZInsO 2006, 1084.

6 So *Frotscher*, in: Gottwald (Hrsg.), Insolvenzrechts-Handbuch, 4. Aufl., 2010, § 120 Rn. 1; anders *Karl-Heinz Maus*, Steuern im Insolvenzverfahren, Recklinghausen, 2004, Rn. 3, der es ablehnt, von einem „Insolvenzsteuerrecht" zu sprechen.

auf alle Steuerpflichtigen. Das Leistungsfähigkeitsprinzip ist auch in den Fällen zu berücksichtigen, in denen über das Vermögen des umsatzsteuerlichen Unternehmers ein Insolvenzverfahren eröffnet ist. Nach Insolvenzeröffnung stellt sich die Frage, ob die Insolvenzmasse zur allgemeinen Finanzierung der Staatsaufgaben uneingeschränkt oder nur quotal heranzuziehen ist. Maßgeblich hierfür ist die insolvenzrechtliche Zuordnung der Umsatzsteuer zu den Insolvenzforderungen oder den Masseverbindlichkeiten.

IV. Die insolvenzrechtliche Zuordnung der Umsatzsteuer unter Berücksichtigung des Leistungsfähigkeitsprinzips

Das Fehlen gesetzlicher Regelungen zum Verhältnis von Umsatzsteuer- und Insolvenzrecht führt zu Abstimmungsproblemen, die unter Rückgriff auf die allgemeinen Prinzipien von Insolvenz- und Steuerrecht gelöst werden müssen. Mit dieser Arbeit soll gezeigt werden, dass sich für die umstrittene insolvenzrechtliche Einordnung der Umsatzsteuer unter Berücksichtigung des Prinzips der Besteuerung nach der wirtschaftlichen Leitungsfähigkeit dogmatisch überzeugende Lösungen ergeben. Der insolvenzrechtliche Begriff der *Begründetheit* in § 38 InsO, der die Grenze zwischen Insolvenzforderungen und Masseforderungen markiert, fragt nach dem Zeitpunkt, in dem der Rechtsgrund für eine Forderung gelegt ist. Da die Ermittlung dieses Zeitpunkts vor allem im Bereich der Umsatzsteuer Schwierigkeiten bereitet, bedarf es einer teleologischen Korrektur des Begründetheitsbegriffs, die sich an dem Prinzip der Besteuerung nach der wirtschaftlichen Leistungsfähigkeit auszurichten hat. Es wird gezeigt werden, dass die Zuordnung der Umsatzsteuer zu den Masseforderungen dann gerechtfertigt ist, wenn eine Leistungsfähigkeit der Insolvenzmasse durch eine Rechtshandlung des Insolvenzverwalters dokumentiert ist, oder wenn eine vorinsolvenzlich zum Ausdruck gekommene Leistungsfähigkeit nach Insolvenzeröffnung in der Insolvenzmasse fortwirkt.

Die These soll in drei Schritten belegt werden. Im *Ersten Schritt* wird untersucht, ob es der verfassungsrechtliche Grundsatz der Besteuerung nach der Leistungsfähigkeit für den Bereich der Umsatzsteuer gebietet, die wirtschaftliche Leistungsfähigkeit nicht nur des Leistungsempfängers, sondern des ebenfalls mit der Umsatzsteuer belasteten leistenden Unternehmers zu berücksichtigen. In einem *Zweiten Schritt* wird geprüft, ob der insolvenzrechtliche Begriff der *Begründetheit* im Bereich der Umsatzsteuer anhand einer am Leistungsfähigkeitsprinzip ausgerichteten teleologischen Korrektur des Gesetzes definiert werden muss. Schließlich wird in einem *Dritten Schritt* ermittelt, welche Auswirkungen sich aus dem Leistungsfähigkeitsprinzip für die verschiedenen Umsatzsteuertatbestände im Insolvenzverfahren über das Vermögen des umsatzsteuerlichen Unternehmers ergeben.

B. Das Leistungsfähigkeitsprinzip im Umsatzsteuerrecht und die Belastungswirkung der Umsatzsteuer

I. Das Leistungsfähigkeitsprinzip als verfassungsrechtlicher Besteuerungsgrundsatz und seine Anwendbarkeit auf die Umsatzsteuer

1. Die Leistungsfähigkeit als Maßstab der Besteuerung

Die Besteuerung eines jeden Steuersubjekts muss sich an dessen wirtschaftlicher Leistungsfähigkeit ausrichten. Es soll eine Gleichheit der steuerlichen Last im Sinne einer verhältnismäßigen Verteilung auf die Steuersubjekte gewährleistet werden. Das Leistungsfähigkeitsprinzip war in Art. 134 Weimarer Reichsverfassung (WRV) verankert.[7] Eine entsprechende Norm findet sich im Grundgesetz nicht. Gleichwohl stellt das Leistungsfähigkeitsprinzip nach der wohl h. L. einen verfassungsrechtlichen Besteuerungsgrundsatz dar.[8] Dieser Auffassung hat sich die Recht-

---

7 Art. 134 WRV lautete: „Alle Bürger ohne Unterschied tragen im Verhältnis ihrer Mittel zu allen öffentlichen Lasten nach Maßgabe der Gesetze bei."

8 *Armin Pahlke*, in: Pahlke, Armin/Koenig, Ulrich (Hrsg.), Abgabenordnung (Kommentar), 2. Aufl., München, 2009, § 3 Rz. 49; *Joachim Lang*, in: Tipke, Klaus/Lang, Joachim, Steuerrecht, 20. Aufl., Köln, 2010, § 4 Rz. 81 ff.; *Ralf P. Schenke*, Die Rechtsfindung im Steuerrecht, Tübingen, 2007, S. 333, 406; *Klaus Tipke*, Über „richtiges" Steuerrecht, StuW 1988, 262, (270); *Joachim Lang*, Verantwortung der Rechtswissenschaft für das Steuerrecht, StuW 1989, 201 (208); *Dieter Birk*, Das Leistungsfähigkeitsprinzip als Maßstab der Steuernormen, Köln, 1983, S. 236; *ders.*, Zum Stand der Theoriediskussion in der Steuerrechtswissenschaft, StuW 1983, 293 (297); *ders.*, Das Leistungsfähigkeitsprinzip in der Unternehmenssteuerreform, StuW 2000, 328 (329); *Paul Kirchhof*, Bundessteuergesetzbuch – Ein Reformentwurf zur Erneuerung des Steuerrechts, Heidelberg, 2011, § 1 Rn. 15; *ders.*, Der verfassungsrechtliche Auftrag zur Besteuerung nach der finanziellen Leistungsfähigkeit, StuW 1985, 319 (323); *Markus Möstl*, Verfassungsrechtliche Grenzen der Besteuerung. Dargestellt am Beispiel der Vermögensteuer, Veräußerungsgewinnbesteuerung und Abgeltungssteuer, DStR 2003, 720; *Heike Jochum*, Verfassungsrechtliche Grenzen der Pauschalierung und Typisierung am Beispiel der Besteuerung privater Aktiengeschäfte, DStZ 2010, 309 (310); a. A. *Heinrich Wilhelm Kruse*, Lehrbuch des Steuerrechts, Bd. 1, München, 1991, S. 50 f.; *ders.*, Über die Gleichmäßigkeit der Besteuerung, StuW 1990,

sprechung angeschlossen. Das Bundesverfassungsgericht folgert die Notwendigkeit einer Besteuerung, die sich an der wirtschaftlichen Leistungsfähigkeit jedes Steuersubjekts orientiert, aus dem allgemeinen Gleichheitsgrundsatz des Art. 3 Abs. 1 GG.[9] Der Bundesfinanzhof geht, im Ergebnis mit dem Bundesverfassungsgericht übereinstimmend, davon aus, dass sich der verfassungsmäßige Rang des Prinzips der Besteuerung nach der wirtschaftlichen Leistungsfähigkeit aus dem Zusammenwirken von Demokratie- und Sozialstaatsprinzip sowie von Freiheits- und Gleichheitsrechten ergibt.[10]

Dem ist zuzustimmen. Die Leistungsfähigkeit eines Steuersubjekts stellt nicht nur eine absolute, faktische Schranke der Belastbarkeit dar.[11] Es handelt sich nicht um ein bloßes „*finanzwissenschaftliches Postulat*"[12], eine Kapitulation vor der Tatsache, dass eine Belastung mit Steuern über die Belastungsgrenze hinaus nicht möglich ist. Die Leistungsfähigkeit eines Steuersubjekts darf zudem nicht nur deswegen Ziel einer Besteuerung werden, weil sich bei dem Leistungsfähigen die Steuer leichter beitreiben ließe.[13] Das Leistungsfähigkeitsprinzip ist also nicht das Feigenblatt für ein Praktikabilitätsdenken, das sich an dem Gedanken reibungsloser Steuerbeitreibung orientiert. Das Leistungsfähigkeitsprinzip folgt stattdessen unmittelbar aus der Verfassung.

322 (327); *Lothar Woerner*, Die Steuerrechtsprechung zwischen Gesetzeskonkretisierung, Gesetzesfortbildung und Gesetzeskorrektur, in: Tipke, Klaus (Hrsg.), Grenzen der Rechtsfortbildung durch Rechtsprechung und Verwaltungsvorschriften im Steuerrecht, DStJG Band 5, Köln, 1982, S. 23 (50).

9 BVerfG, Beschl. v. 07.11.2006, 1 BvL 10/02, BStBl. II 2007, 192, 201 f.

10 BFH, Beschl. v. 09.05.2001, XI B 151/00, BStBl. II 2001, 552 (553).

11 So aber *Walter Leisner*, Von der Leistung zur Leistungsfähigkeit – die soziale Nivellierung, StuW 1983, 97 (100).

12 *Kruse*, Lehrbuch des Steuerrechts, Bd. 1, 1991, S. 51.

13 *Wolfgang Arndt*, Steuerliche Leistungsfähigkeit und Verfassungsrecht, in: Festschrift für Otto Mühl zum 70. Geburtstag, Stuttgart, 1981, S. 17 (29); *Leisner*, StuW 1983, 97 (99 f.).

2. Die verfassungsrechtlichen Grundlagen des Leistungsfähigkeitsprinzips

Die Besteuerung nach der wirtschaftlichen Leistungsfähigkeit ist eine Maxime des Steuerrechts von Verfassungsrang.[14] Die verfassungsrechtlichen Wurzeln liegen in dem Schutz des Eigentums (Art. 14 Abs. 1 GG), der Berufsfreiheit (Art. 12 Abs. 1 GG), dem Gleichheitsgrundsatz (Art. 3 Abs. 1 GG) sowie in dem Sozialstaatsprinzip (Art. 20 Abs. 1 GG).

a) Die Eigentumsgarantie (Art. 14 GG)

Das Grundgesetz setzt mit der Eigentumsgarantie des Art. 14 Abs. 1 S. 1 GG eine absolute Schranke für die Besteuerung. Art. 14 Abs. 1 S. 1 GG schützt das Eigentum. Gleichzeitig dient das Eigentum im Rahmen seiner Sozialbindung dem Allgemeinwohl (Art. 14 Abs. 2 S. 1 GG), sodass der Gesetzgeber ermächtigt ist, die Allgemeinwohldienlichkeit durch die Besteuerung des Eigentums zu verwirklichen (Art. 14 Abs. 1 S. 2 GG). Der Spannungsbogen zwischen beiden Zielsetzungen, nämlich Garantie des Eigentums einerseits und Sozialbindung andererseits, ist dadurch zu lösen, dass dem Eigentümer nach der Besteuerung sowohl die Substanz, das Eigentum selbst, als auch noch ein privater Nutzen daraus verbleiben muss.[15]

Die absolute Schranke der Besteuerung unter Wahrung der Eigentumsgarantie stellt folglich die maximale Leistungsfähigkeit des Steuerpflichtigen abzüglich des privaten Nutzens dar, der ihm zu belassen ist. Die Größe dieses Nutzens ist nicht genau bestimmt. Die Besteuerung findet ihre obere Schranke aber bereits deutlich vor Erreichen der Leistungsfähigkeitsgrenze des Steuerpflichtigen.[16]

---

14 *Kirchhof*, Bundessteuergesetzbuch, 2011, § 1 Rn. 14 f.; *ders.*, StuW 1985, 319 (323).

15 *Kirchhof*, StuW 1985, 319 (323).

16 Vgl. BVerfG, Beschl. v. 22.06.1995, 2 BvL 37/91, BVerfGE 93, 121 (138), sog. Halbteilungsgrundsatz, der von BVerfG, Beschl. v. 18.01.2006, 2 BvR 2194/99, BVerfGE 115, 97 (112) zugunsten eines deutlich weniger trennscharfen allgemeinen Verhältnismäßigkeitsprinzips aufgegeben wurde.

b) Die Berufsfreiheit (Art. 12 GG)

Die wirtschaftliche Leistungsfähigkeit eines Steuersubjekts ist unter anderem das Ergebnis seiner Berufsausübung, d. h. der Nutzbarmachung seiner individuellen Arbeitskraft. Der Erfolg individueller Arbeitskraft wird geschützt durch die Berufsfreiheit (Art. 12 Abs. 1 GG). Die erhöhte Steuerbelastung des Leistungsfähigen darf nicht dazu führen, dass sich seine Leistung für ihn selbst nicht mehr lohnt.[17] Die Freiheit der Berufsausübung wäre nicht mehr gewährleistet, wenn die aus der Berufsausübung resultierende wirtschaftliche Leistungsfähigkeit in einem Maße abgeschöpft werden würde, die den Leistungswillen untergräbt. Die grundgesetzliche Garantie der Berufsfreiheit stellt insoweit eine absolute Grenze der Besteuerung dar.

c) Der allgemeine Gleichheitssatz (Art. 3 Abs. 1 GG)

Die Notwendigkeit der Besteuerung nach der wirtschaftlichen Leistungsfähigkeit folgt auch aus dem allgemeinen Gleichbehandlungsgrundsatz. Der Gleichheitssatz des Art. 3 Abs. 1 GG gibt dem Gesetzgeber auf, für relative Gleichheit Sorge zu tragen. Wesentlich Gleiches muss gleich, wesentliches Ungleiches muss ungleich behandelt werden. Der Maßstab für eine Gleichbehandlung im Steuerrecht, d. h. für eine gleiche Verteilung der Steuerlast, kann ausschließlich die wirtschaftliche Leistungsfähigkeit des Steuerpflichtigen sein. Wirtschaftlich gleich leistungsfähige Steuerpflichtige müssen die gleiche Steuerlast tragen. Hingegen muss der wirtschaftlich leistungsfähigere Gutverdiener mehr Steuern zahlen als der wirtschaftlich nicht so leistungsfähige Geringverdiener. Art. 3 Abs. 1 GG drückt somit aus, dass sich die Besteuerung an der relativen Leistungsfähigkeit der Steuerpflichtigen ausrichten muss. Ein anderer sachgerechter Anknüpfungspunkt für die steuerliche Lastenverteilung als die Leistungsfähigkeit existiert nicht. Unschädlich ist in diesem Zusammenhang, dass vom Gesetzgeber erst definiert werden muss, wie die wirtschaftliche Leistungsfähigkeit des Einzelnen zu ermitteln ist.

---

17 *Kirchhof*, StuW 1985, 319 (321 f.).

d) Das Sozialstaatsprinzip (Art. 20 Abs. 1 GG)

Auch das Sozialstaatsprinzip (Art. 20 Abs. 1 GG) verlangt, dass sich die Verteilung der Steuerlast an der relativen wirtschaftlichen Leistungsfähigkeit der Steuerpflichtigen orientieren muss. Das Sozialstaatsprinzip verpflichtet den Staat, für einen Ausgleich der sozialen Gegensätze und somit für eine gerechte Sozialordnung zu sorgen.[18] Wie dieses Ziel zu erreichen ist, ist nicht festgeschrieben. Der Staat kann sich daher grundsätzlich aller denkbarer Möglichkeiten bedienen. Er kann Behörden mit entsprechender Aufgabensetzung errichten oder auch private Wohlfahrtsorganisationen mit finanziellen Mitteln oder Fördermöglichkeiten in die Lage versetzen, derartige Aufgaben wahrzunehmen.

Die Steuererhebung, die dem Staat überhaupt erst die Erzielung der Einnahmen ermöglicht, die er zur Erfüllung seiner Aufgaben zwingend benötigt, kann in diesem Zusammenhang als einzige Maßnahme nicht ersetzt werden. Wenn es aber gerade die Steuern sind, die, zumindest zu einem Teil, dazu zu verwenden sind, das Ziel einer gerechten Sozialordnung zu erreichen, so muss bereits die Steuererhebung dieses Ziel mitberücksichtigen. Andernfalls würde die Steuererhebung zu einer Verletzung des Sozialstaatsprinzips führen, die anschließend durch die Verwendung der Steuereinnahmen wieder geheilt werden müsste.

3. Der Anwendungsbereich des Leistungsfähigkeitsprinzips

Wird das Leistungsfähigkeitsprinzip für den Bereich der Einkommensteuer von seinen Befürwortern auch anerkannt, so ist seine Bedeutung außerhalb des Einkommensteuerrechts weitgehend unerforscht.[19] Teilweise wird das Leistungsfähigkeitsprinzip nur für direkte Steuern wie die Einkommensteuer als maßgeblich erachtet, da indirekte Steuern nicht nach der individuellen Leistungsfähigkeit des Steuerträgers bemessen seien.[20] Teile der Literatur, die dem Leistungsfähigkeitsprinzip einen Ver-

18 BVerfG, Urt. v. 18.07.1967, 2 BvF 3, 4, 5, 6, 7, 8/62; 2 BvR 139, 140, 334, 335/62, BVerfGE 22, 180 (204).

19 *Rainer Wernsmann*, in: Hübschmann, Walter/Hepp, Ernst/Spitaler, Armin (HHSp), Abgabenordnung - Finangerichtsordnung (Kommentar), Loseblattausgabe, Köln, 212. Lieferung, Stand Mai 2011, § 3 AO Rn. 88.

20 *Kirchhof*, StuW 1985, 319 (324).

fassungsrang nicht zugestehen, ihm aber eine Konkretisierungsfunktion zukommen lassen, sehen seine Wirkung gar auf das Einkommensteuerrecht[21] oder auch nur auf den Bereich der Berücksichtigung von Unterhaltsaufwendungen als außergewöhnliche Belastungen beschränkt.[22]

a) Das Leistungsfähigkeitsprinzip als Grundgedanke des Steuerrechts

Das Prinzip der Besteuerung nach der Leistungsfähigkeit ist bei allen Steuerarten zu berücksichtigen. Die für einen beschränkten Anwendungsbereich des Leistungsfähigkeitsprinzips eintretenden Ansichten verkennen, dass sich die Leistungsfähigkeit nicht nur danach bemessen lässt, wie viel Gewinn oder Überschuss ein Steuerpflichtiger erzielt oder welchen Unterhaltsverpflichtungen er ausgesetzt ist, denen er sich nicht entziehen kann. Anknüpfungspunkte der Leistungsfähigkeit können auch andere Kriterien sein, z. B. die im angesammelten Vermögen zum Ausdruck kommende Leistungsfähigkeit, die Menge des Konsums oder auch das In-Verkehr-bringen von Waren. Das Leistungsfähigkeitsprinzip als eine der Verfassung entspringende Maxime der Steuergerechtigkeit ist daher nicht auf die Einkommensteuer beschränkt, sondern durchzieht das gesamte Steuerrecht. Die Leistungsfähigkeit des Steuerträgers muss Maßstab jeder Belastungsentscheidung des Steuergesetzgebers sein.[23] Eine Einschränkung auf einzelne Steuerarten widerspräche auch dem verfassungsrechtlichen Rang des Leistungsfähigkeitsprinzips und ist daher abzulehnen.

---

21 *Kruse*, Lehrbuch des Steuerrechts, Bd. 1, 1991, S. 51 f; *ders.*, StuW 1990, 322 (328).

22 *Hans-Wolfgang Arndt*, Grundzüge des allgemeinen Steuerrechts, München, 1988, S. 72 f.; mittlerweile erkennt auch Arndt zumindest eine Bedeutung des Leistungsfähigkeitsprinzips für den Bereich der Körperschaft-, Einkommen- und Gewerbesteuer an, vgl. *Hans-Wolfgang Arndt/Holger Jenzen*, Grundzüge des allgemeinen Steuer- und Abgabenrechts, 2. Aufl., München, 2005, S. 103.

23 Vgl. BVerfG, Beschl. v. 07.11.2006, 1 BvL 10/02, BStBl. II 2007, 192, 201 f. (zum ErbStG); *Kirchhof*, Bundessteuergesetzbuch, 2011, § 1 Rn, 15 f.; *Wernsmann*, in: HHSp, AO – FGO, 212. Lfg., Mai 2011, § 3 AO Rn. 88; *Dieter Birk*, Steuerrecht, 9. Aufl., Heidelberg, 2006, S. 14; *Jochum*, DStZ 2010, 309 (310).

b) Die Maßgeblichkeit des Leistungsfähigkeitsprinzips im Umsatzsteuerrecht

Das Leistungsfähigkeitsprinzip findet insbesondere im Bereich des Umsatzsteuerrechts Anwendung.[24] Dem wird zwar entgegengehalten, dass sich keine Person bei dem Erwerb von Waren oder Dienstleistungen der Umsatzsteuer entziehen könne, die Umsatzsteuer also unterschiedslos und ohne Rücksicht auf die individuelle Leistungsfähigkeit wirke.[25]

Dabei wird verkannt, dass derjenige, der mehr Leistungen in Anspruch nimmt, in stärkerem Maß belastet wird. Ein höherer Konsum hat zwangsläufig zur Folge, dass die Belastung mit der auf dem Konsum lastenden Umsatzsteuer zunimmt, soweit diese durch eine Erhöhung des Leistungspreises ganz oder teilweise auf den Verbraucher überwälzt wird. Ebenfalls muss der leistende Unternehmer mit steigendem Umsatz mehr Umsatzsteuer abführen. Im Unterschied zur Einkommensteuer, bei der eine höhere Leistungsfähigkeit aufgrund des progressiven Steuersatzes zu einer überproportional höheren Steuerbelastung führt, steigt die Steuerbelastung bei der Umsatzsteuer zwar nur proportional. Ein proportionaler Steuertarif ist zur Wahrung des Leistungsfähigkeitsprinzips jedoch ausreichend. Auch im Bereich der Einkommensteuer ist der derzeit geltende progressive Steuersatz keine Voraussetzung, um die Besteuerung nach

---

24 *Klaus Tipke*, Steuergerechtigkeit in Theorie und Praxis, Köln, 1981, S. 35, 60, 101; *ders.*, StuW 1988, 262 (272); *Wernsmann*, in: HHSp, AO – FGO, 212. Lfg., Mai 2011, § 3 AO Rn. 88; *Birk*, Zum Stand der Theoriediskussion in der Steuerrechtswissenschaft, StuW 1983, 293 (295); *Lang*, in: Tipke/Lang, Steuerrecht, 20. Aufl., 2010, § 4 Rz. 85; *Lang*, StuW 1989, 201 (208); *Wolfram Reiß*, Der Belastungsgrund der Umsatzsteuer und seine Bedeutung für die Auslegung der Umsatzsteuergesetzes, in: *Woerner, Lothar* (Hrsg.), Umsatzsteuer in nationaler und europäischer Sicht, DStJG Band 13, Köln 1990, S. 3 (20); *Johanna Hey*, Rechtsprechung des Bundesverfassungsgerichts zum Steuerrecht im Wandel?, StbJb. 2007/2008, 19 (34 ff.); *Jochum*, DStZ 2010, 309 (310).

25 *Michael Langer*, in: Alfred Hartmann/Wilhelm Metzenmacher (Begr.), Umsatzsteuergesetz (Kommentar), Loseblattsammlung, Berlin, Ergänzungslieferung 05/11, Stand Juni 2011, E vor § 12 Abs. 2, Rn. 1; *Johannes Popitz*, Umsatzsteuergesetz 1921 (Kommentar), Berlin, 1921, S. 36 f.; *Kruse*, Lehrbuch des Steuerrechts, Bd. 1, 1991, S. 51 f; *Kirchhof*, StuW 1985, 319 (324); *Albert Beermann*, Zur Charakterisierung der Verbrauchsteuern und zur bedingten Steuerschuld, in: Kruse, Heinrich Wilhelm (Hrsg.), Zölle, Verbrauchsteuern, europäisches Marktordnungsrecht, DStJG Band 11, Köln, 1988, S. 283 (285).

der Leistungsfähigkeit zu gewährleisten. Der Steuersatz ist neben der Bemessungsgrundlage nur eine Möglichkeit, eine nach der Leistungsfähigkeit des Steuersubjekts differenzierende Besteuerung zu erreichen. Das Leistungsfähigkeitsprinzip verlangt mithin keinen progressiven Steuersatz.[26] Auch die gesetzgeberische Entscheidungen zur Einführung einer Abgeltungssteuer für Kapitaleinkünfte mit einem einheitlichen Steuersatz von 25 % (§§ 32d Abs. 1, 43 Abs. 5 S. 1, 1. Hs. EStG) oder eines linearen Körperschaftsteuersatzes von 15 % (§ 23 Abs. 1 KStG) spricht gegen eine „Progressionspflicht" beim Steuertarif.[27]

Darüber hinaus findet das Leistungsfähigkeitsprinzip im Umsatzsteuerrecht eine besondere Berücksichtigung durch den ermäßigten Steuersatz (§ 12 Abs. 2 UStG). Der Bezug von Leistungen, die der Deckung eines Allgemeinbedarfs an Nahrungsmitteln, Druckerzeugnissen, kulturellen Leistungen u. a. dienen, wird als unvermeidbarer Konsum weniger stark besteuert als der vermeidbare Konsum. Natürlich erscheint die Grenzziehung zwischen vermeintlich vermeidbarem und vermeintlich unvermeidbarem Konsum in vielen Fällen willkürlich. Das zeigt sich insbesondere an den v. a. in Wahlkampfzeiten verstärkt geführten Diskussionen um die hohe Umsatzsteuerbelastung von beispielsweise Babywindeln.[28]

Trotz derartiger plakativer Vergleiche ist der sozialpolitisch motivierte[29] niedrige Steuersatz nichts anderes als die Berücksichtigung des Leistungsfähigkeitsprinzips im Umsatzsteuergesetz. Dasselbe gilt auch für die zahlreichen Steuerbefreiungen (§ 4 UStG), mit denen beispielsweise die

---

26 BVerfG, Beschl. v. 18.01.2006, 2 BvR 2194/99, BVerfGE 115, 97 (117); *Roland Jüptner*, Leistungsfähigkeit und Veranlassung, Heidelberg, 1989, S. 84 f.; *Klaus Tipke*, Steuergerechtigkeit in Theorie und Praxis, Köln, 1981, S. 97; *Kirchhof*, Bundessteuergesetzbuch, 2011, Leitgedanken Rn. 49; *ders.*, StuW 1985, 319 (329), der damals den progressiven Einkommensteuertarif aber im Sozialstaatsprinzip verankert sah.

27 Zu den unabhängig vom linearen Steuersatz gleichwohl bestehenden verfassungsrechtlichen Bedenken gegen die Abgeltungssteuer vgl. *Heike Jochum*, Die Abgeltungssteuer 2009 – Sündenfall der Typisierung im Steuerrecht, in: Gedächtnisschrift für Malte Schindhelm, Köln, 2009, S. 405 - 418; diess., DStZ 2010, 309.

28 Beispiel aus „Die Welt" vom 08.09.2007, Nr. 210, S. 5, „Staat kassiert bei Familien ab", von *Dorothea Siems* und *Joachim Peter*.

29 *Hans-Hermann Heidner*, in Bunjes, Johann/Geist, Roland (Begr.), Umsatzsteuergesetz (Kommentar), 9. Aufl., München, 2009, § 12 Allg Rn. 2; *Langer*, in: Hartmann/Metzenmacher, UStG, Lfg. 05/11, Juni 2011, E § 12 Abs. 2 Nr. 1, Rn. 4.

Verteuerung von Wohnungsmieten (§ 4 Nr. 12 a UStG) verhindert werden soll.[30] Die Differenzierung nach der steuerlichen Leistungsfähigkeit fällt daher bei der Umsatzsteuer zwar nicht so deutlich aus wie beispielsweise im Bereich der Einkommensteuer, ist aber gleichwohl vorhanden.

II. Die Bedeutung der Belastungswirkung der Umsatzsteuer für die insolvenzrechtliche Zuordnung

1. Die Maßgeblichkeit der Leistungsfähigkeit des Steuerträgers

Maßgeblich für die Besteuerung ist stets die Leistungsfähigkeit desjenigen, der von der Steuer belastet wird. Für die Frage, ob aus dem Leistungsfähigkeitsprinzip Rückschlüsse auf die Qualifizierung der Umsatzsteuer im Insolvenzverfahren gezogen werden können, muss also geklärt werden, wessen Leistungsfähigkeit durch die Umsatzsteuer belastet wird. Würde ausschließlich die Leistungsfähigkeit des nichtunternehmerischen Endverbrauchers belastet, so ließen sich dem Prinzip der Besteuerung nach der Leistungsfähigkeit keine Anhaltspunkte für die insolvenzrechtliche Zuordnung der Umsatzsteuer im Unternehmerinsolvenzverfahren entnehmen. Da der nichtunternehmerische Endverbraucher niemals Steuerschuldner der Umsatzsteuer sein kann, stellt sich nämlich in dem Insolvenzverfahren über sein Vermögen nicht die Frage, ob eine Umsatzsteuerverbindlichkeit eine Insolvenzforderung oder eine Masseverbindlichkeit darstellt. Wird aber zumindest auch der an den Nichtunternehmer leistende Unternehmer (§ 2 Abs. 1 UStG) durch die Umsatzsteuer belastet, so können sich aus dem Leistungsfähigkeitsprinzip Anhaltspunkte für die Zuordnung der Umsatzsteuer in der Insolvenz ergeben.

2. Der Meinungsstand zur Belastungswirkung der Umsatzsteuer

Für die Umsatzsteuer ist seit ihrer erstmaligen Einführung durch das UStG 1918[31] umstritten, wer letztlich belastet ist. Nach überwiegender Meinung ist die Umsatzsteuer in der Form der seit dem 01.01.1968 gel-

---

30 So bereits RFH, Urt. v. 21.05.1920, II A 154, RStBl. 1920, 358 f. zur damaligen Befreiungsvorschrift § 2 Nr. 4 UStG 1918.

31 RGBl. 1918, S. 779.

tenden Nettoallphasensteuer mit Vorsteuerabzug ihrem System nach darauf angelegt, auf den nicht vorsteuerabzugsberechtigten Endabnehmer überwälzt und letztlich von diesem getragen zu werden.[32] Auch unter Geltung der zur Finanzierung der Kriegskosten im Jahr 1918 eingeführten Bruttoallphasensteuer wurde davon ausgegangen, dass die Steuer im Regelfall auf den jeweiligen Erwerber und in der Kumulation letztlich auf den Verbraucher als Letztabnehmer überwälzt werde.[33]

a) Die Umsatzsteuer als gewollte Belastung des Letztverbrauchers

Ausgehend von der finanzpolitischen Theorie der Überwälzung schließt eine starke Meinung in der Literatur, dass die Umsatzsteuer eine Verbrauchsteuer sei.[34] Der gesetzgeberische Wille zur Besteuerung des privaten Konsums folge aus der auf Überwälzung angelegten Gestaltung des Umsatzsteuergesetzes. Aus der Einordnung als Verbrauchsteuer ergebe sich, dass die Umsatzsteuer ausschließlich die wirtschaftliche Kraft des Verbrauchers ausschöpfen wolle. Dessen Leistungsfähigkeit äußere

---

32 *Hanspeter Wohlschlegel*, Eigenverbrauchsbesteuerung als Besteuerung der Einkommens- und Vermögensverwendung, StuW 1974, 139; *Hartmut Söhn*, Die Umsatzsteuer als Verkehrsteuer und/oder Verbrauchsteuer, StuW 1975, 1 (3); *Rüdiger Philipowski*, Umsatzsteuer: Verbrauch- oder Verkehrsteuer?, in: Umsatzsteuerkongress-Bericht 1985, Köln, 1985, S. 183 (184); *Dietrich Krüger*, Umsatzsteuerlegenden und ihre Folgen, UR 1988, 65.

33 *Popitz*, UStG 1921, 1921, S. 37 f.; RStBl. 1934, 1549 – A; *D. Herting*, Gedanken zur „Optimalen Umsatzsteuer", BB 1955, 389 (390); *Herting*, Ausgewählte Umsatzsteuerfragen, DStZ 1936, 1263 f.

34 *Hartmut Söhn*, Die Umsatzsteuer als indirekte, allgemeine Verbrauchsteuer, StuW 1996, 165; *ders.*, Die Umsatzsteuer als Verkehrsteuer und/oder Verbrauchsteuer, StuW 1975, 1, 4; *Klaus-Dieter Drüen*, in: Klaus Tipke/Wilhelm Kruse, Abgabenordnung – Finanzgerichtsordnung (Kommentar), Loseblattsammlung, 126. Ergänzungslieferung, Juli 2011, § 3 Rn. 67; *Benediktus Hardorp*, Vom Wesen der Umsatzsteuer und deren innerem Formwiderspruch. Eine Warnung vor falsch angelegter Steuerharmonisierung, UR 1986, 168 (169); *Christian Starck*, Die Bundesstaatlichkeit im Spiegel der Finanzverfassung, StuW 1974, 271 (277); *Reiß* DStJG 13 (1990), 3 (21); *Hermann-Josef Theler*, Der Begriff „Leistungsaustausch" im Umsatzsteuerrecht – Versuch einer systemgerechten Auslegung, DStR 1983, 215 (217); *Wohlschlegel*, StuW 1974, 139 f.; *Holger Stadie*, in Rau, Günter/Dürrwächter, Erich, Umsatzsteuergesetz (Kommentar), Loseblattsammlung, Köln, 146. Ergänzungslieferung, Stand April 2011, Einf., Rn. 141.

sich in der Verwendung seines Einkommens oder Vermögens zu Konsumzwecken. Der unternehmerische Umsatz sei nicht Ziel der Besteuerung.[35] Ob die Überwälzung auf den Verbraucher tatsächlich gelinge, spiele keine Rolle, da die Intention des Gesetzgebers auf Überwälzung angelegt und dies für die Einordnung der Steuer ausreichend sei.[36] Mit der Umsatzsteuer wird dieser Ansicht nach nur der nicht zum Vorsteuerabzug berechtigte Endabnehmer einer Leistung belastet.

b) Die Umsatzsteuer als Belastung sowohl des Unternehmers als auch des Verbrauchers

Im Gegensatz dazu steht die Auffassung, die die Umsatzsteuer aufgrund ihrer Anknüpfung an den Leistungsaustausch als Verkehrsteuer betrachtet.[37] Eine Einordnung als Verbrauchsteuer aufgrund eines vermeintlichen oder tatsächlichen auf Abwälzung der Steuer gerichteten Willens des Gesetzgebers komme nicht in Betracht, da die Abwälzung kein geeignetes Kriterium für die Einordnung einer Steuer sei.[38] Meinungen, die die Um-

35 *Söhn*, StuW 1975, 1 (5); Reiß, DStJG 13 (1990), 3 (19); *Lang*, in: Tipke/Lang, Steuerrecht, 20. Aufl., 2010, § 7 Rn. 25; Wohlschlegel, StuW 1974, 139; *Stadie* (Fn. 34), Rn. 87.

36 *Söhn*, StuW 1996, 165; *ders.*, StuW 1975, 1 (4); *Reiß*, DStJG 13 (1990), 3 (22); *Stadie* (Fn. 34), Rn. 79.

37 BFH, Urt. v. 27.07.1988, X R 40/82, BStBl. II 1988, 1017 (1019); *Philipowski*, Umsatzsteuerkongreßbericht 1985, 183 (207); *Lothar Woerner*, Resümee, in: Woerner, Lothar (Hrsg.), Umsatzsteuer in nationaler und europäischer Sicht, DStJG Band 13, Köln, 1990, S. 247 (252); *Eberhard Weiß*, Quo vadis Umsatzsteuer? Rückblick und Ausblick auf zwei Umsatzsteuersysteme, UR 1993, 329 (333); *ders.*, Anmerkung zu BGH, Urteil vom 2. 6. 1987 – X ZR 39/86, UR 1988, 277 (279); *Kruse*, Lehrbuch, Band I, 1991, S. 78; *Rolf Grabower*, Die Umsatzsteuer, 2. Aufl., Köln, 1962, S. 191; *Theodor Maunz*, in: Maunz, Theodor/Dürig, Günter (Begr.), Grundgesetz (Kommentar), Loseblattsammlung, 61. Ergänzungslieferung, Stand Januar 2011, Art. 105 Rn. 51, Art. 106 Rn. 32; *Krüger*, UR 1988, 65 (67).

38 *Philipowski*, Umsatzsteuerkongreßbericht 1985, 183 (201); *Horst Zimmermann*, Versuch zur Klassifizierung der unternehmensbezogenen Steuern in finanzwissenschaftlicher Sicht, StuW 1993, 231 (234); *Weiß*, UR 1993, 329 (333); so auch *Bernhard Janssen*, Die Umsatzsteuer als Verkehr- und/oder Verbrauchsteuer, DStZ 1990, 35 (40), der die Umsatzsteuer im Ergebnis aber als Verbrauchsteuer einordnet.

satzsteuer als Wertschöpfungssteuer[39] bezeichnen, stehen dieser Sichtweise nahe. Belasteter der Umsatzsteuer kann nach dieser Auffassung sowohl der umsatzsteuerliche Unternehmer als auch der Letztabnehmer sein, abhängig davon ob und in welchem Maß die Überwälzung der Steuer gelingt.

c) Vermittelnde Ansicht

Teilweise wird auch ein Doppelcharakter der Umsatzsteuer zwischen Verkehr- und Verbrauchsteuer angenommen, sodass eine genaue Einordnung nicht möglich sei.[40]

III. Die Ermittlung der Belastungswirkung anhand des gesetzgeberischen Willens

Die Frage, ob die Umsatzsteuer als Verbrauch- oder Verkehrsteuer einzustufen ist, braucht im Rahmen dieser Arbeit nicht beantwortet zu werden. Da aber zumindest die Vertreter der Verbrauchsteuerthese mehrheitlich zur Begründung ihrer Auffassung auf den behaupteten gesetzgeberischen Willen einer Besteuerung des allgemeinen Verbrauchs, also einer Belastung des Letztabnehmers, zurückgreifen[41], ist zu untersuchen, ob ein solcher Wille bestanden hat und ob sich hieraus Rückschlüsse auf die Belastungswirkung der Umsatzsteuer ergeben. Hierfür soll zunächst die Umsatzsteuer in der Ausprägung des zwischen 1918 und 1967 geltenden Systems der Allphasenbruttoumsatzsteuer untersucht werden. Anschließend wird überprüft, ob das gefundene Ergebnis durch den Wechsel zum System der Allphasennettoumsatzsteuer mit Vorsteuerabzug (ab 01.01.1968) beeinflusst worden ist.

---

39 *Karsten Theile*, Die Belastungswirkung der Umsatzsteuer. Steuerrechtswissenschaftlicher Glaube, gesetzgeberischer Wille und ökonomische Wirklichkeit, StuW 1996, 154; *Zimmermann*, StuW 1993, 231 (234).

40 *Klaus Vogel*, Zur Konkurrenz zwischen Bundes- und Landessteuerrecht nach dem Grundgesetz. Über das „Anzapfen“ von „Steuerquellen“, StuW 1971, 308 (315); *Dieter Dziadkowski*, Umsatzsteuer, 3. Aufl., München, 1990, S. 6; BVerfG, Beschl. v. 04. 02. 1958, 2 BvL 31, 33/56, BVerfGE 7, 244 (260).

41 Vgl. Fn. 34.

1. Die Allphasenbruttoumsatzsteuer (Umsatzsteuergesetze ab 1918 bis 1967)

a) Die subjektive Auslegung der Befürworter des Verbrauchsteuergedankens

Die Vertreter der These, dass die Umsatzsteuer den privaten Verbrauch belaste, argumentieren insbesondere mit dem vermeintlichen Willen des historischen Gesetzgebers. Dass der Gesetzgeber mit der Einführung der Umsatzsteuer von Anfang an bezweckt habe, den nichtunternehmerischen Verbrauch zu besteuern, ergebe sich aus der auf Abwälzung angelegten Konzeption des Gesetzes.[42] Zum Beleg wird auf Johannes Popitz, den Schöpfer der Umsatzsteuer verwiesen, der die Steuerüberwälzung als Voraussetzung einer allgemeinen Verbrauchsteuer sieht.[43] Zudem ergebe sich aus der Besteuerung der Selbstversorgung, d. h. der Entnahme von Gegenständen aus dem Betrieb zu privaten Zwecken des Unternehmers, die bereits in § 1 Abs. 2 des UStG 1918[44] enthalten war, dass Belastungsgrund der Umsatzsteuer der private Verbrauch sei.[45] Vor allem aber erschließe sich *„das rechtliche Wesen einer Steuer (...) aus deren wirtschaftlicher Wirkung. Anders gewendet: Die gewollte und – wie auch immer, aber jedenfalls – normierte Steuerwirkung (Belastungswirkung, wirtschaftlicher Erfolg) ist das vorrangige Kriterium für Steuerart (Steuertyp, Gruppierung und Steuervergleich, hinter dem die Steuertechnik zurückstehen muss, wenn sich Steuerobjekt und Steuergut nicht decken.“*[46] Nach dem objektivierten Willen des Gesetzgebers sei die Umsatzsteuer daher eine allgemeine Verbrauchsteuer, die ausschließlich den Verbraucher belasten wolle.[47]

Dieser Ansicht ist entgegenzuhalten, dass sie einen vermeintlichen subjektiven Willen des Gesetzgebers fingiert und ohne nähere Begründung zu dessen objektivierten Willen erklärt. Tatsächlich orientiert sich die Auslegung allein an dem behaupteten subjektiven Willen des Gesetzgebers

---

42 Vgl. statt vieler *Söhn*, StuW 1975, 1 (3).

43 *Popitz*, UStG, 2. Aufl., 1921, S. 50.

44 RGBl. 1918, S. 779.

45 *Söhn*, StuW 1975, 1 (11).

46 *Söhn*, StuW 1975, 1 (9).

47 *Söhn*, StuW 1996, 165.

und ist daher abzulehnen. Maßgeblich für die Ermittlung der Belastungswirkung einer Steuer kann nicht nur der bloße Wille, vielleicht auch nur ein Wunsch oder die Erwartung des Gesetzgebers sein. Die bloße Erwartung einer wirtschaftlichen Folge oder deren Wollen kann nämlich dem verfassungsrechtlichen Erfordernis einer Besteuerung nach der individuellen Leistungsfähigkeit nicht genügen, wenn die wirtschaftliche Belastungsfolge nicht bei dem vermeintlich intendierten Steuersubjekt, sondern bei einem anderen Beteiligten eintritt.

b) Der objektivierte Wille des Gesetzgebers als Maßstab der Auslegung

Richtigerweise muss sich die Ermittlung des Gesetzeszwecks nach dem objektivierten Willen des Gesetzgebers richten. Unter dem objektivierten Willen des Gesetzgebers ist der Wille zu verstehen, wie er sich aus dem Wortlaut der Gesetzesbestimmungen und dem Sinnzusammenhang ergibt.[48] Der Entstehungsgeschichte einer Vorschrift kommt für die Auslegung nur insofern Bedeutung zu, als sie die Richtigkeit einer nach diesen Grundsätzen erfolgten Auslegung bestätigt oder nicht ausgeräumte Zweifel behebt.[49] Zur Ermittlung des objektivierten Willens des Gesetzgebers sind grundsätzlich sämtliche Auslegungsmethoden kumulativ heranzuziehen.

aa) Die grammatische Auslegung des UStG

Ausgehend vom Wortlaut der Norm des UStG 1918 ist ein Wille des Gesetzgebers, ausschließlich den privaten Konsum zu besteuern, nicht erkennbar.[50] Die Umsatzsteuer 1918 war als Allphasenbruttoumsatzsteuer ausgestaltet, sodass grundsätzlich jede Stufe des Leistungsaustauschs der Besteuerung unterworfen wurde. Jeder Abnehmer einer Leistung, egal ob Unternehmer oder Letztverbraucher, wurde durch die Steuer belastet. Eine Möglichkeit, die Belastung auszugleichen, etwa durch den

48 BVerfG, Beschl. v. 15.12.1959, 1 BvL 10/55, BVerfGE 10, 234, 244; BVerfG, Beschl. v. 17.05.1960, 2 BvL 11/59, 11/60, BVerfGE 11, 126 (130 f.).

49 BVerfG (Fn. 48).

50 *Herting*, BB 1956, 389 (390).

Abzug als Vorsteuer, hat nicht bestanden. Eine Entlastung konnte nur durch die Weiterberechnung an den nächsten Abnehmer erfolgen.

Aus dem Verbot des offenen Ausweises der Umsatzsteuer (§ 13 UStG 1918) lässt sich dem Wortlaut ebenfalls kein Hinweis auf einen Willen der privaten Konsumbesteuerung entnehmen. Stattdessen findet sich bereits in dem UStG 1919[51] eine Regelung, die ihrem Wortlaut nach darauf hindeutet, dass nicht nur der private Verbraucher Ziel der Besteuerung war. Mit § 25 UStG 1919 wurde eine erhöhte Umsatzsteuer auf Leistungen besonderer Art eingeführt. So hat beispielsweise § 25 Abs. 1 Nr. 1 UStG 1919 für die Entgegennahme von Zeitungsanzeigen die Erhöhung der Steuer auf 10 v. H. des Entgelts vorgesehen. Der normale Steuersatz betrug gemäß § 13 UStG 1919 nur 1,5 v. H. In § 27 Abs. 1 UStG 1919 wurde für diese Umsätze sodann eine gestaffelte Ermäßigung des erhöhten Steuersatzes geregelt. Für die ersten 100.000 Mark des Umsatzes waren nur 2 v. H. des vereinnahmten Entgelts als Umsatzsteuer zu entrichten, von den nächsten 100.000 Mark dann 3 v. H., von den weiteren 100.000 Mark 4 v. H., für die nächsten 200.000 Mark schließlich 5 v. H. usw. Der Höchstsatz von 10 v. H. war erst für Umsätze zu entrichten, die die Grenze von 1 Mio. Mark überstiegen. Eine solche Staffelung der Steuerbelastung führte dazu, dass kleinere, umsatzschwächere Zeitungsbetriebe ihre Anzeigenspalten zu günstigeren Preisen anbieten konnten als die umsatzstärkere Konkurrenz. Diese wiederum war, zumindest dem Gesetzeswortlaut nach, gezwungen, den Wettbewerbsnachteil auszugleichen, indem die Steuer eben nicht in vollem Umfang überwälzt wurde, sondern wenigstens teilweise zu Lasten des betrieblichen Ergebnisses ging.

bb) Logisch-systematische Auslegung

Nach dem systematischen Aufbau des Allphasenbruttosystems bestimmt sich die Steuerbelastung der einzelnen Leistung bei der Abgabe an den Letztverbraucher danach, wie viele besteuerte Vorstufen die Leistung durchlaufen musste, um zum Letztabnehmer zu gelangen. Der mehrstufige Betrieb, der in sich eine Vielzahl an Produktionsstufen vereint, kann seine Leistung günstiger anbieten als der nur einstufige Betrieb, der in seinen Preis die Steuerbelastung der Vorstufen mit einrechnen muss.

---

51 RGBl. 1919, S. 2157.

Will der einstufige Betrieb durch die Kumulierungswirkung der Umsatzsteuer keinen Wettbewerbsnachteil gegenüber der mehrstufig organisierten Konkurrenz erleiden, muss er zwangsläufig einen Teil der an seine Leistung anknüpfenden Umsatzsteuer selbst tragen und insoweit auf die Überwälzung verzichten. Dass diese Belastungswirkung auch tatsächlich so und keineswegs nur in Einzelfällen eingetreten ist, ist für die Umsatzsteuer in der Form der Allphasenbruttoumsatzsteuer als systembedingt erkannt worden.[52] Der Systematik des Umsatzsteuergesetzes in der Ausprägung der Allphasenbruttoumsatzsteuer kann also ein Indiz entnommen werden, das gegen eine ausschließliche Belastung des privaten Konsums spricht.

cc) Teleologische Auslegung

(1) Die Zulässigkeit der teleologischen Auslegung im Steuerrecht

Anhand einer Ermittlung des Gesetzeszwecks ist zu prüfen, ob sich aus der gesetzgeberischen Wertung eine Zielsetzung der Umsatzsteuer ergeben kann, den privaten Verbrauch zu belasten. Teilweise wird vertreten, dass dem teleologischen Auslegungskriterium im Rahmen steueranspruchsbegründender Gesetze nur eine geringe Bedeutung zukomme, da sich der Zweck der Steuergesetze in der Einnahmeerzielung erschöpfe.[53] Dem ist nicht zu folgen. Die Absicht der Erzielung von Einnahmen mag im Rahmen der Steuergesetzgebung eine vordergründige Rolle spielen. Gleichwohl muss der Fiskus im Rahmen dieser Einnahmeerzielungsabsicht auch eine gerechte und gleiche Verteilung der Steuerlast anstreben. Nur durch eine bewusste, auf einen Zweck ausgerichtete Belastungsentscheidung des Gesetzgebers kann das Gebot der Besteuerung nach der Leistungsfähigkeit beachtet werden.

(2) Der Überwälzungsgedanke der Umsatzsteuer

Die Verbrauchsteuerbefürworter behaupten, die Umsatzsteuer habe ihrem Sinn und Zweck nach von Anfang an den privaten Verbrauch belasten wollen.[54] Zur Begründung wird regelmäßig auf den Überwälzungs-

---

52 BVerfG, Urt. v. 20.12.1966, 1 BvR 320/57 u. 1 BvR 70/63, DStZ 1967, 56 (61).

53 *Drüen*, in: Tipke/Kruse, AO-FGO, 126. Lfg., § 4 Rn. 277.

54 Statt vieler *Söhn*, StuW 1975, 1 (17).

gedanken der Umsatzsteuer und auf *Popitz* verwiesen, nach dem die Umsatzsteuer als Steuer auf den konsumtiven Verbrauch gedacht sein solle.[55]

Dies ist nicht zutreffend und entspricht auch nicht den Aussagen *Popitz*. Dieser ging zwar davon aus, dass die Umsatzsteuer in ihrer Konsequenz zum überwiegenden Teil in der Leistungskette weitergereicht würde und sich letztlich in dem vom Verbraucher zu zahlenden Endpreis niederschlage. Diese Belastung war aber nicht etwa der Zweck des Gesetzes, sondern im Gegenteil das wichtigste Bedenken, das gegen die Einführung der Umsatzsteuer sprach.[56] Als Notsteuer[57] erdacht wurde bereits damals die Vielfältigkeit der wirtschaftlichen Wirkung dieser Steuer und ausdrücklich ihre Auswirkung auf die Gewinnquote der Unternehmen erkannt.[58] Dass die Leistungsfähigkeit des Verbrauchers Ziel der Besteuerung gewesen sei, ist unzutreffend und durch *Popitz* selbst widerlegt. Dieser hat weder eine Berücksichtigung der Leistungsfähigkeit des Verbrauchers noch der des Unternehmers durch die Umsatzsteuer angenommen.[59]

Der Zweck der Umsatzsteuer bei ihrer Einführung war es folglich nicht, den privaten Verbrauch zu besteuern. Es sollte vielmehr der Leistungsaustausch an sich belastet und damit eine steuerliche Einnahmequelle enormen Umfangs geschaffen werden.[60] Gleichzeitig sollte dem Leistenden die Möglichkeit gegeben werden, die Steuer auf seinen Abnehmer zu überwälzen. Der Vorgang der Überwälzung selbst und dessen Gelingen waren aber dem freien Wirken der Marktkräfte überlassen. Es wurde hierbei sehr wohl erkannt, dass die Steuerlast bei dem leistenden Unternehmer verbleiben kann, sodass dessen Gewinn gemindert ist.[61]

---

55 *Popitz*, UStG, 2. Aufl., Berlin, 1921, S. 38.

56 *Popitz* (Fn. 55), S. 46 f.

57 *Popitz* (Fn. 55), S. 47.

58 *Popitz* (Fn. 55), S. 41.

59 *Popitz* (Fn. 55), S. 35 ff.

60 *Popitz* (Fn. 55), S. 41.

61 *Popitz* (Fn. 55), S. 39; auch *Stadie*, in Rau/Dürrwächter, UStG, 146. Lfg., April 2011, Einf., Rn. 223 a. E.

Dass die Überwälzung in der Regel gelingen würde, sodass die Steuer von Stufe zu Stufe bis hin zum Letztverbraucher weitergewälzt werde und im Ergebnis nur diesen belaste[62], belegt ebenfalls keinen Gesetzeszweck, sondern lediglich die erwartete wirtschaftliche Wirkung.[63] Auch die Gesetzesbegründung zum UStG 1934 erwähnt ausdrücklich, dass die Belastungswirkung der Umsatzsteuer auch die Unternehmer erfasst und sich für den Fall eines im Vorfeld diskutierten Systemwechsels zur Nettobesteuerung (sog. Siemenssche veredelte Umsatzsteuer) für arbeitsintensive Betriebe sogar verstärken würde.[64] Zwar hat sich die damals befürchtete Benachteiligung arbeitsintensiver Betriebe in einem Nettoumsatzsteuersystem aus heutiger Sicht nicht bestätigt.[65] Es kommt jedoch zum Ausdruck, dass der Gesetzgeber die Belastungswirkung der Umsatzsteuer jedenfalls nicht nur bei dem Endverbraucher angenommen oder bezweckt hat.

(3) Die Einführung eines gestaffelten Steuersatzes in § 27 UStG 1919

Auch der bereits erwähnte § 27 UStG 1919 (gestaffelter Steuersatz für die Entgegennahme von Zeitungsanzeigen) spricht gegen eine vermeintliche Zwecksetzung des Gesetzgebers, ausschließlich den Letztverbraucher zu belasten. Die in § 27 Abs. 1 UStG 1919 vorgesehene Staffelung des Steuersatzes für Zeitungsanzeigen in Abhängigkeit von der Umsatzhöhe macht eine Preiskalkulation, die die Höhe der Anzeigenumsatzsteuer genau berücksichtigt, unmöglich. Die Höhe des Steuersatzes steht erst fest, wenn das vereinnahmte Entgelt eines Jahres ermittelt ist.[66] Unterschreitet der tatsächliche Steuersatz den a priori kalkulierten Satz, so ergibt sich ein Gewinn für das Unternehmen. Im umgekehrten Fall, der tatsächliche Steuersatz liegt über dem kalkulierten, entsteht ein Verlust. Die Steuer belastet im zweiten Fall zumindest teilweise den Unternehmer,

62 *Popitz* (Fn. 55), S. 38.

63 *Herting*, BB 1956, 389 (393).

64 Gesetzesbegründung zum UStG 1934, RStBl. 1934, S. 1549; mit gleicher Argumentation der BFH, Urt. v. 13.12.1962, V 87/60 S, BStBl. III 1963, 72 (75).

65 *Stadie*, in Rau/Dürrwächter, UStG, 146. Lfg., April 2011, Einf., Rn. 20. Stadie spricht sogar davon, dass die Argumentation des damaligen Gesetzgebers nicht nachvollziehbar sei.

66 *Popitz*, UStG, 2. Aufl., 1921, S. 560.

und zwar genau in Höhe der Differenz zwischen prognostizierter und tatsächlicher Umsatzsteuerlast.

Es handele sich bei dieser Vorschrift nach *Popitz* zwar um eine Durchbrechung des Grundgedankens der Umsatzsteuer. Die Durchführung der Überwälzung erfordere grundsätzlich einen von vornherein feststehenden einheitlichen Steuersatz, sodass die Steuerbelastung bei der Preisgestaltung berücksichtigt werden könne.[67] Diese Durchbrechung gehe darauf zurück, dass der kleinen Presse ein Wettbewerbsvorteil verschafft werden sollte, indem diese aufgrund ihres geringeren Umsatzes die Möglichkeit erhalten sollte, ihren Anzeigenteil mit geringeren Preisaufschlägen anzubieten.[68]

Dass es sich um eine Durchbrechung des Gesetzes handelt, das grundsätzlich einen einheitlichen Steuersatz vorgibt, mag gesetzestechnisch zutreffen. Ungeachtet dessen offenbart die Zweckrichtung des § 27 UStG 1919 mit seiner Tarifstaffelung aber nur, was der proportionale Steuersatz verdeckt, nämlich dass nach dem eigentlichen Zweck des Gesetzes sowohl Unternehmer als auch Verbraucher belastet werden sollen. Die Verteilung der Belastung im Einzelfall soll den Gesetzmäßigkeiten des Marktes überlassen bleiben.

dd) Die historische Auslegung

Die Geschichte der Gesetzesentstehung, die im Rahmen der Erforschung des objektivierten Willens des Gesetzgebers lediglich eine untergeordnete Rolle einnimmt[69], gibt keinen Hinweis auf einen ausschließlich auf den Endverbraucher gerichteten Belastungszweck der Umsatzsteuer. Die Belastung des Endverbrauchers scheint vielmehr als zwangsläufige

67 *Popitz*, UStG, 2. Aufl., 1921, S. 557.

68 *Popitz*, UStG, 2. Aufl., 1921, S. 557 a. E., mit Hinweis darauf, dass vor allem die Zentrumspartei und die sozialdemokratische Partei die Interessen ihrer kleinen lokalen Parteiblätter wahren wollten.

69 BVerfG, Urt. v. 21.05.1952, 2 BvH 2/52, BVerfGE 1, 299 (312); BVerfG, Beschl. v. 17.01.1978, 1 BvL 13/76, BVerfGE 47, 109 (127); BVerfG, Beschl. v. 05.02.1991, 2 BvR 263/86, BVerfGE 83, 341 (354); *Drüen*, in: Tipke/Kruse, AO-FGO, 126. Lfg., § 4 Rn. 293.

Folge der Umsatzsteuer angenommen worden zu sein.[70] Von den am Gesetzgebungsverfahren Beteiligten ist diese Folge mehrheitlich abgelehnt worden.

So hat z. B. die Fraktion der sozialdemokratischen Partei im Reichstag dem Umsatzsteuergesetz lediglich angesichts der wirtschaftlichen Lage des Reiches nach dem verlorenen 1. Weltkrieg die Zustimmung erteilt.[71] Ausschlaggebend für die Einführung der Umsatzsteuer waren vorrangig die Höhe der zu erwartenden Steuereinnahmen, die Einfachheit der Erhebung und die Tatsache, dass die wirtschaftliche Wirkung der Steuer in der Volkswirtschaft als Ganzem, sozusagen kaum merklich aufgehe.[72]

ee) Zwischenergebnis

Es ist festzuhalten, dass eine Auslegung des Umsatzsteuergesetzes in der Form der Allphasenbruttoumsatzsteuer nach dem objektivierten Willen des Gesetzgebers zum Ergebnis hat, dass die Belastungswirkung der Umsatzsteuer nicht einseitig auf den Letztverbraucher ausgerichtet ist.

2. Die Allphasennettoumsatzsteuer mit Vorsteuerabzug (UStG 1967 und später)

a) Der Vorsteuerabzug als Systemwechsel

Mit dem Wechsel zur Allphasennettoumsatzsteuer mit Vorsteuerabzug zum 01.01.1968 durch das UStG 1967[73] wurde das System der Umsatzsteuer grundlegend geändert. Die neu eingeführte Möglichkeit des Vorsteuerabzugs ermöglicht seitdem die Neutralisierung der Umsatzsteuerbelastung der jeweiligen Vorstufe für einen vorsteuerabzugsberechtigten Unternehmer. Die Vertreter der Verbrauchsteuerthese lesen hieraus, dass damit der auf den Endverbraucher gerichtete Belastungszweck der

---

70 *Popitz*, UStG, 2. Aufl., 1921, S. 94.
71 *Popitz*, UStG, 2. Aufl., 1921, S. 47.
72 *Popitz*, UStG, 2. Aufl., 1921, S. 94.
73 BGBl. I 1967, S. 545 ff.

Umsatzsteuer eindeutig hervortrete.[74] Auch einzelne Gegner des Verbrauchsteuergedankens sahen mit der Einführung des Vorsteuerabzugs den Schritt hin zu einer Belastung des Verbrauchers vollzogen.[75] Wiederum ist festzuhalten, dass eine solche einseitige Belastungswirkung nicht dem objektivierten Willen des Gesetzgebers und auch nicht der Wirkung der Umsatzsteuer entspricht.

b) Die Auslegung des Gesetzeswortlauts

Dem Gesetzeswortlaut lässt sich trotz der Einführung des Vorsteuerabzugs (§ 15 UStG 1967) keine Aussage zu einer gewollten Belastung nur des Endverbrauchers entnehmen. Die Frage, wer von der Belastungswirkung der Umsatzsteuer getroffen wird, wird lediglich auf die Ebene des letzten zum Vorsteuerabzug berechtigten Unternehmers in der Leistungskette verlagert. Diesem bleibt die Überwälzung auf den nicht vorsteuerabzugsberechtigten Unternehmer oder den nichtunternehmerischen Abnehmer überlassen.

Teilweise wird argumentiert, dass in § 29 UStG ein unbedingter Überwälzungswille des Gesetzgebers zum Ausdruck komme. Gemäß § 29 Abs. 1 S. 1 UStG 1967 gebührt bei einer durch die neue Umsatzsteuer bedingten und nicht nur unwesentlichen Belastungsänderung einer auf einem langfristigen Vertrag beruhenden Leistung dem belasteten Vertragsteil ein Ausgleich, wenn der Vertrag vor dem 01.10.1967 abgeschlossen worden ist. Die Norm gilt im Grundsatz unverändert fort, indem sie einen *„angemessenen Ausgleich der umsatzsteuerlichen Mehr- oder Minderbelastung“* (§ 29 Abs. 1 S. 1 UStG 2005) gewährt. Für Änderungen der Steuerpflicht oder des Steuersatzes knüpft die Vorschrift zeitlich jeweils daran an, ob der Vertrag nicht später als vier Monate vor einer Gesetzesänderung abgeschlossen worden ist (§ 29 Abs. 2 UStG 2005). Weder aus der Grundfassung noch aus dem heutigen Wortlaut des § 29 UStG kann der behauptete Wille des Gesetzgebers geschlossen werden. § 29 UStG 1967 gewährte einen Ausgleich nur für eine wesentliche Belastungsänderung, sodass ein Ausgleich, d. h. die Überwälzung einer unwesentlichen Belastungsänderung nicht in Betracht kam. Für den behaupteten Willen

74 *Söhn*, StuW 1996, 165 (166).

75 *Herting*, BB 1955, 389 (393); *Hardorp*, UR 1986, 168 (169).

des Gesetzgebers, stets und ausschließlich den nichtunternehmerischen Verbrauch belasten zu wollen, wäre eine Überwälzungsmöglichkeit aber auch dann erforderlich.

Zum anderen behandelt die Vorschrift seit jeher einen zivilrechtlichen Anspruch, der vor den Zivilgerichten geltend zu machen ist (§ 29 Abs. 1 S. 3 UStG 1967 und 2005). Die Vorschrift stellt daher nur einen Sonderfall der Störung der Geschäftsgrundlage (§ 313 BGB) dar.[76] Rückschlüsse auf den gesetzgeberischen Willen der Belastungswirkung lassen sich aus der Vorschrift nicht ziehen.

c) Die logisch-systematische Auslegung

Das System des Vorsteuerabzugs für Unternehmer könnte ein Indiz dafür sein, dass der Gesetzgeber den unternehmerischen Bereich von der Umsatzsteuer entlasten wollte und nur die Besteuerung des privaten Konsums bezweckt hatte. Dagegen spricht allerdings die Vorschrift des § 15 Abs. 2 UStG, der demjenigen Unternehmer den Vorsteuerabzug untersagt, der lediglich steuerfreie Umsätze ausführt. Teilweise wird vertreten, dass die Vorschrift systemfremd sei, da sie dem angeblich auf Belastung des Verbrauchers gerichteten Zweck der Umsatzsteuer zuwiderlaufe.[77] Gleichwohl ist die Auffassung einer systematischen Besteuerung des privaten Konsums vor dem Hintergrund des § 15 Abs. 2 UStG nicht haltbar.

d) Die Auslegung anhand des Gesetzeszwecks

aa) Der Grund für den Systemwechsel

Der Gesetzesbegründung zum UStG 1967 lässt sich ein rein auf den Verbraucher gerichteter Belastungswille nicht entnehmen.[78] Anlass für den Systemwechsel und der damit verbundenen Einführung des Vorsteuerabzugs war nicht die Klarstellung eines Überwälzungswillens sondern der Wunsch und nach dem Urteil des Bundesverfassungsgerichts vom

---

76 *Stadie*, in: Rau/Dürrwächter, UStG, 146. Lfg., April 2011, § 29 Rn. 6.

77 *Klaus Tipke*, Über Steuergerechtigkeit in Steuergesetzgebung, Steuerverwaltung und Steuergerichtsbarkeit, StuW 1980, 281 (291); *Wolfram Reiß*, in: Tipke/Lang, Steuerrecht, 20. Aufl., 2010, § 14 Rn. 170.

78 *Stadie*, in: Rau/Dürrwächter, UStG, 146. Lfg., April 2011, Einf., Rn. 117.

20.12.1966[79] auch die Notwendigkeit, die Kumulierungswirkung des alten Systems und die dadurch bedingte mangelnde Wettbewerbsneutralität zu überwinden.[80] Das System der Allphasenbruttoumsatzsteuer hat mehrstufige Unternehmen gegenüber der einstufigen Konkurrenz bevorteilt. Aufgrund der Vereinigung mehrerer Produktions- oder Handelsstufen unter einem unternehmerischen Dach war die Belastung des Produkts mit Umsatzsteuer geringer, sodass der Endpreis bei sonst gleichen Herstellungskosten niedriger und damit wettbewerbsfähiger kalkuliert werden konnte. Dass die Umsatzsteuer auch im neuen Gewand der Allphasennettoumsatzsteuer mit Vorsteuerabzug zu einem nicht unerheblichen Teil den Verbraucher treffen würde, wurde wohl erwartet. Diese Erwartung darf aber nicht vereinfacht dahingehend ausgelegt werden, dass dadurch der Wille des Gesetzgebers belegt sei, einseitig den privaten Konsum, die privaten Haushalte zu belasten.

bb) Das Erfordernis einer wirtschaftlichen Betrachtungsweise

Für sich allein genommen wäre der subjektive Wille auch gar nicht ausreichend, um den objektivierten Willen des Gesetzgebers zu erklären. Bei der Ermittlung des objektivierten Willens des Gesetzgebers ist auch die tatsächliche wirtschaftliche Wirkung des jeweiligen Steuergesetzes zu berücksichtigen. Die Auslegung unter Berücksichtigung der wirtschaftlichen Wirkung im Bereich des Steuerrechts war ursprünglich in § 4 der Reichsabgabenordnung (AO 1919[81]) normiert.[82]

Teilweise wird § 4 AO 1977 („*Gesetz ist jede Rechtsnorm.*"), der zwar keine direkte Nachfolgenorm ist, jedoch über seine Entstehungsgeschichte eng an § 4 AO 1919 anlehnt, die Legitimität der wirtschaftlichen Betrachtungsweise entnommen.[83] Das Erfordernis der wirtschaftlichen Betrachtungsweise speziell für die Auslegung der Steuergesetze folgt aber

---

79 BVerfG, Urt. v. 20.12.1966, 1 BvR 320/57 u. 1 BvR 70/63, DStZ 1967, 56 (61).

80 BT-Drucks. IV/1590, S. 16 f.; *Klaus Tipke*, Über Umsatzsteuer-Gerechtigkeit, StuW 1992, 103 (118).

81 RGBl. 1919, S. 1993 ff.

82 § 4 AO 1919 lautet: „Bei Auslegung der Steuergesetze sind ihr Zweck, ihre wirtschaftliche Bedeutung und die Entwicklung der Verhältnisse zu berücksichtigen."

83 *Wernsmann*, in Hübschmann/Hepp/Spitaler, AO-FGO, 212. Lfg., Mai 2011, § 4 AO Rn. 4 ff.

bereits aus dem Leistungsfähigkeitsprinzip als verfassungsrechtlichem Besteuerungsgrundsatz selbst. Nicht eine vermeintlich intendierte Belastung des Gesetzgebers kann ausreichen, um das Steuergut, die Quelle wirtschaftlicher Leistungsfähigkeit[84], zu ermitteln[85], sondern es muss überprüft werden, ob die Intention der Belastung des Endverbrauchers, wenn eine solche besteht, diese wirtschaftliche Wirkung auch entfaltet. Nur so kann ermittelt werden, ob ein Steuergesetz die wirtschaftliche Leistungsfähigkeit des von ihm Belasteten ausreichend berücksichtigt. Es mag zutreffen, dass die Suche nach der wirtschaftlichen Wirkung einer Steuer schwierig ist, manches Mal sogar einem *„juristischen Abenteuer“*[86] gleicht. Wichtig für die Ermittlung des Gesetzeszwecks ist sie dennoch. Bei der Gesetzesauslegung ist die wirtschaftliche Wirkung einer Steuer daher zwingend zu berücksichtigen.[87]

cc) Die wirtschaftliche Auswirkung der Umsatzsteuer

Während die intendierte Belastungswirkung einer Steuer vermeintlich leicht zu ermitteln ist, bereitet die Ermittlung der tatsächlichen wirtschaftlichen Wirkung einer Steuer aufgrund ihrer vielfältigen volkswirtschaftlichen Auswirkungen Schwierigkeiten.

(1) Die Fiktion der vollständigen Überwälzung der Umsatzsteuer

Zunächst könnte mit den Vertretern des Verbrauchsteuergedankens angenommen werden, dass die Umsatzsteuer von wenigen Ausnahmen

---

84 BVerfG, Beschl. v. 30.10.1961, 1 BvR 833/59, BVerfGE 13, 181 (193).

85 So aber *Söhn*, StuW 1975, 1 (9); *Drüen*, in: Tipke/Kruse, AO-FGO, 126. Lfg., § 3 Rn. 69.

86 *Kruse*, Lehrbuch, Band I, 1991, S. 74.

87 BVerfG, Beschl. v. 26.03.1969, 1 BvR 512/66, BVerfGE 25, 309 (313); BFH, Beschl. v. 25.02.1991, GrS 7/89, BStBl. II 1991, 691 (702); *Pahlke,* in: Pahlke/Koenig, AO, 2009, § 4 Rn. 106 f.; *Rolf-Detlev Scholtz*, in: Koch, Karl/Scholtz, Rolf-Detlev, Abgabenordnung (Kommentar), 5. Aufl., Köln, 1996, § 4 Rn. 15; *Armin Spitaler*, Die Auslegungsregeln des Steuerrechts, in: Steuerberater-Jahrbuch 1949, S. 267 (268 ff.); *Jean-Pierre Lagae*, Die Auslegung der Steuergesetze, StuW 1963, 208 (214); *Hans-Martin Pawlowski*, Abschied von der „wirtschaftlichen Betrachtungsweise“ im Steuerrecht?, BB 1977, 253; *Heinrich Beisse*, Die wirtschaftliche Betrachtungsweise bei der Auslegung der Steuergesetze in der neueren deutschen Rechtsprechung, StuW 1981, 1.

abgesehen tatsächlich nur den Letztverbraucher belastet. Unter dieser Prämisse wird die Steuer innerhalb der Leistungskette von vorsteuerabzugsberechtigtem Unternehmer zu vorsteuerabzugsberechtigtem Unternehmer als durchlaufender Posten behandelt. Erst auf der letzten Stufe, der Leistungserbringung an den nicht zum Vorsteuerabzug berechtigten Letztverbraucher, gewinnt die Umsatzsteuer an wirtschaftlicher Relevanz. Sie wird auf den Leistungspreis aufgeschlagen, von dem Leistungsempfänger bezahlt und vom Unternehmer an das Finanzamt abgeführt. Diese Auffassung des Sachverhalts nimmt eine vollständige Überwälzbarkeit der Umsatzsteuer an und argumentiert insbesondere damit, dass aufgrund des einheitlichen Umsatzsteuersatzes und der feststehenden Bemessungsgrundlage für sämtliche Unternehmer von vornherein feststehe, welcher Aufschlag auf den Nettoverkaufspreis kalkuliert werden müsse.[88] Die Transparenz solle also eine punktgenaue Entlastung des vorsteuerabzugsberechtigten Unternehmers von der Steuer ermöglichen. Zugleich wird konsequenterweise davon ausgegangen, dass beispielsweise die Einkommensteuer kaum bis überhaupt nicht überwälzbar sei, da sich die Höhe des erforderlichen Preisaufschlags aufgrund der Steuerprogression und der erst am Ende des Wirtschaftsjahres feststehenden Bemessungsgrundlage nur sehr schwer kalkulieren lasse und zudem bei der Preisbildung die Konkurrenzsituation berücksichtigt werden müsse.[89]

Diese Annahme gründet auf einer Fiktion.[90] Im Gegensatz zu einer typisierenden Betrachtungsweise, die eine Rechtsfolge an den im Regelfall eintretenden Sachverhalt anknüpft, geht die Fiktion von der Rechtsfolge aus, deren Eintritt gewünscht wird und betrachtet den Sachverhalt so, als ob er unter den Tatbestand subsumiert werden könnte, der diese Rechtsfolge zum Ergebnis hat.[91] Tatsächlich ist die Überwälzung von indirekten Steuern zu den nicht eindeutig beantworteten Fragen der Finanzwissenschaft zu zählen.[92] Sie kann für die Umsatzsteuer nicht ohne weiteres als Wirklichkeit unterstellt werden, ebenso wenig wie die Nichtüberwälzbar-

---

88 *Heinz Haller*, Die Steuern, 3. Aufl., Tübingen, 1981, S. 338.

89 *Haller* (Fn. 88), S. 335 f.

90 *Kruse*, Lehrbuch, Band I, 1991, S. 76.

91 *Eberhard Wennrich*, Die typisierende Betrachtungsweise im Steuerrecht, Düsseldorf, 1963, S. 62 und 74.

92 *Werner Widmann*, Zur Abwälzung von Umsatzsteuer, UR 1984, 97 f.

keit der Einkommen- oder Körperschaftsteuer unterstellt werden kann. Die als Lohnsteuer erhobene Einkommensteuer der Arbeitnehmer verteuert die Arbeitskraft für den Unternehmer und wird daher zu einem Kostenfaktor, der zwangsläufig in der Preiskalkulation Berücksichtigung finden muss. Auch die Einkommensteuer des Unternehmers selbst, wenn er eine natürliche Person ist, oder die Körperschaftsteuer bei juristischen Personen muss letztlich berücksichtigt werden. Der Unternehmer will seiner Arbeit und seinem Risiko einen Ertrag gegenübergestellt wissen, mit dem er seinen Lebensunterhalt bestreiten kann. Hierfür steht ihm nur das zur Verfügung, was nach Abzug seiner Steuerlast verbleibt. Die Progression der Einkommensteuer wirkt nicht überwälzungsverhindernd, sondern allenfalls überwälzungserschwerend, da die Differenzierung der Steuer ein gemeinsames Marktverhalten als wesentliche Voraussetzung der Überwälzbarkeit einschränkt. Gleichwohl wird eine zumindest partielle Überwälzung ermöglicht durch eine näherungsweise Berechnung des Betriebsergebnisses oder eine Schätzung anhand vorangegangener Wirtschaftsperioden.[93] Die Belastung mit Einkommensteuer kann also sehr wohl prognostiziert werden. Bei der Körperschaftsteuer ist dies sogar noch leichter möglich. Ebenso wie bei der Umsatzsteuer ist der Steuersatz eine gleichbleibende Größe. Lediglich die Bemessungsgrundlage ist, wie bei der Einkommensteuer, ungewiss und muss prognostiziert werden. Die Beträge, die überwälzt werden müssen, sind folglich immer, wenn auch nicht exakt, ermittelbar.

Dass Einkommensteuer oder Körperschaftsteuer aufgrund des Erfordernisses von Konkurrenzrücksichten nicht überwälzbar sein soll, überzeugt ebenfalls nicht. Auch im Bereich der Umsatzsteuer spielen Konkurrenzrücksichten eine Rolle. Der Unternehmer, der seine Leistung zu einem günstigeren Preis anbieten kann als seine Mitbewerber, muss zwar relativ gleich viel Umsatzsteuer (19 Prozent) aufschlagen, wenn er die Steuer voll überwälzen will. Die absolute Belastung der Leistung fällt aufgrund der niedrigeren Bemessungsgrundlage aber geringer aus. Der teurer anbietende Mitbewerber wird sich mit Blick auf seine Wettbewerbsfähigkeit überlegen müssen, ob er den Preis seiner Leistung reduziert.

93 *Horst Claus Recktenwald*, Steuerüberwälzungslehre, 2. Aufl., Berlin, 1966, S. 171; *Walter Dambeck*, Die mikroökonomische Überwälzbarkeit einer Einkommen- und Körperschaftsteuer – Eine theoretische Untersuchung (Diss.), Mainz, 1967, S. 152.

Die Frage, ob und in welchem Maß eine Überwälzung von Steuern gelingen kann, wird daher von der Ausgestaltung der jeweiligen Steuer zwar mit beeinflusst, ist aber keinesfalls so einfach zu beantworten, wie dies von den Vertretern der Verbrauchsteuertheorie behauptet wird. Nach der in der Finanzwissenschaft wohl anerkannten Auffassung hängt die Überwälzung wesentlich von der Marktsituation ab.[94] In einem Markt der vollständigen Konkurrenz mit homogenen Gütern und absoluter Transparenz, in dem kein Marktteilnehmer auf den Preis Einfluss nehmen kann, wird die Überwälzung von der relativen Elastizität oder Starrheit des Angebots und der Nachfrage auf dem Absatz- und Bezugsmarkt beeinflusst. Beim reinen Angebotsmonopol hingegen ist die Gestaltung der Nachfrage nach dem Monopolgut entscheidend. Der Monopolist vergleicht den augenblicklichen Gewinn vor der Erhebung oder Erhöhung einer Steuer mit dem möglichen Gewinn nach der steuerbedingten Anhebung der Preise. Bleibt der Gewinn gleich oder wird er sogar größer, gelingt die Überwälzung. Ist der Gewinn kleiner, wird der Monopolist teilweise oder ganz von der Steuer belastet.[95] Für die Einkommensteuer wird das Gelingen der teilweisen oder vollständigen Überwälzung insbesondere bei unvollkommenen Märkten mit oligopoloider oder polypolistischer Markstruktur angenommen.[96] Als weiterer Faktor ist zudem die Höhe der Stücksteuer anerkannt. Je niedriger die auf den einzelnen Gegenstand entfallende Steuer im Vergleich zu den Gesamtkosten ist, umso eher wird eine Überwälzung gelingen können.[97] Bei einem Steuersatz von 19 Prozent für jede umsatzsteuerpflichtige Leistung, d. h. bei einem Anteil der Umsatzsteuer an den Gesamtkosten für den Letztverbraucher in Höhe von 15,9664 Prozent[98], wird kaum von einer niedrigen Steuerbelastung die Rede sein können. Bei dem historischen Steuersatz, der sich im Promillebereich bewegt hat (§ 6 Abs. 1 UStG 1918: 0,5 v. H.; § 13 UStG 1919: 1,5 v. H.), konnte man von einer kaum merklichen Steuerbelastung ausgehen. Die Steuersätze der Umsatzsteuer kennen indes seit 1918 nur eine Richtung,

94 Vgl. *Recktenwald* (Fn. 93), S. 123 ff., S. 155; *Günter Wöhe*, Betriebswirtschaftliche Steuerlehre I/1, 6. Aufl., München, 1988, S. 467; *Dambeck* (Fn. 93).

95 *Recktenwald* (Fn.93), S. 141 ff.

96 *Dambeck* (Fn. 93).

97 *Recktenwald* (Fn. 93), S. 168.

98 19 aus 119

und die aktuellen steuerpolitischen Diskussionen zeigen, dass das Ende des Steuersatzes bei 19 Prozent bei weitem noch nicht erreicht sein dürfte.

Wie die Verweisungen auf das außerordentlich komplexe und weite Gebiet der Steuerüberwälzungslehre zeigen, sollen die vorstehenden steuerrechtlichen Ausführungen keineswegs den Anspruch erheben, eine finanzwissenschaftliche Ausarbeitung zu sein. Sie sollen aber aufzeigen, dass die für die Umsatzsteuer weitverbreitete Annahme, dass die Überwälzung auf den Letztverbraucher in der Regel gelinge, weil die Steuer offen ausgewiesen wird, der komplexen wirtschaftlichen Wirklichkeit nicht gerecht wird. Sie sollen im weiteren Verlauf auch als Hilfestellung für die Verortung der Belastungswirkung der Umsatzsteuer dienen. Innerhalb der Extrempositionen Monopolmarkt und Idealmarkt existiert eine große Bandbreite an Faktoren, die die Überwälzbarkeit von Steuern im Allgemeinen und der Umsatzsteuer im Besonderen beeinflussen. Eine Unterteilung der Steuern kann folglich nur in solche erfolgen, die schwerer und andere, die leichter überwälzt werden können.[99] Die vollständige Überwälzung der Umsatzsteuer auf den Letztverbraucher ist folglich eine nicht belegte Behauptung und kann nicht als ihre wirtschaftliche Wirkung unterstellt werden.

(2) Die typisierende Betrachtungsweise der wirtschaftlichen Wirkung

Damit ist noch keine Aussage über die tatsächliche wirtschaftliche Wirkung der Umsatzsteuer getroffen. Vielmehr ist festgestellt, dass sich die absolute wirtschaftliche Wirkung nicht allgemein feststellen lässt. Es sind drei Varianten denkbar. In Variante 1 gelingt dem Unternehmer die Überwälzung der Umsatzsteuer vollständig, so dass ausschließlich Belasteter der Steuer der Letztverbraucher ist. In Variante 2 gelingt dem Unternehmer die Überwälzung überhaupt nicht. Die Umsatzsteuer geht in vollem Umfang zu Lasten seines Ertrags, so dass alleiniger Belasteter der Umsatzsteuer der Unternehmer ist. In Variante 3 schließlich gelingt die

99 *Kruse*, Lehrbuch, Band I, 1991, S. 74; *Kurt Schmidt*, Grundprobleme der Besteuerung, in: Neumark, Fritz (Hrsg.), Handbuch der Finanzwissenschaft, Band II, 3. Aufl., Tübingen, 1980, S. 119 (124); *Recktenwald* (Fn. 93), S. 194.

Überwälzung teilweise. Der Unternehmer kann einen Teil der Umsatzsteuer durch einen erhöhten Preis auf den Verbraucher überwälzen, muss den verbleibenden Teil aber zu Lasten seines Gewinns selbst tragen.

Da diese Varianten letztlich für alle Steuerarten in Betracht kommen, muss für die Ermittlung der wirtschaftlichen Wirkung einer Steuer daher eine typisierende Betrachtungsweise vorgenommen werden, anhand der die Steuer ihrer Hauptwirkung nach einer dieser Varianten zugeordnet werden kann. Maßstab für eine solche typisierende Betrachtung muss die unter Zugrundelegung der tatsächlichen Verhältnisse in der Wirklichkeit zu erwartende Auswirkung der Steuer sein, wobei atypische Konstellationen außer Acht gelassen werden können.[100] Die für eine Verallgemeinerung zugrunde zu legenden tatsächlichen Verhältnisse müssen möglichst umfassend ermittelt werden.[101] Nicht ausreichend ist die stark vereinfachte und an subjektiven Vorstellungen orientierte Fiktion von Tatsachen. Andernfalls würde sich aus den subjektiven Vorstellungen des Gesetzgebers ein Zirkelschluss auf die wirtschaftliche Wirkung einer Steuer ergeben. Mithilfe der Ermittlung der wirtschaftlichen Wirkung der Steuer soll aber gerade nicht der subjektive, sondern der objektivierte Wille des Gesetzgebers festgestellt werden. Schließlich ist zu beachten, dass die auf den tatsächlichen Gegebenheiten aufbauende Ermittlung der zu erwartenden steuerlichen Auswirkung folgerichtig sein muss.

(3) Folgerungen für die Umsatzsteuer

Für die Umsatzsteuer bedeutet das, dass die von weiten Teilen der Literatur angenommene vollständige Überwälzbarkeit, die nur in wenigen Ausnahmefällen nicht erreicht werde, nicht zum Maßstab einer typisierenden Betrachtung gemacht werden kann. Diese Meinung vereinfacht die tatsächlichen Gegebenheiten zu stark, indem sie einen einheitlichen

---

100 BVerfG, Urt. v. 09.12.2008, 2 BvL 1/07, 2/07, 1/08 und 2/08, Rn. 60 (zur sogenannten Pendlerpauschale); *Hey*, StbJb. 2007/2008, 19 (41 f.); *Schenke*, Rechtsfindung im Steuerecht, 2007, S. 407; *Kirchhof*, Bundessteuergesetzbuch, 2011, § 1 Rn. 21; *Jochum*, Gedächtnisschrift für Schindhelm, 2009, S. 405 (411); *diess.*, Steuerliche Behandlung gemischt veranlasster Aufwendungen, DStZ 2010, 665 (667); *diess.*, DStZ 2010, 309 (310).

101 *Jochum*, Gedächtnisschrift für Schindhelm, 2009, S.405 (410).

idealen Markt fingiert. Der wirtschaftlichen Wirklichkeit wird hierdurch nicht ausreichend Rechnung getragen. Auszugehen ist stattdessen davon, dass mehrere Marktformen parallel existieren. Aufgrund der Abhängigkeit der Überwälzbarkeit von der jeweiligen Marktform ist als wirtschaftliche Auswirkung der Umsatzsteuer zu erwarten, dass sowohl der Unternehmer als auch der Verbraucher von der Belastungswirkung betroffen sind. Die Belastung des Unternehmers durch Umsatzsteuer knüpft an dessen Ausgangsumsätze an, während bei unternehmerischen Eingangsumsätzen eine Belastung durch die Möglichkeit des Vorsteuerabzugs vermieden wird. Die Belastung des Verbrauchers knüpft an die Verwendung von Mitteln zum Zwecke des privaten Konsums an. Die Höhe der jeweiligen Belastung im Einzelfall hängt von der Marktsituation ab und kann nicht verallgemeinert werden. Auch die Höhe des Steuersatzes ist in die Bewertung einzustellen. Während bei einer kaum merklichen Steuerbelastung der Leistung im Verhältnis zu ihrem Gesamtpreis eine Überwälzung auf keine Preiswiderstände der Leistungsempfänger stößt, weil die Steuer schlicht nicht wahrgenommen wird, ist bei einem gegenwärtigen Umsatzsteuersatz von 19 Prozent das Erreichen von Preiswiderständen als realistisch anzunehmen. Dass durch die Umsatzsteuer auch der leistende Unternehmer belastet wird, kann daher auch nicht als atypischer Ausnahmefall abgetan werden. Im Ergebnis belastet die Umsatzsteuer nicht einseitig die Verwendung privaten Vermögens zu Konsumzwecken und auch nicht das In-Verkehr-bringen von Leistungen, sondern sie belastet die Beteiligten an einem Leistungsaustausch. Es wird in vielen Fällen so sein, dass die Umsatzsteuer vom Unternehmer vollständig überwälzt werden kann. In einigen Fällen wird eine Überwälzung überhaupt nicht möglich sein und schließlich wird in einer Vielzahl der Leistungsaustausche eine teilweise Überwälzung gelingen und der nicht überwälzte Teil bei dem Unternehmer haften bleiben.

Belegt wird diese Annahme in jüngster Zeit eindrucksvoll durch die Diskussion um die Einführung des ermäßigten Umsatzsteuersatzes für Hotelübernachtungen. Der Gesetzgeber hat mit dem Gesetz zur Beschleunigung des Wirtschaftswachstums (Wachstumsbeschleunigungsgesetz)[102] vom 22.12.2009 u. a. das Umsatzsteuergesetz geändert. Mit dem neu geschaffenen § 12 Abs. 2 Nr. 11 UStG wurde der ermäßigte Steuersatz zum 01.01.2010 auf Hotelübernachtungen ausgeweitet. Nimmt man eine vollständige Überwälzung der Umsatzsteuer an, so müsste die Reduzierung der Umsatzsteuer von 19 auf sieben Prozent in vollem Umfang dem Hotelgast zu Gute kommen. Die Bruttopreise für Hotelübernachtungen müssten sich im selben Umfang wie die Umsatzsteuer reduziert haben. Indessen ergibt eine Mitgliederbefragung des DEHOGA Bundesverband – Deutscher Hotel- und Gaststättenverband e. V., an dem bis zum 30.06.2010 über 4.000 Hotels teilgenommen haben, dass nur jedes dritte Haus die Übernachtungspreise gesenkt hat, und zwar im Schnitt um lediglich 6,5 %.[103] Im Rahmen einer bundesweiten Stichprobe ist die Verbraucherzentrale Bundesverband e. V. (vzbv) zu dem Ergebnis gelangt, dass bis Mitte Januar 2010 nur 7,4 % der untersuchten Angebote im Preis gesenkt worden sind.[104] Im Ergebnis ist zu beobachten, dass die Umsatzsteuersenkung eine direkte gewinnerhöhende Auswirkung auf die Betriebsergebnisse der Hotelbetreiber zeigt. Für den Zeitraum vor der Senkung des Umsatzsteuersatzes ist demzufolge, unter der Annahme ansonsten unveränderter Parameter, von einer gewinnmindernden Wirkung auszugehen. Die Umsatzsteuer geht im Hotelgewerbe also zu einem Teil zu Lasten des Hotelbetreibers.

Folglich ist Belastungsgegenstand der Umsatzsteuer nach dem objektivierten Willen des Gesetzgebers nicht nur die wirtschaftliche Leistungsfähigkeit des Verbrauchers, sondern auch die wirtschaftliche Leistungsfähigkeit des Unternehmers.

---

102 BGBl. I 2009, S. 3950 ff.

103 Quelle: DEHOGA-Bundesverband – Deutscher Hotel- und Gaststättenverband e. V., Pressemitteilung 10/27, abrufbar unter: http://www.dehoga-bundesverband.de/fileadmin/Inhaltsbilder/Presse/Pressemitteilungen/2010/PM_10_27_Sechs_Monate_Mehrwertsteuersenkung_fuer_UEbernachtungen.pdf (*Anlage 1*)

104 Quelle: Verbraucherzentrale Bundesverband e. V. (vzbv), Pressemitteilung vom 19.01.2010, abrufbar unter: http://www.vzbv.de/3871.htm (*Anlage 2*)

(4) Zwischenergebnis

Nach der hier vertretenen Ansicht, wonach die Belastungswirkung sowohl auf Unternehmer- als auch auf Verbraucherseite eintreten kann, richtet sich die Steuerträgerschaft stets nach der relativen wirtschaftlichen Leistungsfähigkeit der an dem Leistungsaustausch Beteiligten. Dies folgt aus dem Umstand, dass ein Verbraucher im Regelfall nicht mehr für eine Leistung aufwenden wird, als er wirtschaftlich zu leisten im Stande ist. Andererseits wird ein Unternehmer im Regelfall eine Leistung nur zu dem Preis anbieten, die ihm die Deckung seiner Kosten und die Erzielung eines Gewinns ermöglicht. Ausgehend hiervon bildet sich auf dem Markt ein Preis für die Leistung. Nach diesem Preis bestimmt sich, in welchem Maße die Beteiligten eine an die Leistung anknüpfende Steuerlast zu tragen haben. Die wirtschaftliche Belastung des Unternehmers ergibt sich also nicht aus dem Umstand, dass es überhaupt eine Umsatzsteuer gibt, d. h. dass ihm ohne eine solche Steuer die Erzielung eines Gewinnes möglich wäre, der um die Höhe des Umsatzsteuersatzes größer wäre. Eine solche Betrachtungsweise würde Konkurrenzsituationen am Markt unberücksichtigt lassen. Stattdessen ergibt sich die wirtschaftliche Belastungswirkung aus dem kalkulierten Unternehmergewinn unter Berücksichtigung der Marktsituation.

Die wirtschaftliche Leistungsfähigkeit der Beteiligten drückt sich in den drei denkbaren Varianten wie folgt aus:

1. Der am Markt durchsetzbare Preis ermöglicht dem Unternehmer die vollständige Überwälzung der Umsatzsteuer und die Erzielung seines kalkulierten Gewinns. Dem Verbraucher ist die Leistung diesen Preis wert. Steuerträger ist in diesem Fall ausschließlich der Letztverbraucher. Seine wirtschaftliche Leistungsfähigkeit äußert sich darin, sein privates Vermögen dazu einzusetzen, sowohl den kalkulierten Gewinn des Unternehmers als auch die Umsatzsteuer zu tragen.

2. Der am Markt erzielbare Preis für die Leistung liegt niedriger als in Variante 1 geschildert. Dem Unternehmer verbleibt trotzdem ein Gewinn aus der Leistungserbringung. Dieser fällt aber geringer aus, als ursprünglich

kalkuliert. Die Umsatzsteuer wird in dieser Variante teilweise auf den Letztverbraucher überwälzt. Ein Teil der Umsatzsteuer geht zulasten des unternehmerischen Gewinns. Steuerträger in dieser Variante sind sowohl der Unternehmer als auch der Letztverbraucher und zwar nach dem Verhältnis des auf sie entfallenden Anteils der Umsatzsteuer, d. h. nach ihrer relativen wirtschaftlichen Leistungsfähigkeit. Die wirtschaftliche Leistungsfähigkeit des Letztverbrauchers ist an der Preisobergrenze ausgereizt. Der Unternehmer hat hingegen noch preislichen Spielraum nach unten, sodass der überschießende Teil der Steuer seinen Gewinn und damit seine Leistungsfähigkeit erfasst.

3. Der am Markt durchsetzbare Preis deckt nur die Selbstkosten des Unternehmers zuzüglich Umsatzsteuer. Ein Gewinn verbleibt nicht. Der Unternehmer wird die Leistung zu diesem Preis ausführen, wenn er zumindest keinen Verlust zu erwarten hat. Steuerträger ist in diesem Fall allein der Unternehmer. Die Umsatzsteuer geht in voller Höhe zulasten seines kalkulierten Gewinns. Im Regelfall wird eine Leistungserbringung zu einem noch niedrigeren Preis nicht in Betracht kommen, da ein solches Handeln die typisierte Leistungsfähigkeit des Unternehmers übersteigen würde. Fälle des ruinösen Wettbewerbs, wie sie in manchen Branchen vereinzelt beobachtet werden können (z. B. Baumarktbranche), sind nicht verallgemeinerungsfähig und können für eine typisierende Betrachtung nicht herangezogen werden.

(5) Überprüfung anhand des verfassungsrechtlichen Gebots der Besteuerung nach der Leistungsfähigkeit

Diese Auslegung des objektivierten Belastungswillens des Gesetzgebers steht im Einklang mit dem Gebot der Besteuerung nach der wirtschaftlichen Leistungsfähigkeit. Die Leistungsfähigkeit ist normativ zu bestimmen.[105] Der Gesetzgeber kann zur Bestimmung der Leistungsfähigkeit an typisierende Merkmale anknüpfen und muss dies sogar, wenn die tatsächliche Belastungswirkung im Einzelfall nicht exakt ermittelt werden kann. Die Auffassung, wonach Steuerträger der Umsatzsteuer allein der Verbraucher sei, dessen wirtschaftliche Leistungsfähigkeit sich in dem

105 BFH, Beschl. v. 09.05.2001, IX B 151/00, BStBl. II 2001, 552 (554).

Konsum einer Leistung ausdrücke, lässt unberücksichtigt, zu welchem Preis dies im Einzelfall geschieht und welche Folge sich hieraus für den anderen am Leistungsaustausch Beteiligten, den Unternehmer, ergibt.

(6) Überprüfung des Ergebnisses anhand eines Vergleichs mit der Einkommensteuer

Das Ergebnis wird auch durch einen Vergleich mit der Belastungswirkung der Einkommensteuer bestätigt. Zwar ist auch hier zunächst zutreffend, dass die Überwälzbarkeit von der Marktsituation abhängt. Gleichwohl besteht Einigkeit dahingehend, dass die Einkommensteuer allein die Leistungsfähigkeit des jeweiligen Einkommensteuerpflichtigen belastet.

Dies ist kein Widerspruch. Im Unterschied zur Umsatzsteuer erfolgt der Überwälzungsversuch der Einkommensteuer nämlich anonym, da Anknüpfungspunkt der Einkommensteuer nicht der einzelne Leistungsaustausch ist, sondern die Summe des im Besteuerungszeitraum erwirtschafteten steuerpflichtigen Einkommens. Die Überwälzung geschieht daher, wenn sie gelingt, über den Besteuerungszeitraum verteilt auf eine anonyme Vielzahl von Personen. Die Leistungsfähigkeit einer anonymen Masse kann aber nicht Gegenstand einer an der individuellen Leistungsfähigkeit ausgerichteten Besteuerung sein. Folglich kann Maßstab der Leistungsfähigkeitsbemessung bei der Einkommensteuer nur die Leistungsfähigkeit des jeweiligen Steuerpflichtigen sein.

Dem könnte entgegnet werden, dass auch bei der Umsatzsteuer der einzelne Verbraucher, auf den die Steuer zu überwälzen versucht wird, anonym bliebe. Dies ist aber nicht zutreffend. Der einzelne Abnehmer einer Leistung bleibt in der Mehrzahl der Fälle für den Fiskus zwar in dem Sinn anonym, als er nicht namentlich bekannt wird. Der fundamentale Unterschied zu dem zur Einkommensteuer Gesagten liegt jedoch darin, dass die Umsatzsteuer an jeden einzelnen Leistungsaustausch (§ 1 Abs. 1 Nr. 1 UStG) anknüpft.[106] Die Summe aller Leistungsaustausche wird zwar in einem Voranmeldungszeitraum (Monat oder Kalendervierteljahr) zusammengefasst und in einer Umsatzsteuer-Erklärung summiert. Das macht die Umsatzsteuer jedoch nicht zu einer Abschnittsteuer, wie dies

106 *Popitz*, UStG, 2. Aufl., 1921, S. 33.

für die Einkommensteuer der Fall ist. Die Individualisierung des Letztabnehmers erfolgt bei der Umsatzsteuer folglich durch den individuellen Leistungsaustausch.

e) Historische Auslegung

Das mithilfe der teleologischen Betrachtungsweise gefundene Ergebnis lässt sich auch nicht aus der Gesetzeshistorie widerlegen. Die Entstehungsgeschichte des Gesetzes stützt, wie durch die Ausführungen zum Umsatzsteuersystem der Allphasenbruttoumsatzsteuer gezeigt wurde, nicht die Annahme, dass der Gesetzgeber nach seinem objektivierten Willen ausschließlich den Letztverbrauch habe besteuern wollen.[107]

3. Ergebnis der Auslegung – Belastung von Unternehmer und Verbraucher

Im Ergebnis ist festzuhalten, dass der objektivierte Wille des Gesetzgebers entgegen der wohl h. M. in der Literatur nicht darin besteht, mit der Umsatzsteuer ausschließlich die wirtschaftliche Leistungsfähigkeit des Letztverbrauchers auszuschöpfen. Nach dem objektivierten Willen des Gesetzgebers steht vielmehr fest, dass die Umsatzsteuer die wirtschaftliche Leistungsfähigkeit sowohl des Unternehmers als auch des Verbrauchers belasten will. Die Verteilung der Belastung im Einzelfall bleibt der regulierenden Wirkung des Marktes vorbehalten. Als Steuerträger der Umsatzsteuer sind daher sowohl Unternehmer als auch Verbraucher anzusehen.

Aus dem Leistungsfähigkeitsprinzip lassen sich folglich Erkenntnisse für die insolvenzrechtliche Zuordnung der Umsatzsteuer im Insolvenzverfahren über das Vermögen des umsatzsteuerlichen Unternehmers gewinnen.

---

107 Vgl. B. III. 1. b) ee), Seite 24.

C. Die Zuordnung der Umsatzsteuer zu den Insolvenzforderungen oder Masseverbindlichkeiten unter Berücksichtigung des Leistungsfähigkeitsprinzips

Der Zeitpunkt der Begründetheit der Umsatzsteuer entscheidet über ihre Zuordnung zu den Insolvenzforderungen oder Masseverbindlichkeiten. Eine gesetzliche Definition der *Begründetheit* existiert nicht. Nachfolgend wird gezeigt, dass nur anhand einer am Leistungsfähigkeitsprinzip ausgerichteten teleologischen Korrektur des Begründetheitsbegriffs eine den Wertungen von Steuer- und Insolvenzrecht gerecht werdende Ermittlung der Begründetheit von Umsatzsteuerforderungen gelingen kann.

I. Die insolvenzrechtliche Begründetheit von Steuerforderungen

1. Die grundsätzliche Maßgeblichkeit der Insolvenzordnung

Die Beschreibung des Verhältnisses zwischen Insolvenz- und Steuerrecht wird häufig mit der Feststellung *Insolvenzrecht geht vor Steuerrecht* beschrieben. Dieser schlagwortartige Grundsatz, für die Konkursordnung aufgestellt von *Liebisch*[108], geht zurück auf die Rechtsprechung des Reichsfinanzhofs, nach der die Reichsabgabenordnung die Vorschriften der Konkursordnung für die Durchsetzung von Steueransprüchen bewusst hingenommen und selbst keine Regelungen für den Fall des Konkurses des Steuerschuldners aufgestellt hatte.[109] In § 251 Abs. 2 S. 1 AO hat dieser allgemein anerkannte Grundsatz seine gesetzliche Ausprägung gefunden. Wie sich aus der systematischen Stellung des § 251 Abs. 2 S. 1 AO im sechsten Teil der Abgabenordnung, dem Vollstreckungsteil, ergibt, bezieht sich der Vorrang der Insolvenzordnung nach wie vor nur auf die Durchsetzung der Steuerforderungen. Die Behandlung der Steuerforderungen im Insolvenzverfahren, d. h. ihre Zuordnung zu den Insolvenzforderungen oder Masseverbindlichkeiten, richtet sich folglich nach den Vorschriften der Insolvenzordnung. Das Entstehen und die

108 *Arnold Liebisch*, Materielles Steuerrecht und Konkurs, VJSchrStFR 1929, 212 (213).

109 RFH, Urt. v. 25.10.1926, GrS 1/26 S, RStBl. 1926, 337 (338).

Höhe der Steuerforderungen bestimmen sich hingegen auch im Insolvenzverfahren unverändert nach den Vorschriften der Steuergesetze, die insoweit nicht beeinflusst werden. Das Insolvenzrecht sei also maßgeblich für die Geltendmachung der Steueransprüche.[110] Es könnte daher fraglich sein, ob das Leistungsfähigkeitsprinzip als Grundsatz des Steuerrechts überhaupt Auswirkungen haben kann auf die insolvenzrechtliche Einordnung der Umsatzsteuer oder ob es, unter Zugrundelegung einer rein insolvenzrechtlichen Betrachtungsweise, ohne Bedeutung ist. Die Insolvenzordnung selbst nimmt jedenfalls bei der Abgrenzung von Insolvenz- und Massegläubigern keine Rücksicht auf Gesichtspunkte der wirtschaftlichen Leistungsfähigkeit.

2. Das insolvenzrechtliche Kriterium der Begründetheit

Die gesetzliche Regelung zur Einordnung von Umsatzsteuerforderungen im Insolvenzverfahren erscheint also zunächst eindeutig. Die Einordnung als Masseverbindlichkeit oder Insolvenzforderung bestimmt sich nach der Insolvenzordnung. Maßgeblich ist § 38 InsO, der den zum Zeitpunkt der Verfahrenseröffnung begründeten Ansprüchen gegen den Schuldner den Rang von Insolvenzforderungen einräumt. Die Begründetheit ist ein insolvenzrechtlicher Begriff.[111] Liegt der Zeitpunkt der Begründung nach der Verfahrenseröffnung, so handelt es sich um eine Masseverbindlichkeit oder, wenn die Forderung gar keinen Bezug zur Insolvenzmasse hat, um eine Forderung gegen das insolvenzfreie Vermögen des Schuldners.

Die Insolvenzordnung enthält allerdings keine Aussage zu der Frage, wann die Begründetheit einer Forderung anzunehmen ist. Nach einer früher teilweise vertretenen Ansicht war für die Begründetheit erforderlich, dass die Forderung entstanden oder fällig war.[112] Nach heute einhelliger

110 *Fritsch*, in: Pahlke/Koenig, AO, § 251 Rn. 17; *Frotscher*, in: Gottwald (Hrsg.), Insolvenzrechts-Handbuch, 4. Aufl., 2010, § 120 Rn. 8 m. w. N.; *Onusseit*, ZInsO 2006, 1084; *Carsten Farr*, Die Reichweite rechtsfehlerhafter Feststellungsbescheide, DStZ 2003, 345.

111 *Frotscher*, in: Gottwald (Hrsg.), Insolvenzrechts-Handbuch, 4. Aufl., 2010, § 124 Rn. 1; *Thomas Waza/Christoph Uhländer/Jens Schmittmann*, Insolvenzen und Steuern, 8. Aufl., Herne, 2010, Rn. 703.

112 BFH, Urt. v. 26.03.1971, VI R 285/69, BStBl. II 1971, 582, in einer Entscheidung zum Berlinhilfegesetz (BHG).

Meinung stellt die Fälligkeit einer Forderung kein für die Abgrenzung taugliches Kriterium dar. Stattdessen wird darauf abgestellt, ob der Rechtsgrund für das Entstehen der Forderung im Augenblick der Verfahrenseröffnung bereits gelegt war[113] bzw. ob der Schuldrechtsorganismus, der die Grundlage des Anspruchs darstellt, zu diesem Zeitpunkt schon bestanden hat.[114] Teilweise wird auch argumentiert, dass die Begründetheit eine wertende Betrachtung erfordere, ob die Forderung den Beschränkungen des Insolvenzverfahrens unterliegen solle.[115]

Aus diesen mehr oder weniger formelhaften Wendungen lässt sich für vertragliche Ansprüche bereits einige Klarheit gewinnen. Sie sind nach soweit ersichtlich einhelliger Meinung im Zeitpunkt des Vertragsschlusses als begründet anzusehen.[116] Für nicht vertragliche Ansprüche ist aber nicht eindeutig klar, nach welchen Kriterien sich die Feststellung des Bestehens des Rechtsgrunds oder des Vorhandenseins des Schuldrechtsorganismus beurteilen soll. Die vorgenannten Ansichten umschreiben den unbestimmten Rechtsbegriff der Begründetheit mit allgemeinen Definitionen, ohne dass dadurch mehr Klarheit gewonnen ist. Zu erörtern ist daher zunächst, ob der insolvenzrechtliche Begriff der Begründetheit durch andere Gesetze konkretisiert wird und, wenn ja, wie weit er in den jeweiligen Gesetzen auszulegen ist.

---

113 BFH, Urt. v. 22.05.1979, VIII R 58/77, BStBl. II 1979, 639; *Ulrich Ehricke*, in: Kirchhof, Hans-Peter/Lwowski, Hans-Jürgen/Stürner, Rolf (Hrsg.), Münchener Kommentar zur Insolvenzordnung, 2. Aufl., München, 2007, § 38 Rn. 16; *Carsten Farr*, Die Besteuerung in der Insolvenz, München, 2005, Rn. 369.

114 *Frotscher*, in: Gottwald, Insolvenzrechts-Handbuch, 4. Aufl., 2010, § 124 Rn. 1; *Ralf Sinz*, in: Wilhelm Uhlenbruck/Heribert Hirte/Heinz Vallender (Hrsg.), Insolvenzordnung (Kommentar), 13. Aufl., München, 2010, § 38 Rn. 26; *Ehricke*, in: Münchener Kommentar zur InsO, 2. Aufl., 2007, § 38 Rn. 16.

115 *Frotscher*, Besteuerung bei Insolvenz, 7. Aufl., 2010, S. 196.

116 Vgl. statt vieler *Ehricke*, in: Münchener Kommentar zur InsO, 2. Aufl., 2007, § 38 Rn. 17.

3. Die Begründetheit der Umsatzsteuer

a) Der Rückgriff auf die Regelungen des Steuerrechts

Für die Forderungen des Fiskus nach dem Umsatzsteuergesetz ist demzufolge nach dem Rechtsgrund oder dem Schuldrechtsorganismus zu fragen, der die Steuer begründet. Wann dieser Rechtsgrund im Einzelfall gelegt ist, ist in der Insolvenzordnung nicht definiert. Das Insolvenzrecht fragt lediglich, zu welchem Zeitpunkt - ob vor oder nach Eröffnung des Insolvenzverfahrens - eine Forderung begründet worden ist. Zu klären ist folglich, ob für die Ermittlung der Begründetheit eines Anspruchs grundsätzlich auf die Regelungen des betreffenden Gesetzes zurückzugreifen ist, dem der Anspruch entspringt, d. h. für Umsatzsteuerforderungen auf das Umsatzsteuergesetz, oder ob die Begründetheit allein nach insolvenzrechtlichen Maßstäben bestimmt werden kann.

Aus der Maßgeblichkeit der Insolvenzordnung könnte geschlossen werden, dass die Einordnung eines Anspruchs losgelöst von dem Rechtsgebiet, dem er entstammt, sei er zivil- oder öffentlich-rechtlicher Art, oder ungeachtet seines Anspruchsgrundes, sei es ein Anspruch aus Vertrag oder aus Delikt, erfolgen könne.[117] Im Ergebnis würde dies eine strikte Trennung zwischen dem Insolvenzrecht und den Vorschriften der Einzelgesetze bedeuten. Zu entscheiden wäre dann allein nach insolvenzrechtlichen Maßstäben. Die Befragung der Regelungen der Einzelgesetze wäre nicht erforderlich. Sie könnten über die insolvenzrechtliche Qualifizierung des Anspruchs, der in ihnen normiert ist, keine Auskunft geben. Es wäre folglich allein eine wertende Betrachtung anzustellen, ob der Anspruch einen Bezug zum vorinsolvenzlichen oder zum nachinsolvenzlichen Bereich hat.[118] Dies würde bedeuten, dass im Fall der Umsatzsteuer keines der im Umsatzsteuergesetz genannten Merkmale erfüllt sein müsste, um die Begründetheit im insolvenzrechtlichen Sinn anzunehmen.[119] So wird vertreten, die Grundlage des Anspruchs stelle bereits das schuldrechtliche Verpflichtungsgeschäft dar, das den späteren Leis-

---

117 *Rainer Großmann*, Konkursrechtliche Stellung von Umsatzsteuerforderungen am Beispiel der Verwertung von Sicherungsgut, DStR 1989, 22 (25); ähnlich auch *Brigitte Knobbe-Keuk*, Konkurs und Umsatzsteuer, BB 1977, 757 (758).

118 So *Frotscher*, Besteuerung bei Insolvenz, 7. Aufl., 2010, S. 196.

119 So *Großmann*, DStR 1989, 22 (25).

tungsaustausch zum Gegenstand hat. Nach den Wertungen des Insolvenzrechts sei bereits zu diesem Zeitpunkt die Umsatzsteuer begründet.[120]

Dieser allein insolvenzrechtlichen Bewertung steht der Wortsinn des § 38 InsO entgegen. Als unbestimmter Rechtsbegriff ist das Wort *begründet* in § 38 InsO auszulegen. Die Grenze der Auslegung ist der mögliche Wortsinn. Die Auslegung kann nicht über den Bedeutungsspielraum des Wortes hinausgehen.[121] Mit der Formulierung „*begründet*" wird aber gerade nach dem *Grund* eines Anspruchs gefragt, d. h. nach dem Rechtsgrund. Dieser kann niemals losgelöst von dem Gesetz betrachtet werden, *auf dem* der Anspruch *gründet*. Die Begründetheit des Umsatzsteueranspruchs muss sich daher aus dem Umsatzsteuergesetz ergeben. Das Umsatzsteuergesetz knüpft aber nicht an schuldrechtliche Verpflichtungen an, sondern an *Verfügungsgeschäfte*. Nicht der schuldrechtliche Vertrag ist Gegenstand der Besteuerung, sondern der sachenrechtliche Vertrag. Die Anknüpfung des Rechtsgrundes der Umsatzsteuer an ein bloßes Verpflichtungsgeschäft des Schuldners findet hingegen im Wortlaut des Umsatzsteuergesetzes keine Stütze. Die bloße Verpflichtung zu einer Leistung kann daher noch keinen Umsatzsteueranspruch des Fiskus begründen.

Für eine Berücksichtigung der Vorschriften außerhalb der Insolvenzordnung bei der Feststellung des Begründetheitszeitpunkts spricht auch, dass kaum anzunehmen ist, der Gesetzgeber habe mit § 38 InsO eine derart weitreichende und von den übrigen durch das Insolvenzrecht betroffenen Rechtsgebieten autonome Regelung schaffen wollen. Denn dann hätte er gesetzlich definieren müssen, was unter Begründetheit zu verstehen ist. Das aber ist im Zuge der Einführung der Insolvenzordnung

---

120 *Großmann*, DStR 1989, 22 (25).

121 *Reinhold Zippelius*, Juristische Methodenlehre, 10. Aufl., München, 2006, S. 47; *Karl Larenz*, Methodenlehre der Rechtswissenschaft, 6. Aufl., Berlin, 1991, S. 323; *Claus-Wilhelm Canaris*, Die Feststellung von Lücken im Gesetz, 2. Aufl., Berlin, 1983, S. 22 f.; *Franz Bydlinski*, Juristische Methodenlehre und Rechtsbegriff, 2. Aufl., Wien, 1991, S. 468; *Schenke*, Rechtsfindung im Steuerrecht, 2007, S. 310, hält die Wortlautgrenze zwar für unvollkommen, befürwortet mangels Alternativen aber gleichwohl ihre Aufrechterhaltung für die Abgrenzung zwischen Auslegung und Rechtsfortbildung.

gerade nicht geschehen. § 38 InsO ist gegenüber seiner Vorgängernorm, § 3 KO, nahezu unverändert geblieben. Ein solcher Fehler bei der Reform des Konkursrechts kann, trotz der häufig zu beobachtenden Eile im Gesetzgebungsverfahren, nicht ohne weiteres unterstellt werden. Das Fehlen einer gesetzlichen Definition des Begründetheitsbegriffs deutet vielmehr darauf hin, dass dem Gesetzgeber bewusst war, dass eine für die Vielzahl der denkbaren Ansprüche einheitliche Definition in der Insolvenzordnung und auch in ihrem Vorgängergesetz nicht möglich ist, und dass die Begründetheit unter Rückgriff auf das für den Anspruch maßgebliche Gesetz zu bestimmen ist.

Die Beantwortung der Frage nach der Begründetheit eines Anspruchs muss daher von dem jeweiligen Einzelgesetz ausgehen. Dessen Vorschriften und Wertungen sind im Rahmen der insolvenzrechtlichen Haftungszuweisung zu berücksichtigen. Eine bloß wertende Betrachtung anhand des Insolvenzrechts genügt nicht. Der Insolvenzordnung kann zwar entnommen werden, dass die Begründetheit nicht die Fälligkeit (§ 41 InsO) oder das Entstehen (§ 191 InsO) des Anspruchs voraussetzt. Die insolvenzrechtliche Einordnung eines Anspruchs als Insolvenzforderung muss darüber hinaus aber noch eine Stütze in dem für den Anspruch maßgeblichen Gesetz finden. D. h., es muss ein konkreter Anknüpfungspunkt in dem anspruchsbegründenden Gesetz vorhanden sein, anhand dessen man die Forderung als ihrem Grunde nach angelegt ansehen kann. Dieses Ergebnis ermöglicht eine flexible Interpretation des insolvenzrechtlichen Begriffs der Begründetheit unter angemessener Berücksichtigung der Besonderheiten der jeweiligen Anspruchsgrundlagen und trägt damit zur Rechtssicherheit bei. Die Vielzahl der möglichen Ansprüche und ihrer Rechtsgrundlagen erlaubt keine losgelöste Feststellung der Begründetheit im Allgemeinen. Für den einzelnen Gläubiger muss nachvollziehbar sein, wann seine Forderung begründet ist. Das kann nur anhand einer Prüfung in der jeweiligen Anspruchsgrundlage erfolgen. Der Zeitpunkt der insolvenzrechtlichen Begründetheit von Steuerforderungen muss daher unter Rückgriff auf die steuerrechtlichen Regelungen ermittelt werden.[122]

---

122 *Fritsch*, in: Pahlke/Koenig, AO, 2. Aufl., 2009, § 251 Rn. 46; *Albert Beermann*, in: Hübschmann/Hepp/Spitaler, AO-FGO, 212. Lfg., Mai 2011, § 251 AO Rn. 39.

b) Die Auslegung des Begründetheitsbegriffs im Fall der Umsatzsteuer

Die Antwort auf die Frage, wann eine Steuerforderung im insolvenzrechtlichen Sinn begründet ist, ist nicht in den insolvenzrechtlichen Vorschriften enthalten. Hierdurch offenbart sich die lediglich scheinbare Autonomie der Insolvenzordnung. Die insolvenzrechtliche Einordnung der Umsatzsteuer wird durch die Vorschriften des Umsatzsteuergesetzes beeinflusst. Das Umsatzsteuergesetz enthält selbst jedoch auch keine Vorschriften, aus denen sich der Zeitpunkt der Begründetheit unmittelbar ablesen ließe. Wie alle Steuergesetze kennt es nur Vorschriften über die *Entstehung* und die *Fälligkeit* des Steueranspruchs. Der Begriff der Begründetheit ist dem Umsatzsteuergesetz hingegen fremd, sodass im Wege der Auslegung ermittelt werden muss, wann der Anspruch auf die Steuer dem Grunde nach gelegt ist. Es ist daher zu klären, worin der anspruchsbegründende Vorgang bei der Umsatzsteuer besteht.

aa) Die Erfüllung des anspruchsbegründenden Tatbestands

Bei zivilrechtlichen Ansprüchen wird nach einhelliger Meinung für die Begründetheit als maßgeblich erachtet, wann der anspruchsbegründende Tatbestand verwirklicht worden ist. Vertragliche Ansprüche sind beispielsweise mit dem Abschluss des Verpflichtungsgeschäftes begründet.[123] Bei gesetzlichen Ansprüchen ist nach der Erfüllung des gesetzlichen Tatbestands zu fragen. Für die Umsatzsteuer ist umstritten, welche Merkmale zu diesem Tatbestand zu zählen sind. Die unterschiedlichen Auffassungen sind sich lediglich darin einig, dass das vollständige steuerrechtliche Entstehen des Anspruchs gemäß § 13 UStG keine zwingende Voraussetzung ist, um die Verwirklichung des Tatbestands annehmen zu können.

bb) Weitgehende Identität von Entstehen und Begründetheit

Eine Ansicht geht davon aus, dass sämtliche Merkmale, die auch für die Entstehung des Steueranspruchs erforderlich sind, mit Ausnahme des

---

123 *Ernst Jaeger* (Begr.), Konkursordnung (Großkommentar), 9. Aufl., Berlin, 1997, § 3 Rn. 31.

Ablaufs des Voranmeldezeitraums, erfüllt sein müssen.[124] Diese Auffassung setzt das steuerrechtliche Entstehen des Anspruchs also weitgehend mit dem Begriff der Begründetheit gleich und sieht lediglich das zeitliche Element des Ablaufs des Voranmeldezeitraums als entbehrlich an. Im Fall der Besteuerung nach vereinbarten Entgelten (Soll-Besteuerung, § 16 Abs. 1 S. 1 UStG) folgt daraus, dass die Umsatzsteuer im Zeitpunkt der Leistungserbringung insolvenzrechtlich begründet ist. Erfolgt die Besteuerung nach vereinnahmten Entgelten (Ist-Besteuerung, § 20 UStG), ist die Begründetheit nach dieser Auffassung erst dann anzunehmen, wenn das Entgelt vereinnahmt worden ist. Auch im Fall der Mindest-Ist-Versteuerung gemäß § 13 Abs. 1 Nr. 1 lit. a) S. 4 UStG genüge die Vereinnahmung der Voraus- oder Anzahlungen, um eine Begründetheit des Steueranspruchs annehmen zu können.

(1) Keine Stütze dieser Auffassung im Umsatzsteuergesetz

Diese Ansicht hält einer Auslegung anhand des Umsatzsteuergesetzes nicht stand. Die Einordnung des Zeitpunkts der Begründetheit von Umsatzsteuerforderungen unterfällt bereits grammatisch nicht dem Regelungsbereich des § 13 UStG. Die Vorschrift regelt ihrem Wortlaut nach nur den Zeitpunkt des Entstehens der Steuer. Sie befasst sich nicht mit der Bestimmung des umsatzsteuerbaren Vorgangs und damit der Frage, welcher Sachverhalt der Besteuerung unterworfen werden soll.[125] Zudem ist eine differenzierende Einordnung des Zeitpunkts der Begründetheit der Umsatzsteuer nach Ist- und Sollversteuerung sachlich nicht geboten. Das Institut der Istversteuerung dient dem Ziel, Erleichterungen für kleine

---

124 BFH, Urt. v. 13.11.1986, V R 59/79, BStBl. II 1987, 226; BFH, Urt. v. 04.06.1987, V R 57/79, BStBl. II 1987, 741; BFH, Urt. v. 21.12.1988, V R 29/86, BStBl. II 1989, 434; so auch: BFH, Urt. v. 12.10.1994, XI R 78/93, BStBl. II 1995, 33; *Wolfgang Boochs/Jörg Dauernheim*, Das Steuerrecht in der Insolvenz, 3. Aufl., Neuwied, 2007, Rn. 114 f.; *Elke Bäuerle*, in: Braun (Hrsg.), Insolvenzordnung (Kommentar), 4. Aufl., München, 2010, § 38 Rn. 28; *Ehricke*, in: Münchener Kommentar zur InsO, 2. Aufl., 2007, § 38 Rn. 87; *Ulrich Probst*, in: Hartmann/Metzenmacher, UStG, Lfg. 05/11, Juni 2011, D 150 Rn. 14.

125 FG Sachsen-Anhalt, Urt. v. 12.07.2007, 1 K 806/06, EFG 2007, 1737.

Unternehmen und Angehörige der freien Berufe zu schaffen.[126] Es ist hingegen nicht die Aufgabe der Istversteuerung, den der Besteuerung zugrundeliegenden Sachverhalt abweichend zu definieren. Vielmehr ist Normzweck des § 13 UStG, nach Maßgabe des § 38 AO den Zeitpunkt zu definieren, ab dem die Steuer festgesetzt bzw. selbst errechnet werden muss.[127] Es handelt sich mithin um die technische Frage, ab wann die Steuer beigetrieben werden kann. Der dieser Steuer zugrunde liegende Sachverhalt ist nicht Gegenstand der Norm, sondern wird vorausgesetzt. Die Auffassung geht also unzutreffend davon aus, dass die in § 13 UStG enthaltenen Voraussetzungen, mit Ausnahme des zeitlichen Elements des Ablaufs des Voranmeldungszeitraums, den umsatzsteuerlichen Tatbestand darstellen, anhand dessen ein Lebenssachverhalt auf seine steuerliche Relevanz zu überprüfen ist.

(2) Keine Stütze dieser Auffassung in der Insolvenzordnung

Die Ansicht kann sich auch nicht auf die Wertungen des Insolvenzrechts stützen. Die Sollversteuerung stellt den gesetzlichen Regelfall dar. Der Übergang zur Istversteuerung setzt einen Antrag des Steuerpflichtigen voraus. Der Steuerpflichtige ist, unter der Voraussetzung, dass er die in § 20 UStG geforderten Kriterien erfüllt, frei in seiner Wahl und kann sich, jeweils gebunden für den Besteuerungszeitraum von einem Jahr, zwischen der Besteuerung nach vereinnahmten oder nach vereinbarten Entgelten entscheiden. Eine Auswirkung auf den Begründetheitszeitpunkt der Umsatzsteuer kann den unterschiedlichen Besteuerungsarten nicht zugestanden werden. Dies würde nämlich bedeuten, dass letztlich dem Steuerpflichtigen die Entscheidung darüber zugebilligt wird, wann die Umsatzsteuerforderung begründet sein soll. Die Einordnung der Steuer als Insolvenzforderung oder als Masseverbindlichkeit würde damit zur Disposition des Steuerpflichtigen gestellt werden. Dieses Ergebnis steht im Widerspruch zu dem insolvenzrechtlichen Ziel der Gläubigergleichbehandlung. Es kann nicht zugestanden werden, dass die Stellung eines Gläubigers in einem Insolvenzverfahren von einer steuerlichen Gestal-

---

126 *Frank Henseler*, in: Hartmann/Metzenmacher, UStG, Lfg. 05/11, Juni 2011, § 20 Rn. 5.

127 *Karl Blesinger*, in: Kühn, Rolf/von Wedelstädt, Alexander (Begr.), Abgabenordnung und Finanzgerichtsordnung (Kommentar), 19. Aufl., Stuttgart, 2008, § 38 AO Rn. 10.

tungswahl des Insolvenzschuldners abhängt. Zwar könnte hiergegen eingewendet werden, dass der Steuergesetzgeber dem Steuerpflichtigen mit § 20 Abs. 1 UStG nun einmal ein Wahlrecht mit den entsprechenden Auswirkungen auf den Entstehungszeitpunkt der Steuerforderung eingeräumt hat. Dem ist zu entgegnen, dass der Steuergesetzgeber selbstverständlich frei darin ist, dem Steuerpflichtigen Gestaltungsspielräume zu eröffnen, die dieser auch auszuschöpfen vermag. Der Steuerpflichtige erwirbt durch die Wahlmöglichkeit das Privileg, die Umsatzsteuer für eine ausgeführte Leistung nicht errechnen und anmelden zu müssen, bevor das Entgelt für die Leistung vereinnahmt worden ist. Ein Steueranspruch des Fiskus besteht mangels Erfüllung des gesetzlichen *Entstehungs*tatbestands (§ 38 AO i. V. m. §§ 13 Abs. 1 Nr. 1 lit. b, 20 Abs. 1, Abs. 2 UStG) noch nicht. Betroffen von solchen Gestaltungsmöglichkeiten kann jedoch nur das Verhältnis zwischen Steuergläubiger und Steuerpflichtigem sein. Die Stellung des Fiskus als Gläubiger innerhalb der Gesamtheit der Gläubiger im Insolvenzverfahren kann hiervon aber nicht abhängen. Die gegenteilige Auffassung würde bedeuten, der Entscheidung des Steuerpflichtigen normative Auswirkung auf das Verhältnis der Gläubiger untereinander zuzubilligen. Der Steuerpflichtige könnte nicht nur das Rechtsverhältnis zwischen sich und Steuergläubiger, sondern auch zwischen Steuergläubiger und übrigen Gläubigern beeinflussen. Eine so weitreichende Befugnis kann dem Steuerschuldner nicht eingeräumt werden. Ebenso wenig, wie ein Schuldner durch privatrechtliche Vereinbarungen, z. B. Stundungs- oder Fälligkeitsabreden, Einfluss auf die Stellung seiner Gläubiger im Insolvenzverfahren nehmen kann, muss dies auch für öffentlich-rechtliche Gestaltungsmöglichkeiten gelten.[128] Die

128 Auch aus dem Institut der Insolvenzanfechtung (§§ 129 ff. InsO) folgt, dass dem Schuldner keine Einwirkung auf die Reihenfolge der Befriedigung seiner Gläubiger zustehen soll. Die Anfechtungsmöglichkeiten der §§ 130, 131 reichen zwar nur bis zu drei Monate vor Stellung des Insolvenzantrags zurück, betreffen aber auch nur die Konstellationen, in denen der Gläubiger eine kongruente Leistung erhält (§ 130 InsO) bzw. in denen der Gläubiger durch Zwangsvollstreckung oder unter Anwendung von Vollstreckungsdruck eine inkongruente Befriedigung erlangt (§ 131 InsO). Die kurze Anfechtungsfrist kommt folglich nur zur Anwendung, wenn der Schuldner seinem Gläubiger unverdächtige Leistungen gewährt oder aber widerwillig oder sogar gezwungenermaßen leistet. Soweit der Schuldner in der Krise einzelnen Gläubigern jedoch willentlich und mit deren Wissen Sondervorteile verschaffen will, erweitert § 133 Abs. 1 InsO (Vorsatzanfechtung) die Anfechtungsfrist auf zehn Jahre. Die An-

Einordnung der Gläubiger im Insolvenzverfahren als Insolvenz- oder als Massegläubiger muss anhand objektiver Kriterien und unabhängig von steuerlichen Gestaltungsmöglichkeiten erfolgen, da nur so eine Gleichbehandlung aller Gläubiger gewährleistet werden kann.

cc) Vereinnahmung des Entgelts als zwingendes Tatbestandsmerkmal

Eine zweite Meinung geht davon aus, dass die Begründetheit der Umsatzsteuer die Verwirklichung des dem jeweiligen Umsatzsteuertatbestand zugrunde liegenden Lebenssachverhalts voraussetze. Im umsatzsteuerlichen Grundfall des § 1 Abs. 1 Nr. 1 UStG sei dies aber nicht schon mit der Ausführung der Leistung der Fall, da die Vorschrift eine Leistung gegen Entgelt erfordere.[129] Aus diesem Wortlaut folge, dass die *Vereinnahmung der Gegenleistung* sowohl im Fall der Soll- als auch der Ist-Versteuerung zwingende Voraussetzung für den Abschluss des für die Besteuerung maßgeblichen Sachverhalts sei. Darüber hinaus wird argumentiert, dass es Zweck der Umsatzsteuer sei, den Leistungsempfänger und damit letztlich die Gegenleistung zu besteuern. Dem leistenden Unternehmer werde durch das Umsatzsteuergesetz die Rolle eines Steuereinnehmers für den Staat auferlegt. Die Umsatzsteuerforderung des Staates gegen den Unternehmer könne daher erst dann begründet sein, wenn dieser das Entgelt auch tatsächlich vereinnahmt habe. Dass im Fall der Soll-Besteuerung (§ 16 Abs. 1 S. 1 UStG) die Steuer dann bereits entstanden und fällig wäre, bevor sie nach dieser Auffassung begründet worden ist, stehe dem nicht entgegen. Die Soll-Besteuerung selbst normiere nämlich lediglich einen verfassungsrechtlich bedenklichen „Zwangskredit" zugunsten des Staates.[130] Ausgehend von diesen Erwägungen sei der Umsatzsteueranspruch des Fiskus auch bei bereits erbrachter Leistung erst im Zeitpunkt der Entgeltvereinnahmung begründet.[131] Liegt dieser Zeitpunkt vor Insolvenzeröffnung, so handele es sich

---

fechtung wird dabei durch Vermutungsregeln erheblich erleichtert (§ 133 Abs. 1 S. 2 InsO). Für Leistungen an nahestehende Personen innerhalb von zwei Jahren vor Insolvenzeröffnung enthält § 133 Abs. 2 S. 2 InsO sogar eine Beweislastumkehr.

129 *Stadie*, in: Rau/Dürrwächter, UStG, 146. Lfg., April 2011, § 18 Rn. 831.

130 *Stadie*, in: Rau/Dürrwächter, UStG, 146. Lfg., April 2011, § 18 Rn. 831.

131 *Stadie*, in: Rau/Dürrwächter, UStG, 146. Lfg., April 2011, § 18 Rn. 832.

um eine Insolvenzforderung. Erfolgt die Vereinnahmung der Gegenleistung erst nach Verfahrenseröffnung durch den Insolvenzverwalter, so liege eine Masseverbindlichkeit vor.

Diese Auslegung überschreitet den Wortlaut des Gesetzes. Nicht die Vereinnahmung, sondern bereits die Vereinbarung einer Gegenleistung macht die Leistung zu einer Entgeltlichen. Ausreichend ist, dass eine Leistung erbracht wird, um ein Entgelt zu erhalten.[132] Umgekehrt kann ein späteres dauerhaftes Ausbleiben der Gegenleistung, beispielsweise wegen Zahlungsunfähigkeit des Leistungsempfängers, die Leistung nicht nachträglich zu einer Unentgeltlichen machen. Hierfür spricht auch die Vorschrift des § 16 Abs. 1 S. 1 i. V. m. § 13 Abs. 1 Nr. 1 lit. a) UStG, die die Besteuerung nach vereinbarten Entgelten als Regelfall ansieht. Dem wird zwar entgegnet, dass das Soll-Prinzip den Unternehmer nur zu einer Vorfinanzierung der Umsatzsteuer verpflichte.[133] Der eigentliche Umsatzsteuertatbestand sei gleichwohl erst mit der Gegenleistung durch den Leistungsempfänger verwirklicht, da dieser nach dem Zweck des Umsatzsteuergesetzes der mit der Steuer Belastete sei. Mithin sei die Soll-Besteuerung nur ein gesetzlich angeordneter Zwangskredit zugunsten des Fiskus. Diesen Kredit müsse der Staat gemäß § 17 Abs. 2 Nr. 1 Satz 1 UStG zurückgewähren, wenn die Vereinnahmung des Entgelts nicht erfolgt. § 17 Abs. 2 Nr. 1 UStG sei daher ein Beleg dafür, dass die Vereinnahmung des Entgelts ein umsatzsteuerliches Tatbestandsmerkmal ist.[134] Dieser Argumentation kann aber nicht gefolgt werden. Zum einen ist die Interpretation des § 17 Abs. 2 Nr. 1 S. 1 UStG nicht zutreffend. Die Vorschrift des § 17 Abs. 2 Nr. 1 Satz 1 UStG lässt einen einmal begründeten und auch steuerrechtlich entstandenen Umsatzsteueranspruch nicht entfallen, wenn das Entgelt uneinbringlich wird. § 17 Abs. 2 Nr. 1 UStG stellt eine Berichtigungsvorschrift dar, der eine selbständige Bedeutung als Besteuerungsvorschrift beizumessen ist.[135] Folglich berührt die Berichtigung auch nicht die ursprünglich festgesetzte Steuer, sondern die Steuer in dem Veranlagungszeitraum, in dem die Berichtigung durchgeführt wird.

132 *Eberhard Husmann*, in: Rau/Dürrwächter, UStG, 146. Lfg., April 2011, § 1 Rn. 199; *Onusseit*, Umsatzsteuer im Konkurs, 1988, S. 88.

133 *Stadie*, in: Rau/Dürrwächter, UStG, 146. Lfg., April 2011, § 18 Rn. 831.

134 *Stadie*, in: Rau/Dürrwächter, UStG, 146. Lfg., April 2011, § 18 Rn. 831.

135 BFH, Urt. v. 13.11.1986, V R 59/79, BStBl. II 1987, 226 = BFHE 148, 346.

Der Umsatzsteuertatbestand des § 1 Abs. 1 Nr. 1 UStG, nämlich die Leistungserbringung, wird nicht erweitert. Es wird nur aufgrund eines nachträglich eingetretenen Ereignisses dessen wirtschaftliche Auswirkung, d. h. die Abführung der Umsatzsteuer oder zumindest die Verpflichtung hierzu, korrigiert. Aus § 17 UStG ergibt sich daher, dass die Vereinnahmung des Entgelts gerade keine Voraussetzung des umsatzsteuerlichen Tatbestands ist. Zudem ist die für die Maßgeblichkeit der Entgeltvereinnahmung behauptete Prämisse der Umsatzsteuer als Verbrauchsteuer unzutreffend. Wie bereits erörtert wurde, ist die Belastungswirkung der Umsatzsteuer nicht allein auf den Verbraucher, sondern auch auf den umsatzsteuerlichen Unternehmer gerichtet.[136]

dd) Maßgeblichkeit der Leistungserbringung

Eine andere Ansicht hält es schließlich für ausreichend, dass der Rechtsgrund des Steueranspruchs bereits vor Verfahrenseröffnung gelegt worden ist.[137] Für den Umsatzsteuertatbestand der Leistung gemäß § 1 Abs. 1 Nr. 1 UStG sei grundsätzlich die Leistungserbringung selbst maßgeblich. Bereits im Zeitpunkt der Leistung sei die aus der Leistung resultierende Umsatzsteuer nach insolvenzrechtlichen Maßstäben begründet. Die Vereinnahmung des Entgelts gehöre nicht mehr zum steuerlichen Tatbestand. Eine Abweichung der rechtlichen Folge ergibt sich nach dieser Ansicht für Soll- und Ist-Besteuerung nicht. Uneinigkeit besteht zwischen den Vertretern dieser Ansicht allerdings zu der Frage, wann die *Umsatzsteuer auf Vorauszahlungen* begründet ist. Werde die Vorauszahlung vor Verfahrenseröffnung vereinnahmt und die Leistung erst nach Eröffnung ausgeführt, so soll es sich nach einer Meinung abweichend von dem Grundsatz der Maßgeblichkeit der Leistungserbringung bei der Steuer aus der Vorauszahlung nur um eine Insolvenzforderung handeln.[138] Begründet wird diese Auffassung mit einer angeblich am eigentlichen Zweck des § 3 KO bzw. jetzt § 38 InsO orientierten Auslegung. Von dem weiterhin gültigen Grundsatz, wonach allein die Leistungs-

---

136 Vgl. B. III. 3., Seite 39.

137 BFH, Urt. v. 04.08.1987, VII R 11/84, ZIP 1988, 44; BFH, Urt. v. 21.09.1993, VII R 119/91, BStBl. II 1994, 83; BFH, Urt. v. 05.10.2004, VII R 69/03, BStBl. II 2005, 195; *Frotscher*, Besteuerung bei Insolvenz, 7. Aufl., 2010, S. 198; *Onusseit*, Umsatzsteuer im Konkurs, 1988, S. 90; *Knobbe-Keuk*, BB 1977, 757.

138 *Onusseit*, Umsatzsteuer im Konkurs, 1988, S. 91 f.

erbringung über die Begründetheit entscheide, müsse aufgrund der außergewöhnlichen Konstellation der Mindest-Ist-Versteuerung abgewichen werden. Zweck der Unterteilung in Insolvenz- und Massegläubiger sei nämlich die haftungsrechtliche Zuweisung der Insolvenzmasse. Nach insolvenzrechtlichen Erwägungen sei es daher angemessen, dem Steuergläubiger für den Fall der Mindest-Ist-Versteuerung nur den Rang eines einfachen Insolvenzgläubigers zuzugestehen.[139] Nach anderer Auffassung ist auch im Fall der Mindest-Ist-Versteuerung allein auf den Zeitpunkt der Leistungserbringung abzustellen, sodass eine Masseverbindlichkeit vorliege.[140]

(1) Vereinbarkeit mit dem Umsatzsteuergesetz

Gute Gründe sprechen für die Ansicht, dass der Tatbestand, der zur materiell-rechtlichen Verwirklichung der Umsatzsteuer bei der Leistungserbringung führt, in der Grundnorm des § 1 Abs. 1 Nr. 1 UStG zu sehen ist. Demzufolge wäre bereits mit der Leistungserbringung der der Besteuerung zugrunde liegende Sachverhalt verwirklicht. Die weiteren im Umsatzsteuergesetz genannten Merkmale wie Vereinnahmung des Entgelts, Ablauf des Voranmeldungszeitraums etc. berühren in diesem Fall den steuerlichen Sachverhalt nicht. Sie stellen nur weitere Voraussetzungen auf, die für die Fälligkeit und die Durchsetzung des materiell-rechtlich begründeten Steueranspruchs von Bedeutung sind.

(2) Willkürliche Ergebnisse im Fall der Mindest-Ist-Besteuerung

Zu Schwierigkeiten führt diese Ansicht aber im Fall der Mindest-Ist-Besteuerung, wenn die Vereinnahmung von Anzahlungen vor Verfahrenseröffnung und die Leistungserbringung nach Verfahrenseröffnung liegen. Sieht man die Leistungserbringung auch in diesem Fall als entscheidend an, entstehen Masseverbindlichkeiten, ohne dass der Insolvenzmasse ein Wert zufließt. Hätte der Insolvenzverwalter eine gänzlich neue Leistung der Insolvenzmasse ausgeführt, wäre zwar auch Umsatzsteuer als Masseverbindlichkeit angefallen. Soweit das Entgelt nicht ver-

---

139 *Onusseit*, Umsatzsteuer im Konkurs, 1988, S. 91 f.

140 *Frotscher*, Besteuerung bei Insolvenz, 7. Aufl., 2010, S. 203; *Ulf-Christian Dißars*, in: Schwarz, Bernhard (Hrsg.), Abgabenordnung (Kommentar), Freiburg, Loseblattsammlung, 144. Ergänzungslieferung, Stand Juni 2011, § 251 Rn. 116.

einnahmt hätte werden können, wäre zugunsten der Insolvenzmasse aber eine Umsatzsteuerberichtigung gemäß § 17 Abs. 1, Abs. 2 Nr. 1 UStG vorzunehmen. Diese Möglichkeit besteht in dem geschilderten Fall der Mindest-Ist-Besteuerung nicht. Das Entgelt ist nicht uneinbringlich geworden. Es wurde im Gegenteil bereits, zumindest teilweise, als Anzahlung vereinnahmt. Der Insolvenzmasse steht diese Anzahlung aber nicht mehr zur Verfügung. Die Insolvenzmasse steht hinsichtlich der Umsatzsteuer folglich in dem Fall schlechter, in dem bereits vor Insolvenzeröffnung Anzahlungen vereinnahmt worden sind. Man kann dieses Ergebnis als konsequente Folge der alleinigen Maßgeblichkeit der Leistungserbringung ansehen. Sachlich lässt sich die Schlechterstellung aber nicht rechtfertigen.

Aber auch, wenn man für diesen Fall von der Maßgeblichkeit der Leistungserbringung ausnahmsweise abweicht und die Umsatzsteuer aus der Anzahlung als Insolvenzforderung qualifiziert[141], ergibt sich kein überzeugendes Ergebnis. Die Abweichung vom Zeitpunkt der Leistungserbringung erscheint willkürlich, um ein Resultat zu erhalten, das dem Gesichtspunkt der Schonung der Insolvenzmasse Rechnung trägt.

c) Ergebnis der Auslegung des Umsatzsteuergesetzes und eigene Ansicht

Dem *Wortlaut* des Umsatzsteuergesetzes kann keine konkrete Aussage zum Zeitpunkt der Begründetheit im insolvenzrechtlichen Sinn entnommen werden. Die Begründetheit der Umsatzsteuer kann anhand des Wortlauts mehrerer Normen des Umsatzsteuergesetzes hergeleitet werden. Das Umsatzsteuergesetz stellt verschiedene technische Kriterien auf, an die unterschiedliche rechtliche Qualifikationen geknüpft werden. Die Steuerbarkeit eines Umsatzes (einer Entnahme, eines innergemeinschaftlichen Erwerbs, einer Einfuhr) ist in § 1 Abs. 1 UStG geregelt, die Steuerbarkeit einer unentgeltlichen Wertabgabe in § 3 UStG, das Entstehen der Steuer ist in § 13 UStG geregelt. Eine definitive Aussage, woraus der umsatzsteuerliche Tatbestand besteht, an dessen Erfüllung die insolvenzrechtliche Begründetheit anknüpfen soll, wird jedoch vergeblich gesucht. Stattdessen trägt das Nebeneinander der umsatzsteuerlichen De-

141 *Onusseit*, Umsatzsteuer im Konkurs, 1988, S. 91 ff.

finitionen (*Steuerbarkeit, Entstehung der Steuer*) erheblich zu der bestehenden Rechtsunsicherheit bei, die sich in den geschilderten Meinungen widerspiegelt. Die Auslegung des Gesetzeswortlauts führt, abhängig davon, ob man den anspruchsbegründenden Tatbestand in § 1 Abs. 1 Nr. 1 UStG oder in § 13 UStG sieht, zu unterschiedlichen Ergebnissen.

Gemeinsam ist den verschiedenen Ansichten zur Begründetheit der Umsatzsteuer, dass sie die Leistungsfähigkeit des Steuerpflichtigen bei der Ermittlung des insolvenzrechtlichen Begründetheitszeitpunkts unberücksichtigt lassen. Die Ansicht von der ausschließlichen Maßgeblichkeit der Entgeltvereinnahmung geht von der Prämisse aus, dass das Umsatzsteuergesetz von seiner Belastungswirkung her allein die wirtschaftliche Leistungsfähigkeit des Letztverbrauchers erfassen wolle. In der Konsequenz wird gefolgert, dass erst durch die Vereinnahmung des Entgelts der steuerliche Tatbestand vervollständigt werde. Während sich diese Argumentation vom Wortlaut des Gesetzes nahezu vollständig entfernt und im Wesentlichen auf eine Auslegung der Umsatzsteuer unter verbrauchsteuerlichen Gesichtspunkten zurückgreift, führen die weiteren vorgenannten Ansichten zu willkürlichen Ergebnissen.

Bestimmt man die insolvenzrechtliche Begründetheit der Umsatzsteuer nach den Kriterien des § 13 UStG unter gedanklicher Streichung des Kriteriums *„Ablauf des Voranmeldungszeitraums"*, entscheidet sich die insolvenzrechtliche Zuordnung der Umsatzsteuer danach, ob der Steuerpflichtige dem Regelfall der Soll-Besteuerung unterliegt oder zur Ist-Besteuerung optiert hat. Bei der Soll-Besteuerung wäre allein der Zeitpunkt der Leistungserbringung maßgeblich, es sei denn es wurden Vorauszahlungen auf die Leistung erbracht. In diesem Fall wäre die Entgeltvereinnahmung entscheidend. Im Fall der Ist-Besteuerung wäre ausschließlich auf die Vereinnahmung des Entgelts abzustellen. Diese Differenzierung entbehrt einer Rechtfertigung.

Nach eigener Ansicht ist daher grundsätzlich der Auslegung der Vorzug zu geben, die den Rechtsgrund der Umsatzsteuer als mit der Leistungserbringung gelegt sieht und damit auch die insolvenzrechtliche Begründetheit annimmt. Im Fall des § 1 Abs. 1 Nr. 1 UStG entspricht diese Auslegungsvariante dem Wortsinn und dem Zweck des Gesetzes. Der Steuerschuldner kann nach der Ausführung der Leistung die Entstehung der Steuer nicht mehr einseitig verhindern, sodass der Rechtsgrund für die Umsatzsteuer gelegt wurde. Auch diese Auslegung führt aber nicht zu einem vollständig zufriedenstellenden Resultat. Im Fall der Mindest-Ist-Besteuerung, bei der die Vorauszahlung vor Verfahrenseröffnung vereinnahmt wurde, die Leistung jedoch nach Verfahrenseröffnung ausgeführt wird, gelangt man nämlich zu dem Ergebnis, dass die Umsatzsteuer auf die Vorauszahlung als Masseverbindlichkeit bevorzugt zu befriedigen ist, obwohl der Insolvenzmasse diese Mittel gar nicht zugeflossen sind. Wurde die Leistung hingegen vor Verfahrenseröffnung ausgeführt, das Entgelt aber danach vereinnahmt, stellt die Umsatzsteuer lediglich eine Insolvenzforderung dar, während der Insolvenzmasse das Entgelt für die Leistung zuzüglich Umsatzsteuer zufließt und verbleibt. Weicht man von der Maßgeblichkeit der Leistungserbringung nur für den Fall der Mindest-Ist-Versteuerung ab[142], begibt man sich in den Bereich der ergebnisorientierten Auslegung, der nicht mehr vom Wortsinn des Gesetzes gedeckt ist. Zudem sieht man sich mit dem ungewöhnlichen Resultat konfrontiert, dass im Fall der Mindest-Ist-Besteuerung die Steuer entstanden wäre, bevor sie insolvenzrechtlich begründet, bevor also ihr materieller Rechtsgrund gelegt worden sein soll. Dieser Widerspruch wird erkannt, aber aufgrund der *„ungewöhnlichen – zivilrechtlichen Begriffen und Denkansätzen kaum zugänglichen – Regelung des Entstehens der Steuerforderung“*[143] als gerechtfertigt angesehen. Diese auf dem passenden Ergebnis beruhende argumentative Kehrtwende findet in dem Wortlaut des Umsatzsteuergesetzes keine Stütze. Das Argument basiert ausschließlich auf insolvenzrechtlichen Erwägungen und lässt umsatzsteuerliche Vorschriften außer Betracht. Eine rein an den Erwägungen des Insolvenzrechts orientierte Auslegung des Begriffs der Begründetheit ist aber, wie in den bisherigen Ausführungen gezeigt wurde, abzulehnen.[144]

Es ist somit festzuhalten, dass im Wege der Auslegung keine vollständig zufriedenstellende Antwort auf die Frage nach der insolvenzrechtlichen Begründetheit der Umsatzsteuer gefunden werden kann.

---

142 *Onusseit*, Umsatzsteuern im Konkurs, 1988, S. 91 ff.

143 *Onusseit*, Umsatzsteuern im Konkurs, 1988, S. 93.

144 Vgl. C. I. 3. a), Seite 44 ff.

II. Das Erfordernis einer teleologischen Korrektur des insolvenzrechtlichen Begriffs der Begründetheit

Eine überzeugende Zuordnung der Umsatzsteuer zu den Kategorien *Insolvenzforderungen* und *Masseverbindlichkeiten* könnte mit Hilfe einer teleologischen Korrektur des insolvenzrechtlichen Begriffs der *Begründetheit* gewonnen werden. Zur Ergänzung und Korrektur des Gesetzes sind allgemein die Mittel der Analogie, der teleologischen Reduktion und der teleologischen Extension anerkannt. Die Analogie und die teleologische Extension bezeichnen die teleologische Korrektur des zu eng gefassten Gesetzeswortlauts, während die teleologische Reduktion den zu weit gefassten Wortlaut korrigiert.[145] Die Analogie korrigiert den Wortlaut des Gesetzes durch einen Ähnlichkeitsschluss, die teleologische Extension hingegen beruft sich allein auf die *ratio legis*.[146] Da der Begriff der Begründetheit einerseits zu eng sein könnte, wenn sich die in der vorinsolvenzlichen umsatzsteuerlichen Tatbestandsverwirklichung typisierte Leistungsfähigkeit erst im Insolvenzverfahren konkretisiert, andererseits im umgekehrten Fall aber auch zu weit sein könnte, werden die Korrekturmittel der Analogie und der teleologischen Reduktion und Extension im Folgenden einheitlich als teleologische Korrektur des Gesetzes bezeichnet. Die teleologische Korrektur des Gesetzes dient der Herstellung eines an Wertungsgesichtspunkten orientierten Ergebnisses über den Wortlaut des Gesetzes hinaus und ist eine der Gesetzesauslegung nachfolgende Methode.[147] Die teleologische Korrektur eines Gesetzestextes ist geboten, wenn dessen unveränderte Anwendung zu Wertungswidersprüchen führen würde.

---

145 *Canaris*, Lücken, 2. Aufl., 1983, S. 87, 90; *Larenz*, Methodenlehre, 6. Aufl., 1991, S. 397; sowohl *Bydlinski*, Methodenlehre, 2. Aufl., 1991, S. 475; als auch *Bernd Rüthers/Christian Fischer*, Rechtstheorie, 5. Aufl., München, 2010, Rn. 904, ordnen die teleologische Extension als einen Fall der Analogie ein; wohl auch *Schenke*, Rechtsfindung im Steuerrecht, 2007, S. 58

146 *Canaris*, Lücken, 2. Aufl., 1983, S. 87, 90; *Larenz*, Methodenlehre, 6. Aufl., 1991, S. 397

147 *Larenz*, Methodenlehre, 6. Aufl., 1991, S. 391; *Canaris*, Lücken, 2. Aufl., 1983, S. 23; *Hans-Friedrich Brandenburg*, Die teleologische Reduktion, Göttingen, 1983, S. 75; a. A. *Hans-Martin Pawlowski*, Methodenlehre für Juristen, 3. Aufl., Heidelberg, 1999, Rz. 493 ff., der die teleologische Korrektur als einen Sonderfall der Auslegung betrachtet.

Korrekturgegenstand könnten neben dem Begründetheitsbegriff des Insolvenzrechts auch die Tatbestandsbegriffe des Umsatzsteuergesetzes sein. Allerdings ist nicht der Wortlaut beispielsweise des § 1 Abs. 1 Nr. 1 UStG zu weit gefasst für die Zwecke der Insolvenzordnung. Vielmehr ist § 38 InsO, der die Klärung der insolvenzrechtlichen Zuordnung ohne weitere Differenzierung den Einzelgesetzen aufgibt, zu weit gefasst für die Zwecke einer an der wirtschaftlichen Leistungsfähigkeit orientierten Besteuerung im Insolvenzverfahren. Nicht die Tatbestände des Umsatzsteuergesetzes sind daher auf die Möglichkeit einer teleologischen Gesetzeskorrektur zu überprüfen, sondern der Begründetheitsbegriff des § 38 InsO.

1. Die Voraussetzungen einer teleologischen Korrektur

Die teleologische Korrektur des Gesetzes setzt voraus, dass das Gesetz eine Lücke enthält.[148] Eine solche ist anzunehmen, wenn das Gesetz zwar eine auf Fälle der gedachten Art anwendbare Regel enthält, die ihrem Sinn nach aber auf eine bestimmte Fallgruppe nicht passt, weil sie deren für die Wertung relevanten Besonderheiten außer Acht lässt.[149] Kann die Lücke nicht durch Auslegung geschlossen werden, so kommt als Mittel der Lückenschließung die teleologische Korrektur des Gesetzes in Betracht, soweit nicht vorrangige Interessen die Einhaltung des Wortsinnes des Gesetzes erfordern.[150]

a) Die Feststellung einer Lücke des Gesetzes

Allgemein wird die Lücke als planwidrige Unvollständigkeit des Gesetzes bezeichnet.[151] Demgegenüber wird eingewandt, dass diese Definition zu

148 *Larenz*, Methodenlehre, 6. Aufl., 1991, S. 391, der ausdrücklich eine verdeckte Lücke fordert; *Brandenburg*, Reduktion, 1983, S. 63, erachtet den Begriff der „Lücke“ als irreführend, da die teleologische Korrektur immer eine bestehende Regelung erfasse, die nicht lückenhaft, sondern lediglich unpassend sei.

149 *Larenz*, Methodenlehre, 6. Aufl., 1991, S. 377.

150 Vgl. *Canaris*, Lücken, 2. Aufl., 1983, S. 183 f.; *Larenz*, Methodenlehre, 6. Aufl., 1991, S. 392, die eine teleologische Korrektur ablehnen, wenn das Gebot der Rechtssicherheit die strikte Einhaltung des Gesetzeswortlauts erfordert.

151 *Canaris*, Lücken, 2. Aufl., 1983, S. 16; *Larenz*, Methodenlehre, 6. Aufl., 1991, S. 373.

eng sei, da es auch geplante Lücken gebe, bei denen der Gesetzgeber die Regelungsbefugnis bewusst auf den Rechtsanwender delegiere.[152] Dies dürfte zutreffend sein, da auch eine Unvollständigkeit des Gesetzes, die vom Gesetzgeber in Kauf genommen wurde und die nicht als „qualifiziertes Schweigen“[153] einen Regelungswillen zum Ausdruck bringt, mit den Mitteln der Lückenausfüllung behoben werden können muss.

Zu prüfen ist, ob aufgrund der unterschiedlichen Wertungen von Insolvenz- und Steuerrecht hinsichtlich der insolvenzrechtlichen Einordnung der Umsatzsteuer eine Gesetzeslücke vorliegt. Zur Feststellung einer Lücke werden daher zunächst die Wertungen der betroffenen Gesetze ermittelt.

aa) Die Wertungen des Insolvenzrechts

(1) Die gemeinschaftliche Gläubigerbefriedigung als Hauptziel

In § 1 S. 1 InsO ist als ein Ziel des Insolvenzverfahrens die gemeinschaftliche Befriedigung der Gläubiger eines Schuldners genannt. Dieses Ziel wird allgemein als Hauptziel der Insolvenzordnung angesehen.[154] Die gemeinschaftliche Befriedigung bedeutet gemeinsame und anteilige Befriedigung entsprechend der jeweiligen Forderungshöhe des einzelnen Gläubigers im Verhältnis zu den Gesamtverbindlichkeiten des Schuldners. Das Insolvenzverfahren tritt somit neben die allgemeinen Vollstreckungsvorschriften der Zivilprozessordnung und verdrängt die vom Prioritätsgrundsatz beherrschte Einzelvollstreckung durch das Prinzip gleichmäßiger Befriedigung aller Gläubiger. Dadurch soll bei dem überschuldeten oder zahlungsunfähigen Schuldner den Interessen der Gläubigergesamtheit Rechnung getragen und eine Verteilungsgerechtigkeit für die Insolvenzgläubiger hergestellt werden. Ausgenommen von der nur quotalen

152 *Rüthers/Fischer*, Rechtstheorie, 5. Aufl., 2010, Rn. 935; wohl auch *Schenke*, Rechtsfindung im Steuerrecht, 2007, S. 184.

153 *Canaris*, Lücken, 2. Aufl., 1983, S. 51, verlangt selbst in diesen Fällen des qualifizierten Schweigens für die Annahme einer Lücke „eines besonderen Nachweises der Planwidrigkeit“.

154 *Hans-Gerhard Ganter*, in: Münchener Kommentar zur Insolvenzordnung, 2. Aufl., 2007, § 1 Rn. 20; *Irmtraut Pape*, in: Uhlenbruck/Hirte/Vallender (Hrsg.), Insolvenzordnung (Kommentar), 13. Aufl., 2010, § 1 Rn. 1.

Befriedigung sind die Massegläubiger, deren Ansprüche bevorzugt befriedigt werden. Entscheidend für jeden Gläubiger ist folglich, ob sein Anspruch als Insolvenzforderung eine nur quotale oder als Masseforderung eine uneingeschränkte Befriedigung erfährt. Für den Steuergläubiger stellt sich mithin die Frage, ob die Insolvenzmasse zur Finanzierung der allgemeinen Staatsaufgaben *uneingeschränkt* oder *nur mit einer Insolvenzquote* herangezogen werden kann.

(2) Die verfassungsrechtlichen Grundlagen der Gläubigergleichbehandlung

Das Erfordernis gleicher Befriedigungschancen folgt aus dem Schutz der betroffenen Rechtsgüter der Gläubiger (Art. 14, 2 GG) in Verbindung mit dem allgemeinen Gleichbehandlungsgrundsatz (Art. 3 Abs. 1 GG) und dem Sozialstaatsprinzip. Der Gläubiger, der einen zivilrechtlichen Anspruch gegen seinen Schuldner durchsetzen will, muss zunächst im Erkenntnisverfahren einen Titel erstreiten. Kann oder will der Schuldner auf einen solchen Titel nicht leisten, muss der Gläubiger die Zwangsvollstreckung betreiben. Erkenntnisverfahren und Zwangsvollstreckung laufen für jeden Gläubiger unterschiedlich schnell ab. Der einzelne Gläubiger kann auf die Geschwindigkeit der Verfahren nur in begrenztem Maß einwirken. Folglich ist derjenige Gläubiger benachteiligt, der zur Durchsetzung seines Anspruchs so lange gebraucht hat, dass das Vermögen seines Schuldners mittlerweile aufgrund der Inanspruchnahmen durch andere Gläubiger aufgezehrt worden ist.[155] Die Folge ist eine Ungleichbehandlung innerhalb der Gruppe der Gläubiger. Diese Ungleichbehandlung ist aufgrund der prinzipiellen Gleichberechtigung der Ansprüche der unterschiedlichen Gläubiger nicht gerechtfertigt. Gleichzeitig ist die Effektivität des Rechtsschutzes nicht mehr gewährleistet, wenn ein Gläubiger zwar im Zivilprozess seinen Anspruch feststellen lassen, diesen Anspruch aber gegen das unzureichende Schuldnervermögen nicht mehr durchsetzen kann, weil die Haftungsmasse des Schuldners von anderen Gläubigern aufgebraucht worden ist. Die Insolvenzordnung dient daher der Wahrung des allgemeinen Gleichheitssatzes (Art. 3 Abs. 1 GG), des Sozialstaatsprinzips und des Rechtsstaatsprinzips, indem es bei dem Schuldner, dessen Vermögen oder Liquidität evident nicht zur Befriedigung sämtlicher

155 *Christoph Becker*, Insolvenzrecht, 3. Aufl., Köln, 2010, § 1 Rn. 15.

Gläubiger ausreicht, ein geordnetes Gesamtverfahren zur Liquidation des Schuldnervermögens gewährleistet.[156]

Das Prinzip der Gläubigergleichbehandlung ist somit verfassungsrechtlich geboten.[157] Es gilt ohne Ausnahme für sämtliche Gläubiger, die einen Vermögensanspruch gegen den Schuldner haben. Unerheblich ist, auf welchem Rechtsgrund die Forderung beruht. Insbesondere stehen die Ansprüche des Steuergläubigers gleichrangig neben den Ansprüchen zivilrechtlicher Gläubiger. Die ehemaligen Konkursvorrechte des Fiskus (§ 61 Abs. 1 S. 1 und S. 2 KO) sind in folgerichtiger Verwirklichung der angestrebten Gläubigergleichbehandlung nicht in die Insolvenzordnung übernommen worden.[158]

bb) Die Wertungen des Steuerrechts

Das Steuerrecht wird von zwei systemtragenden Prinzipien beherrscht. Das Prinzip der Besteuerung nach der wirtschaftlichen Leistungsfähigkeit gewährleistet eine gleichmäßige Besteuerung unter Berücksichtigung der individuellen wirtschaftlichen Verhältnisse. Das Prinzip der Gesetzmäßigkeit der Besteuerung trägt dem Rechtsstaatsprinzip (Art. 20 Abs. 3 GG) Rechnung, indem es eine willkürliche Besteuerung verhindert. Das bedeutet nicht nur, dass die Auferlegung einer Steuer eine gesetzliche Re-

---

156 *Rolf Stürner*, in: Münchener Kommentar zur Insolvenzordnung, 2. Aufl., 2007, Einl. Rn. 77 ff.; *Becker*, Insolvenzrecht, 3. Aufl., 2010, § 1 Rn. 18f.

157 Vgl. auch Begr. RegE-InsO, BT-Drucks. 12/2443, S. 90, in der ausdrücklich die verfassungsrechtliche Fragwürdigkeit eines Privilegienkatalogs betont wird.

158 Mit der Ergänzung des § 55 InsO um einen neuen Absatz 4 durch das Haushaltsbegleitgesetz 2010 (BGBl. I 2010, S. 1885 ff.) ist ein solches Fiskusprivileg wieder eingeführt worden. Die Vorschrift lautet: „*Verbindlichkeiten des Insolvenzschuldners aus dem Steuerschuldverhältnis, die von einem vorläufigen Insolvenzverwalter oder vom Schuldner mit Zustimmung eines vorläufigen Insolvenzverwalters begründet worden sind, gelten nach Insolvenzeröffnung als Masseverbindlichkeit.*" Die ebenfalls vorgesehene Erweiterung der Aufrechnungsmöglichkeiten des Fiskus durch Einführung eines neuen § 96 Abs. 3 InsO ist auf die Beschlussempfehlung des Haushaltsausschusses vom 26.10.2010 hin nicht weiterverfolgt worden (BT-Drucks. 17/3406, Seite 21). Vgl. zu den rechtspolitischen und verfassungsrechtlichen Bedenken gegen die Wiedereinführung von Fiskusprivilegien *Stefan Smid*, Große Reform oder Beseitigung der Insolvenzordnung durch ein neues Konkursverfahren?, DZWiR 2010, 397 (398); *Wolfgang Marotzke*, Sinn und Unsinn einer insolvenzrechtlichen Privilegierung des Fiskus, ZInsO 2010, 2163.

gelung voraussetzt, sondern auch, dass Steuern erhoben werden müssen, wenn die Tatbestandsvoraussetzungen erfüllt sind, an die das Gesetz die Leistungspflicht knüpft. Die Nichtbesteuerung trotz Erfüllung eines steuerlichen Tatbestands würde gleichzeitig auch das Prinzip der Besteuerung nach der wirtschaftlichen Leistungsfähigkeit verletzen.[159] Nach der hier vertretenen Auffassung stellen andere verfassungsrechtliche Prinzipien (Übermaßverbot, Verbot der Benachteiligung von Ehe und Familie, u. a.) lediglich Konkretisierungen dieser beiden Hauptprinzipien dar.[160]

Leistungsfähigkeits- und Gesetzmäßigkeitsprinzip entfalten als allgemeingültige Prinzipien Geltung für alle Steuerarten und prägen folglich auch die Umsatzsteuer. Demzufolge muss im Rahmen des Umsatzsteuergesetzes gewährleistet sein, dass derjenige, der den gesetzlichen Tatbestand der Umsatzsteuer verwirklicht, grundsätzlich uneingeschränkt zur Finanzierung der allgemeinen Staatsaufgaben herangezogen wird.

cc) Die Kollision der unterschiedlichen Wertungen im Insolvenzfall

Die unterschiedlichen Wertungen der Insolvenzordnung und des Umsatzsteuergesetzes könnten im Insolvenzverfahren über das Vermögen eines umsatzsteuerlichen Unternehmers zu einer Kollision führen. Indem sich der Fiskus hinsichtlich seiner vor Verfahrenseröffnung begründeten Forderungen gegen den Schuldner mit den übrigen Gläubigern gleichrangig auf eine Stufe stellt, lässt er zu, dass seine Forderungen nur mit der Insolvenzquote, also lediglich zu einem Teil oder auch überhaupt nicht befriedigt werden. Durch die insolvenzrechtliche Zuordnung einer Steuerforderung zu den Insolvenzforderungen wird festgelegt, dass die Insolvenzmasse zur Finanzierung der allgemeinen Staatsaufgaben nur beschränkt herangezogen wird. Die Gesetzmäßigkeit der Besteuerung, die die Durchsetzung der verwirklichten Steueransprüche verlangt, wird dadurch beeinträchtigt. Andere, nicht insolvente Steuerschuldner müssen selbst bei schwieriger wirtschaftlicher Lage die entstandene Umsatzsteuer ab-

---

159 *Dieter Birk*, Gleichheit und Gesetzmäßigkeit der Besteuerung. Zum Stellenwert zweier Grundprinzipien in der Steuerreform 1990, StuW 1989, 212 (213).

160 So auch *Kruse*, Lehrbuch, Band I, 1991, S. 42 ff.; wohl auch *Lang*, in: Tipke/Lang, Steuerrecht, 20. Aufl., 2010, § 4 Rn. 13.

führen. Auch das Leistungsfähigkeitsprinzip ist betroffen. Die Eröffnung des Insolvenzverfahrens dokumentiert zwar allgemein, dass die wirtschaftliche Leistungsfähigkeit des Schuldners nicht ausreicht, um sämtliche Gläubiger zu befriedigen. Dieser Umstand ist für das Steuerrecht jedoch zunächst nicht relevant. Das Umsatzsteuergesetz knüpft den Steueranspruch an einen typisierten Leistungsfähigkeitsbegriff. Die tatsächliche wirtschaftliche Leistungsfähigkeit bleibt unberücksichtigt. Ausreichend für die Annahme der wirtschaftlichen Leistungsfähigkeit ist für die Umsatzsteuer bereits, dass der Tatbestand verwirklicht wird, an den das Gesetz die Leistungspflicht knüpft. Das ist der Fall, wenn der Verbraucher sein Vermögen für einen Erwerbsvorgang verwendet und der Unternehmer eine Leistung ausführt. Darin liegt kein Widerspruch zur Ablehnung des Elements der *Entgeltvereinnahmung* als Tatbestandsmerkmal. Die Verwendung von Vermögen durch den Verbraucher setzt nämlich keine Zahlung des Entgelts voraus. Der Verbraucher setzt sein Vermögen bereits dann ein, wenn er eine Zahlungsverpflichtung eingeht. In den typisierten Vorgängen der Vermögensverwendung auf der einen und der Leistungserbringung auf der anderen Seite sieht das Gesetz also den ausreichenden Rechtfertigungsgrund der Besteuerung.[161] Die Eröffnung des Insolvenzverfahrens ändert zunächst nichts daran, dass die mit der Leistungserbringung typisiert zum Ausdruck gebrachte wirtschaftliche Leistungsfähigkeit grundsätzlich die Durchsetzung der aus der Leistung resultierenden Umsatzsteuer rechtfertigt. Dem steht der Gläubigergleichbehandlungsgrundsatz der Insolvenzordnung entgegen. Geht man zutreffend davon aus, dass der umsatzsteuerliche Tatbestand mit der Ausführung der Leistung verwirklicht und damit die Umsatzsteuer vor Insolvenzeröffnung begründet worden ist[162], steht der Steuergläubiger auf einer Stufe mit anderen Gläubigern des Insolvenzschuldners. Wird nun aber das Entgelt für die Leistung zur Insolvenzmasse vereinnahmt, so ist zu fragen, ob nicht das Leistungsfähigkeitsprinzip in diesem Fall die Behandlung der Umsatzsteuer als Masseverbindlichkeit gebietet. Das Entgelt und damit auch die darauf entfallende Umsatzsteuer sind der Insolvenzmasse unbestreitbar zugeflossen. Die in der Leistungserbringung typisiert ausgedrückte Leistungsfähigkeit hat sich im Zeitpunkt der Entgeltvereinnah-

161 Die Zulässigkeit dieser typisierenden Betrachtung wurde oben unter B. III. 2. d) cc) (2), Seite 32, erörtert.

162 C. I. 3. c), Seite 55 f.

mung konkretisiert. Gleichwohl bleibt der Fiskus mit seiner Forderung auf eine Insolvenzquote verwiesen, da § 38 InsO i. V. m. § 1 Abs. 1 Nr. 1 UStG aufgrund der vorinsolvenzlichen Tatbestandsverwirklichung (Leistungserbringung) den Steueranspruch den Insolvenzforderungen zuordnet. Obwohl der Steuerschuldner das Entgelt vereinnahmt hat, kann der Steuergläubiger auf den darin enthaltenen Umsatzsteueranteil nicht zugreifen, da ihn die typisierte insolvenzrechtliche Zuordnung zu einem Insolvenzgläubiger erklärt hat.

Ausgehend hiervon kann die insolvenzrechtliche Einordnung der Umsatzsteuer zu einem Konflikt mit dem steuerrechtlichen Grundprinzip der Besteuerung nach der wirtschaftlichen Leistungsfähigkeit führen. Ein solcher Konflikt entsteht in dem Fall der Leistungserbringung dann, *wenn* (i) die Leistungserbringung und die Entgeltvereinnahmung auseinanderfallen *und* (ii) der Zeitpunkt der Insolvenzeröffnung zwischen beide Ereignisse fällt. Allgemein ausgedrückt stellen sich die Fälle des Umsatzsteuergesetzes als problematisch dar, bei denen die Erfüllung des Steuertatbestands und die daraus resultierenden konkreten Folgen für die Leistungsfähigkeit durch das Insolvenzereignis getrennt sind. Eine Berücksichtigung des Leistungsfähigkeitsprinzips bei der Ermittlung des Begründetheitszeitpunkts findet nämlich nicht statt. Der Gesetzgeber verweist in § 38 InsO zur Ermittlung der Begründetheit auf das Umsatzsteuergesetz, das hierauf keine den Wertungen beider Rechtsgebiete entsprechende Antwort enthält. Das vom Insolvenzverfahren verfolgte Ziel der Gläubigergleichbehandlung steht folglich im Widerspruch zu den Zielen einer an der wirtschaftlichen Leistungsfähigkeit ausgerichteten und gesetzmäßigen Besteuerung. Da eine gesetzliche Regelung in diesem Zusammenhang erforderlich gewesen wäre, ist eine Unvollständigkeit des Gesetzes festzustellen, die durch die Kollision der Wertungen zum Ausdruck kommt.

dd) Die Planwidrigkeit der Unvollständigkeit des Gesetzes

Fraglich ist, ob die Unvollständigkeit auch planwidrig ist. Nur dann wäre auch nach dem engen Lückenbegriff[163] eine Gesetzeslücke anzunehmen. Dem Gesetzgeber dürfte bei der Schaffung der Insolvenzordnung, insbe-

163 *Canaris*, Lücken, 2. Aufl., 1983, S. 16; *Larenz*, Methodenlehre, 6. Aufl., S. 373.

sondere aufgrund der Erfahrungen mit der Konkursordnung, durchaus bewusst gewesen sein, dass der Bereich des Insolvenzsteuerrechts und dort speziell die insolvenzrechtliche Zuordnung der Umsatzsteuer zahlreiche Fragen aufwirft, die gesetzlich nicht zufriedenstellend geregelt sind.[164] Es kann daher nicht ohne weiteres angenommen werden, der Gesetzgeber hätte das Problem übersehen oder es zwar gesehen, aber schlicht zu regeln vergessen. Immerhin wurde die Unvollständigkeit aus der Konkursordnung sozusagen übernommen. Andererseits kann man dem Gesetzgeber auch nicht leichtfertig unterstellen, dass er die aus der Kollision von Insolvenz- und Steuerrecht herrührenden Wertungswidersprüche billigend in Kauf genommen hat. Man kann daher wohl annehmen, dass der Gesetzgeber zumindest über das Ausmaß der Folgen der Nichtregelung irrte. Dafür spricht die Entstehungsgeschichte der Insolvenzordnung. In den Überlegungen zur Reform des Konkursrechts ist der Begriff der Begründetheit in § 3 KO - immerhin ein Begriff aus dem Jahr 1877, dem Jahr des Inkrafttretens der Konkursordnung - schlicht in das neue Insolvenzrecht übernommen worden.[165] Auch die Nichtregelung aufgrund eines solchen Irrtums wäre indes planwidrig. Letztlich bedarf es des Merkmals der Planwidrigkeit aber gar nicht zur Feststellung einer Lücke. Der enge Lückenbegriff ist abzulehnen. Mit Ausnahme der Fälle des qualifizierten Schweigens liegt eine Lücke immer dann vor, wenn das gesetzliche Regelwerk unvollständig ist.[166] Selbst wenn der Gesetzgeber die Lückenhaftigkeit seiner Regelung zur insolvenzrechtlichen Begründetheit bei der Rechtsetzung also gekannt hat, ist eine Gesetzeslücke anzunehmen. Ein Fall des qualifizierten Schweigens liegt nicht vor, da durch die Nichtregelung gerade kein gesetzgeberischer Wille zum Ausdruck gekommen ist, dass der Sachverhalt auf eine bestimmte Weise zu lösen wäre. Eine Gesetzeslücke liegt damit vor.

---

164 Vgl. A. I., S. 1.

165 Bundesministerium der Justiz, Referentenentwurf, Gesetz zur Reform des Insolvenzrechts, 3. Teil, Begründung zu den einzelnen Vorschriften, zu § 42.

166 *Rüthers/Fischer*, Rechtstheorie, 5. Aufl., 2010, Rn. 935.

b) Keine Behebung durch Auslegung

Die Kollision begründet nur dann eine Gesetzeslücke, wenn sich der Widerspruch nicht im Wege der Auslegung beseitigen lässt.[167] Wie gezeigt wurde, bietet die Auslegung des Umsatzsteuergesetzes keine Möglichkeit zur Lösung des Konflikts.[168] Auch die Auslegung der Insolvenzordnung führt nicht zu einer Konformität. Der Begriff der Begründetheit ist nicht gesetzlich definiert. *E contrario* §§ 41, 191 InsO lässt sich aus der Insolvenzordnung lediglich ableiten, dass die Begründetheit einer Forderung vor ihrem Fälligwerden oder Entstehen anzunehmen ist. Unabhängig davon ist die Begründetheit für jede Forderungsart gesondert festzustellen. Diese Feststellung hat anhand des Einzelgesetzes zu erfolgen, dem der betreffende Anspruch entspringt. Die Begründetheit von Umsatzsteuerforderungen richtet sich daher nach den Regelungen des Umsatzsteuergesetzes. Die zutreffende Auslegung des Umsatzsteuergesetzes führt aber zu dem Ergebnis, dass der steuerbegründende Tatbestand im Grundfall des § 1 Abs. 1 Nr. 1 UStG in der Erbringung einer Leistung besteht.

2. Die Lückenschließung im Wege der teleologischen Korrektur des Gesetzes

Die Schließung einer Gesetzeslücke muss durch ergänzende Rechtsfindung erfolgen.[169] Bei der Lückenausfüllung hat der Rechtsanwender die vorhandenen gesetzlichen Wertungen zu berücksichtigen.[170] Ziel ist die Herstellung eines wertungsmäßigen Gleichlaufs der kollidierenden Rechtsgebiete.[171] Zu diesem Zweck werden die widerstreitenden Wertungen von Insolvenz- und Steuerrecht abgewogen und durch teleologische Korrektur des Gesetzes zu einem Ausgleich gebracht. Anschließend wird geprüft, ob die Korrektur des Gesetzes außerhalb des Gesetzgebungs-

167 *Bydlinski*, Methodenlehre, 2. Aufl., 1991, S. 464; *Canaris*, Lücken, 2. Aufl., 1983, S. 65.

168 C. I. 3. c), Seite 55 (57).

169 *Bydlinski*, Methodenlehre, 2. Aufl., 1991, S. 464; *Canaris*, Lücken, 2. Aufl., 1983, S. 69; *Ernst A. Kramer*, Juristische Methodenlehre, 3. Aufl., München, 2010, S. 154.

170 *Rüthers/Fischer*, Rechtstheorie, 5. Aufl., 2010, Rn. 935.

171 Vgl. *Kramer*, Methodenlehre, 3. Aufl., 2010, S. 195, zur Schließung einer offenen Lücke durch Analogie.

verfahrens in dem konkreten Fall zulässig ist, oder ob ihr vorrangige Interessen entgegenstehen.

a) Abwägung der widerstreitenden Wertungen

Der Gesetzgeber hat mit der Insolvenzordnung ein Instrument geschaffen, durch das auch die Durchsetzbarkeit von Steuerforderungen zugunsten der Herstellung einer Verteilungsgerechtigkeit im Sinne einer gleichmäßigen Gläubigerbefriedigung beeinträchtigt wird. Der an den allgemeinen Gleichbehandlungsgrundsatz gebundene Rechtsstaat darf sich selbst nicht von den Opfern ausnehmen, die er den anderen Gläubigern des insolventen Schuldners abverlangt. Als ein Gläubiger unter vielen muss er es hinnehmen, dass seine Steuerforderung genauso (schlecht) behandelt wird, wie die Ansprüche der anderen Insolvenzgläubiger. Zwar ist, vor allem in Zeiten öffentlichen Sparzwangs, immer wieder der Versuch des Gesetzgebers zu beobachten, den Fiskus im Insolvenzverfahren besserzustellen.[172] So hat beispielsweise der Entwurf eines *Haushaltskonsolidierungsgesetzes 2010* zunächst vorgesehen, den Forderungen des Fiskus eine generell bevorrechtigte Stellung einzuräumen. Die gegen solche allgemeinen Vorrechte bestehenden verfassungsrechtlichen Bedenken[173] sind letztlich nicht zum Tragen gekommen, da der Gesetzesvorstoß nach massiver Kritik ohnehin fallen gelassen wurde.[174] Stattdessen wurde mit § 55 Abs. 4 InsO eine Vorschrift eingeführt, durch die Steuerforderungen aus dem Zeitraum einer sogenannten *schwachen* vorläufigen Insolvenzverwaltung nach Insolvenzeröffnung den Rang von Masseverbindlichkeiten erhalten. Aufgrund des Verstoßes gegen den Gläubigergleichbehandlungsgrundsatz begegnet selbst dieses nicht-generelle Fiskusprivileg verfassungsrechtlichen Bedenken.[175] Der bestehende Konflikt zwischen

---

172 Vgl. zu den Versuchen der Einführung eines Fiskusprivilegs seit Inkrafttreten der Insolvenzordnung *Joachim Bauer*, Unzulässigkeit der Wiedereinführung eines Fiskusvorrechts im Insolvenzverfahren, ZInsO 2010, 1432 (1433 f.).

173 *Smid*, DZWiR 2010, 397 (398); *Joachim Bauer*, Die schleichende Wiedereinführung von Insolvenzvorrechten zugunsten des Fiskus und der Sozialkassen schreitet voran - § 28e Abs. 1 SBG IV n. F. als jüngstes Beispiel für Verstöße gegen den Gläubigergleichbehandlungsgrundsatz, ZInsO 2008, 119 (124).

174 ZIP 2010, A 66.

175 *Marotzke*, ZInsO 2010, 2163 (2176, 2180).

Insolvenz- und Steuerrecht muss daher grundsätzlich zugunsten des Prinzips der Gläubigergleichbehandlung gelöst werden.

Andererseits darf der Gesetzgeber und Steuergläubiger die Durchsetzung seiner Rechte nicht leichtfertig aufgeben. Er darf nur dann Verzicht üben, wenn dies zur Wahrung der Gläubigergleichbehandlung zwingend geboten ist. Ein leichtfertiger Verzicht auf die Durchsetzung würde, ebenso wie die Einführung einer bevorzugten Befriedigung von Steuerforderungen, den Gleichheitssatz verletzen. Das Absehen von der Forderungsdurchsetzung liefe dem Gebot der Gleichmäßigkeit der Besteuerung entgegen. Die Feststellung der Vorrangigkeit der Gläubigergleichbehandlung setzt daher voraus, dass der mit der Qualifizierung einer Umsatzsteuerforderung als Insolvenzforderung verbundene, zumindest teilweise Ausfall der Steueransprüche aufgrund einer angemessenen Berücksichtigung des Prinzips der Besteuerung nach der wirtschaftlichen Leistungsfähigkeit gerechtfertigt ist.

Den Anforderungen an eine angemessene Berücksichtigung des Leistungsfähigkeitsprinzips ist nicht genügt, wenn im Rahmen der insolvenzrechtlichen Begründetheit der Umsatzsteuer nur auf die materiellrechtliche Vollendung des der Besteuerung zugrunde liegenden Sachverhalts abgestellt wird. Die Maßgeblichkeit der Insolvenzordnung für die Behandlung der Umsatzsteuerforderungen im Insolvenzfall darf nicht zu einer vollständigen Aufgabe der Wertungen des Steuerrechts führen. Umgekehrt darf eine teleologische Korrektur des insolvenzrechtlichen Begründetheitsbegriffs nicht dazu führen, dass die grundsätzliche Wertung der Gläubigergleichbehandlung beseitigt wird.[176] Stattdessen ist im Verhältnis der Wertungsgesichtspunkte untereinander eine praktische Konkordanz der betroffenen Rechtsgebiete herzustellen.[177]

---

176 *Canaris*, Lücken, 2. Aufl., 1983, S. 189 (zur teleologischen Reduktion).

177 *Ernst Meyer*, Grundzüge einer systemorientierten Wertungsjurisprudenz, Tübingen, 1984, S. 102.

b) Die teleologische Korrektur des Begriffs der insolvenzrechtlichen Begründetheit der Umsatzsteuer unter Berücksichtigung der Leistungsfähigkeit im konkreten Einzelfall

Der steuerrechtliche Zweck einer an der wirtschaftlichen Leistungsfähigkeit ausgerichteten gerechten Verteilung der steuerlichen Lasten erfordert es, den insolvenzrechtlichen Begriff der Begründetheit, der allgemein auf die Verwirklichung des einer Forderung zugrundeliegenden materiellrechtlichen Sachverhalts abstellt, teleologisch zu korrigieren. Die Korrektur ist durch den insoweit vorrangigen Zweck des Steuerrechts geboten. Neben der bloßen Verwirklichung des Tatbestands, der die Steuer letztlich auslöst, im umsatzsteuerlichen Grundfall des § 1 Abs. 1 Nr. 1 UStG also die Ausführung der Leistung, ist für die Begründetheit der Umsatzsteuerforderung *darüber hinaus* darauf abzustellen, wann sich die in der Verwirklichung des Tatbestands typisiert zum Ausdruck gekommene wirtschaftliche Leistungsfähigkeit konkretisiert. Das Abstellen auf die im Umsatzsteuergesetz nur typisiert umschriebenen Merkmale wirtschaftlicher Leistungsfähigkeit, d. h. die Erbringung der Leistung, ist nicht ausreichend.

aa) Die Insolvenz als Dokumentation der Leistungsunfähigkeit des Schuldners

Die wirtschaftliche Leistungsfähigkeit des Steuerschuldners ist im Insolvenzfall nicht mehr nur anhand der typisierten Anknüpfung an die Ausführung einer Leistung zu beurteilen. Aufgrund der Insolvenzsituation ist die Krise des Schuldners für die Allgemeinheit erkennbar nach außen hin dokumentiert. Die generalisierte Annahme der Leistungsfähigkeit aufgrund bestimmter Handlungen des Schuldners ist nicht mehr gerechtfertigt. Der Schuldner, der nach Verfahrenseröffnung eine Leistung erbringt, für die er bereits vor Verfahrenseröffnung ein Entgelt erhalten hat, bringt damit nach der Wertung des Umsatzsteuergesetzes nach Insolvenzeröffnung grundsätzlich seine wirtschaftliche Leistungsfähigkeit zum Ausdruck.

Unter normalen Umständen würde dies ausreichen, um die Besteuerung zu rechtfertigen. Im konkreten Fall wirkt die typisiert zum Ausdruck gekommene Leistungsfähigkeit aber nicht mehr fort. Selbst wenn das vor der Zäsur der Insolvenz vereinnahmte Entgelt noch unterscheidbar in der Insolvenzmasse vorhanden sein sollte, beispielsweise als Kassenbestand oder als Teil eines Guthabenskontos, liegt darin nicht länger ein wirtschaftlicher Vorteil für die Insolvenzmasse. Die Forderung des Vorauszahlers auf Leistungserbringung (Primäranspruch) stellt ebenso wie die Forderung auf Rückzahlung im Falle der ausbleibenden Gegenleistung (Sekundäranspruch) eine bloße Insolvenzforderung dar (§ 38 InsO). Durch die Leistungserbringung nach Insolvenzeröffnung wird die Insolvenzmasse daher nur von einer Verbindlichkeit befreit, die aufgrund des Vollstreckungsverbots des § 89 Abs. 1 InsO während der Dauer des Insolvenzverfahrens ohnehin nicht durchsetzbar ist und lediglich im Rahmen von Abschlagsverteilungen (§ 187 InsO) oder, wie in den meisten Fällen, erst bei Abschluss des Verfahrens im Rahmen der Schlussverteilung (§ 196 InsO) mit einer Insolvenzquote bedacht wird. Die Leistungserbringung hat daher keinen Mehrwert für die Insolvenzmasse zur Folge, sodass eine Leistungssteigerung nicht eintritt.

bb) Die Möglichkeit der Fortwirkung der Leistungsfähigkeit im Insolvenzverfahren

Auf der anderen Seite darf aus der Insolvenzsituation nicht generell geschlossen werden, dass der Schuldner nun vollständig leistungsunfähig wäre. Auch wenn eine Leistung bereits vor Eröffnung des Verfahrens ausgeführt worden ist, ist ein Fortwirken der in der Leistungserbringung zum Ausdruck gekommenen wirtschaftlichen Leistungsfähigkeit nicht ausgeschlossen. Die Konkretisierung der Leistungsfähigkeit aus einer vor Insolvenzeröffnung ausgeführten Leistung kommt beispielsweise in dem Zeitpunkt zum Ausdruck, in dem der Schuldner das Entgelt für die Leistung vereinnahmt. Liegt dieser Zeitpunkt nach der Verfahrenseröffnung, ist die Leistungsfähigkeit des Schuldners bzw. der Insolvenzmasse zu bejahen.

Während es in dem ersten Fall ungerechtfertigt erscheint, die Insolvenzmasse mit der Umsatzsteuer für eine Leistung zu belasten, die ihr keinen Zufluss gebracht hat, ist in dem zuletzt geschilderten Fall nicht zu begründen, warum die Durchsetzung der Steuer entgegen des Gebots der Besteuerung nach der wirtschaftlichen Leistungsfähigkeit nicht bzw. nur im Rahmen einer Insolvenzquote erfolgen soll. Die typisierende Betrachtung der wirtschaftlichen Leistungsfähigkeit muss im Insolvenzfall folglich einer auf den Einzelfall bezogenen Betrachtungsweise weichen.

cc) Zwischenergebnis und teleologische Neufassung der Begründetheit von Umsatzsteuerforderungen

Das Gebot der Besteuerung nach der Leistungsfähigkeit kann es erforderlich machen, die Umsatzsteuer aus einem vor Insolvenzeröffnung abgeschlossenen umsatzsteuerlichen Tatbestand als Masseverbindlichkeit zu behandeln, obwohl sie grundsätzlich als Insolvenzforderung einzuordnen wäre. Umgekehrt kann ein grundsätzlich als Masseverbindlichkeit zu behandelnder Umsatzsteueranspruch, bei dem der Besteuerungstatbestand nach Insolvenzeröffnung abgeschlossen worden ist, unter Berücksichtigung des Leistungsfähigkeitsprinzips als Insolvenzforderung einzuordnen sein. Bei einem Auseinanderfallen von Vollendung des umsatzsteuerlichen Tatbestands (im Fall des § 1 Abs. 1 Nr. 1 UStG die Leistungserbringung) und dem konkreten Niederschlag der wirtschaftlichen Leistungsfähigkeit (im Fall des § 1 Abs. 1 Nr. 1 UStG die Vereinnahmung des Entgelts) ist daher zu prüfen, ob die Annahme der Begründetheit der Umsatzsteuer im Zeitpunkt der Tatbestandsverwirklichung gerechtfertigt ist oder ob dieses Ergebnis mit Blick auf das Leistungsfähigkeitsprinzip zu korrigieren ist. Die Umsatzsteuer ist also nicht bereits dann im insolvenzrechtlichen Sinn begründet, wenn der Steuerschuldner die gesetzlich normierte Handlung, die die Grundlage des Steuerschuldverhältnisses darstellt, erbracht hat bzw. wenn der Tatbestand, der die Grundlage des Steueranspruchs darstellt, erfüllt worden ist. Stattdessen ist zu ermitteln, wann sich die in der Handlung abstrakt ausgedrückte wirtschaftliche Leistungsfähigkeit konkret niederschlägt. Die Erfüllung des umsatzsteuerlichen Tatbestands ist für die insolvenzrechtliche Einordnung der Umsatzsteuer nur ein *Indiz*, das entkräftet werden kann. Im umsatzsteuerlichen Grundfall der Leistungserbringung schlägt sich die Leistungsfähigkeit konkret im Zeitpunkt der Vereinnahmung des Entgelts nieder. Die wirtschaftliche Leistungsfähigkeit kommt hier durch den Leistungsfähigkeitsindikator *Einkommen* zum Ausdruck. Daraus darf nicht geschlossen werden, dass auch für die insolvenzrechtliche Zuordnung anderer Umsatzsteuertatbestände stets auf den Zufluss von Zahlungsmitteln abzustellen ist. Neben dem Leistungsfähigkeitsindikator *Einkommen* sind auch die Indikatoren *Vermögen* und *Konsum* zur Bemessung der wirtschaftlichen Leistungsfähigkeit anerkannt.[178]

---

178 *Lang*, in: Tipke/Lang, Steuerrecht, 20. Aufl., 2010, § 4 Rn. 95 f.

Zur Ermittlung der Begründetheit von Umsatzsteuerforderungen ist daher allgemein der Zeitpunkt zu ermitteln, in dem die durch den verwirklichten Tatbestand typisiert ausgedrückte wirtschaftliche Leistungsfähigkeit konkret zum Ausdruck kommt. Der Begründetheitsbegriff, der für die insolvenzrechtliche Zuordnung der Umsatzsteuer in das Umsatzsteuergesetz und damit auf die Erfüllung des umsatzsteuerlichen Tatbestands verweist, ist folglich zu eng, soweit sich die vor Insolvenzeröffnung in dem Tatbestand typisierte Leistungsfähigkeit erst nach Insolvenzeröffnung konkretisiert. In dem umgekehrten Fall – der Tatbestand wird nach Insolvenzeröffnung verwirklicht, die Leistungsfähigkeit hat sich aber vorinsolvenzlich konkretisiert und wirkt nicht fort - ist der Wortlaut zu weit. Die Korrektur stellt somit einerseits eine teleologische Extension, andererseits eine teleologische Reduktion dar. Ein Fall der Analogie hingegen liegt nicht vor, da die Korrektur nicht durch Ähnlichkeitsschluss, sondern aus der *ratio legis* heraus erfolgt.[179]

c) Kein Entgegenstehen vorrangiger Interessen

Als Ergänzung oder Einschränkung des Gesetzeswortlauts außerhalb des ordentlichen Gesetzgebungsverfahrens kommt der teleologischen Korrektur ein Ausnahmecharakter zu. Diese Ausnahme ist nur zulässig, wenn sie höherrangige Interessen nicht verletzt. Höherrangige Interessen, die durch ein Abweichen vom Gesetz beeinträchtigt sein können, sind die *Rechtssicherheit*[180] und die *Gewaltenteilung*[181]. Die Änderung des Wortlauts einer Norm als Folge einer teleologischen Reduktion oder Extension des Gesetzes kann das Vertrauen in die Rechtsanwendung stören, da die Vorhersehbarkeit der Rechtsfolge nicht mehr ohne weiteres gegeben ist. Das Prinzip der Gewaltenteilung weist die Funktion der

179 Vgl. C. II., Seite 58 f.

180 *Canaris*, Lücken, 2. Aufl., 1983, S. 183 f.; *Larenz*, Methodenlehre, 6. Aufl., 1991, S. 392; *Rüthers/Fischer*, Rechtstheorie, 5. Aufl., 2010, Rn. 961.

181 *Schenke*, Rechtsfindung im Steuerrecht, 2007, S. 339; *Rüthers/Fischer*, Rechtstheorie, 5. Aufl., 2010, Rn. 887.

Rechtssetzung schließlich dem demokratisch legitimierten Parlament zu. Die rechtsprechende Gewalt ist auf die Funktion der Rechtsprechung, d. h. auf die Anwendung der Gesetze beschränkt. Die Abweichung von dem Wortlaut einer Norm birgt die Gefahr in sich, dass die Grenze von gesetzgebender und rechtsprechender Gewalt aufgeweicht wird. Die Zulässigkeit einer teleologischen Gesetzeskorrektur ist daher anhand einer Abwägung der betroffenen Rechtsgüter mit den Gründen, die für die Korrektur des Gesetzeswortlauts sprechen, zu ermitteln.

aa) Kein vorrangiges Interesse an Rechtssicherheit

Ein vorrangiges Interesse an der Rechtssicherheit, das die strikte Orientierung am Wortsinn sowohl der Insolvenzordnung als auch des Umsatzsteuergesetzes erfordert, würde eine teleologische Korrektur des Gesetzes ausschließen.[182] Bezüglich des Interesses an der Rechtssicherheit sind von der teleologischen Korrektur des Gesetzes der Bereich der *Gleichmäßigkeit der Besteuerung* und der Bereich der *Gläubigergleichbehandlung* berührt. Beide Bereiche können betroffen sein, wenn die teleologische Korrektur des Begründetheitsbegriffs der Umsatzsteuer zu einer nicht gerechtfertigten Besser- oder Schlechterstellung der Forderungen des Fiskus gegenüber anderen Gläubigern oder einer nicht gerechtfertigten Besser- oder Schlechterstellung der Insolvenzmasse im Vergleich zu anderen Steuerschuldnern führt.

(1) Das allgemeine Erfordernis der Zulassung einer Einzelfallbetrachtung im Steuerrecht

Dem Steuerecht ist generell eine Einzelfallbetrachtung der wirtschaftlichen Leistungsfähigkeit nicht fremd. Das Leistungsfähigkeitsprinzip dient zunächst als allgemeiner Maßstab für eine gerechte Verteilung der steuerlichen Lasten auf die Allgemeinheit. Es ist daher vom Gesetzgeber im Rahmen der Normierung der Steuerpflichten zu berücksichtigen.[183] Die Steuernormen stellen eine abstrakte Betrachtung der Wirklichkeit dar. Zur Erfassung der Vielfalt der Lebenssachverhalte müssen sie notwendiger-

---

182 *Canaris*, Lücken, 2. Aufl., 1983, S. 183 f.; *Larenz*, Methodenlehre, 6. Aufl., 1991, S. 392; *Rüthers/Fischer*, Rechtstheorie, 5. Aufl., 2010, Rn. 961.

183 *Rüdiger von Groll*, in: Hübschmann/Hepp/Spitaler, AO-FGO, 212. Lfg., Mai 2011, § 227 AO, Rn. 30 f.

weise generell gehalten sein, um ihrer Allgemeingültigkeit gerecht zu werden. Ihre Anwendung kann aufgrund dieser generalisierten Betrachtung folglich nur im Regelfall zu einem gerechten Ergebnis führen.[184] Das Leistungsfähigkeitsprinzip ist hierdurch grundsätzlich nicht verletzt. Die Besteuerung nach der wirtschaftlichen Leistungsfähigkeit erfordert keine absolute Ausermittlung der Leistungsfähigkeit der einzelnen Steuersubjekte durch das Gesetz selbst. Zur Feststellung der wirtschaftlichen Leistungsfähigkeit ist es dem Gesetzgeber daher zuzugestehen, eine an sachlichen Gründen orientierte generalisierte Betrachtung vorzunehmen.

Allerdings muss der Gesetzgeber auch Vorkehrungen dafür treffen, dass die auf der generalisierten Betrachtungsweise des Gesetzes beruhenden Ergebnisse korrigiert werden können, wenn sie im Einzelfall zu keiner ausreichenden Berücksichtigung der wirtschaftlichen Leistungsfähigkeit führen. Die vom Gesetz vorgegebene typisierende Definition der Leistungsfähigkeit muss also, wenn sie im Einzelfall kein „gerechtes" Ergebnis zur Folge hat, in der Anwendung der Gesetze eine Korrektur erfahren können. Als verfassungsrechtliches Prinzip findet die Besteuerung nach der wirtschaftlichen Leistungsfähigkeit daher auch im konkreten Einzelfall Berücksichtigung, indem neben die Gleichheit in der Steuernormierung (Gesetzesgerechtigkeit) die Gleichheit in der Steuererhebung (Einzelfallgerechtigkeit) tritt.[185] Als Maßnahmen zur Schaffung einer auf Einzelfallgerechtigkeit zielenden Besteuerung dienen beispielsweise § 163 AO (Abweichende Festsetzung von Steuern aus Billigkeitsgründen) und § 227 AO (Erlass), die u. a. eine auf den Einzelfall bezogene Besteuerung nach der wirtschaftlichen Leistungsfähigkeit gewährleisten sollen.[186] Das aus der Verfassung abgeleitete Leistungsfähigkeitsprinzip ist durch diese sogenannten Billigkeitsnormen ausdrücklich niedergelegt und wird somit aus dem Bereich der Normsetzung in den Bereich der Gesetzesanwendung und damit in den jeweiligen steuerlichen Einzelfall transportiert.

---

184 *Fritsch*, in: Pahlke/Koenig, AO, 2. Aufl., 2009, § 227 Rn. 2.

185 *von Groll*, in: Hübschmann/Hepp/Spitaler, AO-FGO, 212. Lfg., Mai 2011, § 227 AO, Rn. 30; *Roman Seer*, in: Tipke/Lang, Steuerrecht, 20. Aufl., 2010, § 21 Rn. 329, 339.

186 Vgl. zu weiteren Billigkeitsvorschriften *Fritsch*, in: Pahlke/Koenig, AO, 2. Aufl., 2009, § 227 Rn. 6.

Damit ist die Berücksichtigung der wirtschaftlichen Leistungsfähigkeit im Einzelfall allerdings nicht abschließend geregelt. Die Billigkeitsvorschriften sind Ausdruck eines allgemeinen Prinzips.[187] Diese Allgemeingültigkeit ist, wenn man das Leistungsfähigkeitsprinzip als verfassungsrechtliches Besteuerungsprinzip anerkennt, zwingend.

(2) Die steuerartunabhängige Möglichkeit der Einzelfallbetrachtung

Der Anwendungsbereich der Billigkeitsvorschriften ist nicht auf bestimmte Steuerarten beschränkt. Insbesondere ist es ohne Belang, ob es sich um eine sogenannte überwälzbare Steuer handelt.[188] Die Ansicht, dass überwälzbare Steuern für den Steuerpflichtigen kalkulierbar seien und daher kein oder nur ein eingeschränkter Bereich für Billigkeitsmaßnahmen vorhanden sei[189], ist abzulehnen. Wie bereits gezeigt wurde, kann die Überwälzbarkeit einer Steuer nicht ohne weiteres angenommen werden. Die weithin verbreitete Unterscheidung zwischen überwälzbaren, sogenannten indirekten, und nicht überwälzbaren, sogenannten direkten Steuern, entfaltet keine Aussagekraft.[190] Zudem soll im Rahmen von Billigkeitserwägungen vorrangig die wirtschaftliche Lage des Steuerschuldners berücksichtigt werden, und zwar unabhängig von der Frage, welche Steuer er schuldet.[191] Die Überwälzbarkeit einer Steuer kann daher kein Kriterium sein, das über die Anwendung von Billigkeitsmaßnahmen im Einzelfall entscheidet. Die Steuerart kann ebenfalls nicht über die Berücksichtigungsfähigkeit der wirtschaftlichen Leistungsfähigkeit außerhalb von Billigkeitsvorschriften entscheiden.

---

187 *von Groll*, in: Hübschmann/Hepp/Spitaler, AO-FGO, 212. Lfg., Mai 2011, § 227 AO Rn. 35.

188 *Matthias Loose*, in: Tipke/Kruse, AO-FGO, 126. Lfg., Juli 2011, § 227 Rn. 31 f.

189 BFH, Urt. v. 22.04.1975, VII R 54/72, BStBl. 1975, 727 (728); *Albert Hensel*, die Abänderung des Steuertatbestandes durch freies Ermessen und der Grundsatz der Gleichheit vor dem Gesetz, VJSchrStuFR 1927, 39 (67); *Gunther Ohlf*, Billigkeitsmaßnahmen bei der Umsatzsteuer, UR 1994, 264 (265).

190 *Kruse*, Lehrbuch des Steuerrechts, Band I, 1991, S. 76; *von Groll*, in: Hübschmann/Hepp/Spitaler, AO-FGO, 212. Lfg., Mai 2011, § 227 AO Rn. 142.

191 *Loose*, in: Tipke/Kruse, AO-FGO, § 227 Rn. 32.

(3) Die Einzelfallbetrachtung im Umsatzsteuerrecht

Für die insolvenzrechtliche Einordnung der Umsatzsteuer lassen sich aus den Billigkeitsvorschriften der Abgabenordnung zunächst keine direkten Schlüsse ziehen. Es ist jedoch erkennbar, dass das Gesetz u. a. durch Billigkeitsvorschriften dem Leistungsfähigkeitsprinzip auch im Einzelfall Geltung verschafft. Daraus folgt, dass eine Einzelfallbetrachtung der wirtschaftlichen Leistungsfähigkeit auch im Bereich der Umsatzsteuer in Betracht kommt. Wenn aber im Einzelfall schon die abweichende Festsetzung oder gar der Erlass einer Steuer unter Berücksichtigung der tatsächlichen wirtschaftlichen Leistungsfähigkeit des Steuerpflichtigen in Betracht kommt, dann muss *a maiore ad minus* die tatsächliche wirtschaftliche Leistungsfähigkeit auch bei der insolvenzrechtlichen Qualifizierung der Umsatzsteuerforderung berücksichtigt werden können. Die Gleichmäßigkeit der Besteuerung steht einer Abweichung von der typisierenden Betrachtungsweise der wirtschaftlichen Leistungsfähigkeit für den Bereich der Umsatzsteuer im Insolvenzfall folglich nicht in jeder Hinsicht entgegen.

(4) Die Eingrenzung der Einzelfallbetrachtung auf Insolvenzfälle

Neben der prinzipiellen Zulässigkeit einer Einzelfallbetrachtung der wirtschaftlichen Leistungsfähigkeit im Bereich der Umsatzsteuer könnte auch der klar begrenzte Anwendungsbereich der Einzelfallbetrachtung im Insolvenzfall dafür sprechen, diese anzuerkennen. Das Umsatzsteuergesetz betrachtet die wirtschaftliche Leistungsfähigkeit grundsätzlich typisiert, indem es bei dem Verbraucher auf die Einkommensverwendung, bei dem Unternehmer auf die Leistungserbringung abstellt. Eine auf den Einzelfall bezogene Ermittlung der wirtschaftlichen Leistungsfähigkeit, wie sie etwa bei der Einkommensteuer vorgenommen wird, kennt die Umsatzsteuer im Ansatz nicht. Die Abweichung von diesem Grundsatz hin zu einer einzelfallbezogenen Betrachtung der wirtschaftlichen Leistungsfähigkeit im Insolvenzfall führt allerdings zu keiner Rechtsunsicherheit in der Besteuerung. Der Anwendungsbereich für diese Abweichung ist klar umgrenzt, indem die zur Einzelfallbetrachtung führende teleologische Reduktion nur im Insolvenzfall Anwendung findet.[192]

Ein vorrangiges Interesse an der Rechtssicherheit, das die strikte Orientierung am Wortsinn sowohl der Insolvenzordnung als auch des Umsatzsteuergesetzes erfordern würde, besteht folglich nicht.

bb) Die Rechtfertigung der Durchbrechung des Gebots der Gläubigergleichbehandlung

Die insolvenzrechtliche Einordnung der Umsatzsteuer unter Berücksichtigung des steuerrechtlichen Leistungsfähigkeitsprinzips führt zweifellos zu einer Beeinträchtigung des insolvenzrechtlichen Ziels der Gläubigergleichbehandlung. Durch die nicht mehr allein maßgebliche Verwirklichung des die Forderung begründenden Tatbestands wird für die Umsatzsteuer ein Maßstab angelegt, der von den Kriterien für die Einordnung der Forderungen anderer Gläubiger abweicht.
Die Abweichung könnte allerdings gerechtfertigt sein, wenn es in der konkret zu erörternden Frage nicht um die Schaffung eines dem Gleichheitssatz widersprechenden Vorrechts zugunsten des Fiskus geht, sondern um eine an den Zwecken von Insolvenz- und Steuerecht ausgerichtete teleologische Einordnung der Begründetheit von Umsatzsteuerforderungen. Anhand der nachstehenden Ausführungen wird in diesem Zusammenhang geprüft, ob das Prinzip der Gläubigergleichbehandlung unverrückbar oder ob es sich im Rahmen einer Abwägung als nachrangig erweisen kann.

(1) Durchbrechung der Gleichbehandlung in der Insolvenzordnung

Der Gleichbehandlungsgrundsatz fordert keine absolute, sondern eine formale Gleichheit. Dem Gleichheitssatz wohnt somit *„das Differenzie-*

---

192 Vgl. *Brigitte Keuk*, Einkommensteuer und Zahlungsunfähigkeit, in: StBJahrbuch 1973/74, S. 350 (374), die das Leistungsfähigkeitprinzip im Konkursfall auf einkommensteuerliche Buchgewinne vorschlägt; ähnlich bereits *Erich Bley*, Die Bedeutung der Rechtsprechung des Reichsfinanzhofs für das Konkursrecht, StuW 1928, 1094 (1124 f.).

rungsgebot als widerstreitendes Element der Gerechtigkeit"[193] inne. Eine Privilegierung einzelner Gläubiger oder Gläubigergruppen ist folglich nicht per se ausgeschlossen. Erforderlich ist vielmehr, dass die Privilegierung durch besondere sachliche Gründe gerechtfertigt ist. Liegen solche Gründe vor, ist eine differenzierende Behandlung nicht nur möglich, sondern aus Gründen des Gleichheitssatzes sogar geboten.

So ist die grundsätzliche Unterteilung in Masse- und Insolvenzgläubiger nicht zu beanstanden. Die sachliche Rechtfertigung ergibt sich aus dem Umstand, dass die Forderungen der Massegläubiger aus Leistungen herrühren, die der Insolvenzmasse nach Verfahrenseröffnung zugutekommen. Für die Insolvenzmasse wird beispielsweise weiterhin die Arbeitskraft von Arbeitnehmern der Insolvenzschuldnerin in Anspruch genommen oder gemietete Räume genutzt, um den Geschäftsbetrieb fortzuführen. Die leistenden Gläubiger müssen als Massegläubiger die Gewissheit haben, dass ihre Ansprüche in voller Höhe befriedigt werden. Auch Differenzierungen innerhalb der einzelnen Gläubigergruppen sind zu rechtfertigen. Masseverbindlichkeiten, deren Entstehung von dem Insolvenzverwalter nicht vermieden werden können, etwa aufgrund gesetzlicher Kündigungsfristen bei Arbeits- oder Mietverhältnissen, sind bis zum Ablauf der Kündigungsfrist nach der ersten Kündigungsmöglichkeit nach Anzeige der Masseunzulänglichkeit im Gegensatz zu den übrigen Masseverbindlichkeiten *nachrangig* (§§ 209, Abs. 1, 209 Abs. 2 Nr. 2 InsO), wenn der Insolvenzverwalter die angebotenen Leistungen nicht für die Insolvenzmasse in Anspruch nimmt. Tut er dies doch, liegt trotz der Wahrnehmung der ersten Kündigungsmöglichkeit nach der Masseunzulänglichkeitsanzeige eine *nicht nachrangige* Neu-Masseverbindlichkeit vor (§§ 209 Abs. 1, Abs. 2 Nr. 3 InsO). Der Massegläubiger, der aufgrund des Verzichts des Insolvenzverwalters auf die Gegenleistung, ausgedrückt durch eine Freistellung von der Verpflichtung zur Arbeitsleistung oder durch die Rückgabe der Mietsache, nicht an die Insolvenzmasse leisten muss, behält zwar seinen Anspruch. Er muss aber seine Schlechterstellung als nachrangiger Massegläubiger hinnehmen. Das Interesse der Rechtsordnung an der weiteren Abwicklung des Insolvenzverfahrens trotz

193 *Fritz Baur/Rolf Stürner*, Zwangsvollstreckungs-, Konkurs- und Vergleichsrecht/Band II Insolvenzrecht, 12. Aufl., Heidelberg, 1990, S. 49; vgl. auch *Ludwig Häsemeyer*, Die Gleichbehandlung der Konkursgläubiger, KTS 1982, 507 (517 ff.).

der Masseunzulänglichkeit, die Interessen der Neumassegläubiger an der zuverlässigen Befriedigung ihrer Ansprüche sowie das Interesse des Insolvenzverwalters an der Minimierung seines persönlichen Haftungsrisikos, das sich aus der Verpflichtung zur weiteren Verwaltung und Verwertung der Masse auch nach Anzeige der Masseunzulänglichkeit ergibt (§ 208 Abs. 3 InsO), sind gegenüber den Interessen der Altmassegläubiger vorrangig. Die Schlechterstellung der Altmassegläubiger ist also durch das Ziel der Durchführung des Insolvenzverfahrens gerechtfertigt.

Innerhalb der Gruppe der Insolvenzgläubiger nehmen Aus- und Absonderungsberechtigte (§§ 47 ff. InsO) eine privilegierte Stellung ein. Die Privilegierung ist durch den grundrechtlichen Schutz des Eigentums (Art. 14 GG) für den Aussonderungsberechtigten und durch das Vertrauen der dinglich gesicherten Gläubiger in den Fortbestand ihrer Sicherungsrechte gerechtfertigt.

(2) Durchbrechung der Gleichbehandlung in der Konkursordnung

Zu Zeiten der Konkursordnung wurde die Gleichbehandlung der Insolvenzgläubiger zudem durch die Konkursvorrechte des § 61 KO durchbrochen. § 61 KO hat die vorzugsweise Befriedigung für bestimmte Forderungsarten von Arbeitnehmern, Fiskus, Sozialversicherung, etc. vorgesehen. Die Bevorrechtigung wurde im Allgemeinen als durch fiskalische und soziale Zielsetzungen gerechtfertigt und unter der Prämisse einer engen Auslegung als mit dem Gleichheitssatz vereinbar angesehen.[194] Dem Gesetzgeber stehe ein weiter Gestaltungsspielraum bei der Einräumung von Konkursvorrechten zu, der erst bei völlig sachwidrigen Ergebnissen überschritten sei.[195] Letztlich erfolgte die Abschaffung dieser Konkursvorrechte im Zuge der Einführung der Insolvenzordnung vorrangig auch nicht wegen verfassungsrechtlicher Bedenken gegen diese Bevorzugung einzelner Gläubiger. Entscheidend waren vielmehr rechtspolitische Erwägungen, um die Insolvenzmassen von sozialen Zielsetzungen zu entlas-

---

194 *Herbert Wagner*, Insolvenzrecht, 2. Aufl., Wiesbaden, 1986, S. 37; *Wilhelm Uhlenbruck*, in: Georg Kuhn/Wilhelm Uhlenbruck, Konkursordnung (Kommentar), 11. Aufl., München, 1994, § 61 Rn. 1; krit. *Fritz Baur*, Konkurs- und Vergleichsrecht, 2. Aufl., Heidelberg, 1983, S. 200.

195 *Baur/Stürner*, Insolvenzrecht, 12. Aufl., 1990, S. 69.

ten.[196] Gleichwohl klingt in der Begründung der Bundesregierung zum Gesetzentwurf für die neue Insolvenzordnung zur seinerzeitigen Nichtübernahme des Fiskusprivilegs aus der Konkursordnung an, dass ein fiskalisches Interesse nur ein schwaches Fundament für die Begründung eines Vorrechts des Steuergläubigers bietet und verfassungsrechtlich fragwürdig ist.[197]

(3) Die Begründung des Vorrangs von Masseverbindlichkeiten

Das Insolvenzrecht kannte und kennt folglich eine Vielzahl sachlich gerechtfertigter Differenzierungen bei der Einteilung der Gläubiger. Zweifellos ist die wichtigste und wirtschaftlich bedeutendste Unterscheidung die von Masse- und Insolvenzgläubigern. Die Qualifizierung als Masseverbindlichkeit ist hierbei nicht nur Ausdruck einer Differenzierung nach dem zeitlichen Kriterium des *vor* oder *nach* Insolvenzeröffnung, sondern dient der ordnungsgemäßen Abwicklung des Insolvenzverfahrens und dem Schutz der Vertragspartner des Insolvenzverwalters.[198] Der Gedanke der Masseverbindlichkeit ist mithin durch das *Prinzip* gerechtfertigt, dass die Masse dort verpflichtet wird, wo ihr etwas zufließt.[199] Dieser Zufluss kann das Äquivalent aus einem Vertrag sein, dessen Erfüllung gewählt wird bzw. erfolgen muss oder der von dem Insolvenzverwalter nach Insolvenzeröffnung für Zwecke des Verfahrens neu abgeschlossen wird. Es kann sich auch um einen nur irrtümlichen Zufluss handeln, der zu einer ungerechtfertigten Bereicherung der Masse führt. In jedem Fall fließt der Insolvenzmasse ein wirtschaftlicher Wert zu, der sich in geleisteter Arbeit, Nutzungsmöglichkeiten oder Geldmitteln ausdrückt. Unter Berücksichtigung dieses Prinzips ist die teleologische Korrektur des insolvenzrechtlichen Begründetheitsbegriffs der Umsatzsteuer angezeigt.

---

196 *Stefan Smid*, Grundzüge des Insolvenzrechts, 4. Aufl., München, 2002, S. 15.

197 Begr. RegE-InsO, BT-Drucks. 12/2443, S. 90; vgl. auch C. II. 1. a) aa) (2), Seite 61.

198 Begr. RegE-InsO, BT-Drucks. 12/2443, S. 126; *Ingmar Jarchow*, in: Schmidt, Andreas (Hrsg.), Hamburger Kommentar zum Insolvenzrecht, 3. Aufl., Münster, 2009, § 53 Rn. 1; *Hendrik Hefermehl*, in: Münchener Kommentar zur InsO, 2. Aufl., 2007, § 53 Rn. 5.

199 *Hefermehl*, in: Münchener Kommentar zur InsO, 2. Aufl., 2007, § 53 Rn. 23.

(4) Die Geringfügigkeit der Beeinträchtigung und deren Rechtfertigung

Die Beeinträchtigung der Gläubigergesamtheit ist in diesem Zusammenhang als gering anzusehen. Die insolvenzrechtliche Zuordnung der Umsatzsteuer zu den Masse- oder zu den Insolvenzforderungen unter Berücksichtigung des Kriteriums der wirtschaftlichen Leistungsfähigkeit führt bei konsequenter Anwendung dazu, dass eine als Masseverbindlichkeit vorrangig zu befriedigende Umsatzsteuerforderung des Fiskus nur aus dem zu zahlen ist, was der Masse tatsächlich zugeflossen ist und zur Verfügung steht. Die Befriedigungsaussichten der übrigen Gläubiger werden daher nur in einem geringen Umfang beeinträchtigt. Dem gegenüber steht das Ziel einer gleichmäßigen Verteilung der steuerlichen Lasten auf die Allgemeinheit. Mit Blick auf dieses Ziel ist die nur unwesentliche Abweichung vom Grundsatz der Gläubigergleichbehandlung gerechtfertigt.

(5) Überprüfung des Ergebnisses anhand eines Vergleichs mit der Rechtsprechung zur Besteuerung von Veräußerungsgewinnen

Dieses Ergebnis könnte auch durch einen Vergleich mit der Praxis der Rechtsprechung zu den Gewinnen aus der Aufdeckung stiller Reserven bei der Veräußerung von Gegenständen des Anlagevermögens gestützt werden. Veräußert der Insolvenzverwalter zum Anlagevermögen gehörende Gegenstände der Insolvenzmasse, so entsteht ein steuerpflichtiger Veräußerungsgewinn, wenn der Verwertungserlös den Buchwert übersteigt. Die Einkommensteuer oder Körperschaftsteuer auf diesen Gewinn stellt nach der ständigen Rechtsprechung des Bundesfinanzhofs eine Masseforderung dar.[200] Hiergegen wird zwar von Teilen der Literatur eingewandt, dass die Wertsteigerung bereits vor der Verfahrenseröffnung eingetreten sei. Bei der Verwertungshandlung des Verwalters handele es sich nur noch um den auslösenden Akt der Gewinnrealisierung, sodass die Begründetheit des Veräußerungsgewinns zeitlich vor der Insolvenzer-

200 BFH, Urt. v. 11.11.1993, XI R72/93, ZIP 1994, 1286; Urt. v. 29.03.1984, IV R 271/83, BStBl. II 1984, 602. Dass der BFH an dieser Auffassung auch unter Geltung der Insolvenzordnung festhält, lässt sich aus BFH, Urt. v. 18.05.2010, X R 60/08, ersehen. Die Einkommensteuer auf den Gewinn, der aus der Auflösung einer vorinsolvenzlich gebildeten Rückstellung im Insolvenzverfahren resultiert, wird von dem BFH in dem entschiedenen Fall den Masseverbindlichkeiten zugeordnet.

öffnung liege.[201] Für die Auffassung des Bundesfinanzhofs spricht jedoch, dass sich die Einordnung der Steuer als Masseforderung auf den Wortlaut des Einkommensteuergesetzes stützen kann. Das bloße Ansammeln der stillen Reserven erfüllt noch keinen steuerlichen Tatbestand, der eine Begründung der Steuer rechtfertigen würde. Das mögliche Entstehen der Steuer hängt von einem ungewissen Ereignis ab, nämlich ob und zu welchem Preis das Wirtschaftsgut veräußert wird. Als Vergleich mag das Vorhandensein eines Warenlagers dienen. Auch die Gewinne aus einer Fortführung des Handelsgeschäfts nach Eröffnung des Insolvenzverfahrens durch Veräußerung der auf Lager liegenden Waren sind nicht vorinsolvenzlich begründet, sondern erst im Zeitpunkt der Veräußerung. Dass der Gewinn durch das Vorhandensein der Waren sozusagen schon immanent vorhanden war, ändert daran nichts. Die Auffassung des Bundesfinanzhofs trägt, wenn auch vielleicht unbewusst, dem Gedanken der Besteuerung nach der wirtschaftlichen Leistungsfähigkeit Rechnung. Die Einnahmen aus der Verwertung gelangen in die Insolvenzmasse. Die Steuer ist folglich nur aus dem zu bezahlen, was der Insolvenzmasse aus der Verwertung zufließt.

In dem besonderen Fall, dass aus dem Verwertungserlös Absonderungsrechte von Sicherungsgläubigern zu befriedigen sind, droht nun die Gefahr, dass nach der Befriedigung des Absonderungsrechts keine oder nur eine geringe Erlösspitze zugunsten der Insolvenzmasse verbleibt. Nach der Auskehr des Verwertungserlöses an den absonderungsberechtigten Gläubiger fehlen daher unter Umständen die für die Begleichung der Steuerschuld benötigten Mittel. Für die Umsatzsteuer aus Verwertungshandlungen ordnet § 171 Abs. 2 S. 3 InsO an, dass der Insolvenzmasse der zur Begleichung der Umsatzsteuerschuld erforderliche Betrag verbleibt und nicht an den Gläubiger auszukehren ist. Eine vergleichbare Vorschrift für die Steuer auf Veräußerungsgewinne existiert nicht. Die mit der Verwertungshandlung des Insolvenzverwalters verbundene Aufdeckung der stillen Reserven würde folglich für die Insolvenzmasse zu einem nachteiligen Ergebnis führen, wenn die Steuer auf den Gewinn hö-

---

201 *Frotscher*, Besteuerung bei Insolvenz, 7. Aufl., 2010, S. 141 f.; *Dietmar Onusseit/Peter Kunz*, Steuern in der Insolvenz, 2. Aufl., Köln, 1997, S. 173; *Uhlenbruck*, in: Kuhn/Uhlenbruck, KO, 11. Aufl., 1994, § 58 Rn. 9c; FG Niedersachsen, Urt. v. 29.6.1992, XIII (XI) 38/89, FR 1993, 305.

her ist als die Erlösspitze. Zur Vermeidung dieses Ergebnisses sieht der Bundesfinanzhof die Einkommensteuer auf den Veräußerungsgewinn nur *insoweit* als Masseforderung an, als die Steuer aus dem Veräußerungsgewinn aus einer Erlösspitze zugunsten der Insolvenzmasse resultiert.[202] Diese Rechtsprechung des Bundesfinanzhofs ist erkennbar von einem Zwiespalt geprägt. Zum einen scheint der Bundesfinanzhof zu erkennen, dass die stillen Reserven zum weit überwiegenden Teil natürlich vor der Eröffnung des Insolvenzverfahrens angesammelt worden sind.[203] Zum anderen ist er aufgrund des Realisationsprinzips klar darauf festgelegt, das die Steuer begründende Ereignis in der Realisierung des Gewinns, d. h. in der Verwertungshandlung zu sehen.

Im Ergebnis vollkommen zutreffend sieht der Bundesfinanzhof, dass die im Normalfall, d. h. außerhalb eines Insolvenzverfahrens, eintretende Rechtsfolge, nämlich der Anspruch des Sicherungsgläubigers auf den vollen Erlös bis zur Höhe der gesicherten Forderung und die Belastung des Veräußerers mit der Steuer aus der Aufdeckung der stillen Reserven, zu einem Ergebnis führen würde, das dem Insolvenzverwalter die Verwertung unmöglich macht. Der Weg, den der Bundesfinanzhof zur Korrektur einschlägt, überzeugt allerdings nicht. Er will einerseits vermeiden, die Insolvenzmasse zu stark zu belasten. Andererseits will er sie auch nicht vollkommen unbelastet davon kommen lassen, ohne die Steuer aus einem der Masse verbleibenden Übererlös abzuschöpfen. Die Einkommensteuer wird aufgrund dessen nur eingeschränkt als Masseverbindlichkeit qualifiziert. Seine „Ein-bisschen-Masseverbindlichkeit"-These rechtfertigt der Bundesfinanzhof mit den Erfordernissen des Konkursverfahrens und der Eigenart der Einkommensteuer, die darin bestehe, dass das Einkommen des Steuerpflichtigen nicht nur die Bemessungsgrundlage, sondern auch das Steuerobjekt sei, auf das sich der Zugriff des Staates richte. Die Einkommensteuer sei daher nur insoweit Masseverbindlichkeit, als die Einnahmen zur Insolvenzmasse gelangen.[204] Die Begrün-

---

202 BFH, Urt. v. 29.03.1984, IV R 271/83, BStBl. II 1984, 602; BFH, Urt. v. 11.11.1993, XI R 73/92, ZIP 1994, 1286; BFH, Urt. v. 07.11.1963, IV 210/62 S, BStBl. III 1964, 70.

203 BFH, Urt. v. 29.03.1984, IV R 271/83, BStBl. II 1984, 602 (603).

204 BFH, Urt. v. 29.03.1984, IV R 271/83, BStBl. II 1984, 602 (604).

dung dieser Rechtsprechung überzeugt nicht.[205] Obwohl der Bundesfinanzhof zu dem klaren Ergebnis kommt, dass unter Anwendung konkursrechtlicher Maßstäbe die Steuer als Masseforderung bzw. nach damaliger Diktion als Massekosten (§ 58 Nr. 2 KO), einzuordnen ist, weicht er aufgrund der „*Erfordernisse des Konkursverfahrens*“[206] von diesem Ergebnis wieder ab und hält es nur in dem Maße aufrecht, in dem der Insolvenzmasse ein Erlös verbleibt. Die Begründung dieses Ergebnisses muss sich den Vorwurf der Inkonsequenz gefallen lassen.

Letztlich weist die Rechtsprechung allerdings in die richtige Richtung. Der Bundesfinanzhof sieht in seinem Urteil vom 11.11.1993 bereits vage die Lösung des Problems, ohne sie als solche jedoch zu erkennen. Er lehnt nämlich die Auffassung, wonach die Steuer auf den Veräußerungsgewinn bereits im Zeitpunkt der Verfahrenseröffnung begründet sei, mit dem Hinweis auf einen Verstoß gegen das Realisations- und das Leistungsfähigkeitsprinzip ab.[207] Dass die Lösung in der konsequenten Anwendung des Leistungsfähigkeitsprinzips liegt, sieht der Bundesfinanzhof indes nicht. Korrigiert man nämlich den Begriff der Begründetheit auch in den Fällen der einkommen- oder körperschaftsteuerlich relevanten Realisierung stiller Reserven teleologisch unter Berücksichtigung des Leistungsfähigkeitsprinzips, ergibt sich das von dem Bundesfinanzhof *erwünschte* Ergebnis. Die Einordnung als Masseverbindlichkeit verlangt also nicht nur die Verwirklichung des steuerlichen Tatbestands, d. h. die Veräußerung, nach dem Zeitpunkt der Eröffnung des Insolvenzverfahrens. Zusätzlich muss sich auch die aus der Veräußerung resultierende wirtschaftliche Leistungsfähigkeit nach der Verfahrenseröffnung konkret in der Insolvenzmasse niederschlagen. Das ist nicht der Fall, soweit der Insolvenzmasse der Gewinn aus der Veräußerung nicht verbleibt, weil er aufgrund bestehender Sicherungsrechte an absonderungsberechtigte Gläubiger ausgekehrt werden muss. Die Berücksichtigung des Leistungsfähigkeitsprinzips findet also in der Rechtsprechung des Bundesfinanzhofs zur Be-

205 *Peter Welzel*, Die Umsatzsteuer aus der Verwertung mobilen und immobilen Vermögens im Konkurs als Masseanspruch, DStZ 1991, 233 (239), spricht davon, dass die Lösung des BFH wirtschaftlich zweckmäßig, aber bar jeder juristisch korrekten Subsumtion sei.

206 BFH, Urt. v. 29.03.1984, IV R 271/83, BStBl. II 1984, 602 (604).

207 BFH, Urt. v. 11.11.1993, XI R 73/92, ZIP 1994, 1286 (1287).

steuerung von Veräußerungsgewinnen aus der Realisierung stiller Reserven, wenn auch unbewusst, schon statt und bestätigt damit die hier vertretene Auffassung.

cc) Keine Verletzung des Prinzips der Gewaltenteilung

Die teleologische Korrektur des Gesetzes verletzt nicht das Prinzip der Gewaltenteilung, wenn sie die Grenze der zulässigen Fortbildung des Rechts im Bereich der Rechtsanwendung nicht überschreitet. Ein solches Überschreiten könnte nur dann anzunehmen sein, wenn der Gesetzgeber den problematischen Fall, der den Grund für die teleologische Korrektur des Gesetzes darstellt, ausreichend bedacht und bei der Rechtsetzung dennoch nicht berücksichtigt hätte. Soweit das der Fall wäre, käme eine teleologische Korrektur des Gesetzes nicht in Betracht. Eine Korrektur des Gesetzes gegen den klaren Willen des Gesetzgebers könnte nur im Wege eines Normenkontrollverfahrens durch das Bundesverfassungsgericht erfolgen.[208]

Der Gesetzgeber hat die sich aus dem Zusammentreffen von steuerrechtlichen und insolvenzrechtlichen Wertungen ergebenden Problemstellungen zwar offen gelassen. Bereits zu Zeiten der Konkursordnung war das Verhältnis zwischen Konkursrecht und Steuerrecht nicht positivgesetzlich geregelt.[209] Hieran hat sich mit In-Kraft-Treten der Insolvenzordnung zum 01.01.1999 keine grundsätzliche Änderung ergeben.[210] Eine umfassende gesetzliche Regelung des Verhältnisses beider Rechtsgebiete findet sich weder in der Insolvenzordnung noch in den einzelnen Steuergesetzen.[211] Als Ergebnis der fehlenden gesetzlichen Abstimmung ist auch die uneinheitliche und kasuistisch geprägte Auslegung des Begriffs der insolvenzrechtlichen Begründetheit von Steuerforderungen zu sehen. Diese feh-

208 BVerfG, Urt. v. 01.07.1953, 1 BvL 23/51, BVerfG 2, 380 (398); BVerfG, Beschl. v. 22.10.1985, 1 BvL 44/83, BVerfGE 71, 81 (105).

209 *Onusseit*, Umsatzsteuer im Konkurs, 1988, Vorwort und S. 1.

210 *Frotscher*, in: Gottwald (Hrsg.), Insolvenzrechts-Handbuch, 4. Aufl., 2010, § 120 Rn. 1; *Onusseit*, in: Festschrift für Kirchhof, S. 373.

211 *Frotscher*, Besteuerung bei Insolvenz, 7. Aufl., 2010, S. 17; *Günter Kahlert/Bernd Rühland*, Sanierungs- und Insolvenzsteuerrecht, Köln, 2007, Rz. 1404; *Onusseit*, ZInsO 2006, 1084; *Waza/Uhländer/Schmittmann*, Insolvenzen und Steuern, 8. Aufl., 2010, Rn. 462; *Farr*, DStZ 2003, 345.

lende gesetzliche Regelung ist aber nicht auf den klar erkennbaren Willen des Gesetzgebers zurückzuführen. Der Begriff der Begründetheit entstammt der Konkursordnung (§ 3 KO). Die Konkursordnung, in Kraft getreten 1877, hat auf die Begrifflichkeiten der erst später nachfolgenden Reichssteuergesetze keine Rücksicht nehmen können.[212] In den Überlegungen zur Reform des Konkursrechts ist der Begriff der Begründetheit einfach in das Insolvenzrecht übernommen worden.[213] Eine nähere Befassung des Gesetzgebers mit den sich hieraus für das Steuerrecht ergebenden Folgen hat nicht stattgefunden. Es liegt daher keine bewusste Lücke des Gesetzes im Sinne eines qualifizierten Schweigens[214] vor, sodass die teleologische Korrektur des Gesetzes möglich ist.

dd) Ergebnis

Im Ergebnis ist festzuhalten, dass der teleologischen Korrektur des Begriffs der insolvenzrechtlichen Begründetheit von Umsatzsteuerforderungen die Gebote der Rechtssicherheit oder der Gewaltenteilung nicht entgegenstehen. Eine Beeinträchtigung der *Rechtssicherheit* durch die Abweichung vom Gesetzeswortlaut hinsichtlich der Gleichmäßigkeit der Besteuerung und hinsichtlich der Gläubigergleichbehandlung ist nicht festzustellen. Im Gegenteil ist die Korrektur des Gesetzestextes sogar geeignet, die durch die unterschiedlichen Auslegungsmöglichkeiten bestehende Rechtsunsicherheit zu beseitigen. Eine Beeinträchtigung der *Gewaltenteilung* ist ebenfalls nicht festzustellen. Die teleologische Korrektur des Begründetheitsbegriffs der Umsatzsteuer durch die Berücksichtigung der konkreten wirtschaftlichen Leistungsfähigkeit ist daher zulässig.

3. Zusammenfassung zur teleologischen Korrektur des Begriffs der Begründetheit

Das Umsatzsteuergesetz berücksichtigt die Leistungsfähigkeit durch Anknüpfung an typisierte Sachverhalte. Durch die Erfüllung des Umsatzsteuertatbestands kommt die wirtschaftliche Leistungsfähigkeit abstrakt

---

212 *Welzel*, DStZ 1991, 233 f.

213 Bundesministerium der Justiz, Referentenentwurf, Gesetz zur Reform des Insolvenzrechts, 3. Teil, Begründung zu den einzelnen Vorschriften, zu § 42.

214 Vgl. C. II. 1. a) dd), Seite 65 f.

zum Ausdruck. Im Insolvenzverfahren über das Vermögen des umsatzsteuerlichen Unternehmers stellt die Erfüllung des umsatzsteuerlichen Tatbestands aber lediglich ein Indiz für die Begründetheit der Steuerforderung dar. Für die insolvenzrechtliche Begründetheit der Umsatzsteuerforderung ist über dieses Indiz hinaus maßgeblich auf den Zeitpunkt abzustellen, in dem sich die in der Erfüllung des Umsatzsteuertatbestands abstrakt zum Ausdruck gekommene Leistungsfähigkeit konkretisiert. Als Leistungsfähigkeitsindikatoren kommen die Größen *Einkommen*, *Vermögen* und *Konsum* in Betracht.[215]

Die Umsatzsteuer ist im Insolvenzverfahren über das Vermögen des umsatzsteuerlichen Unternehmers folglich der Kategorie *Insolvenzforderung* zuzuordnen, wenn die in der Erfüllung des umsatzsteuerlichen Tatbestands typisiert zum Ausdruck gekommene wirtschaftliche Leistungsfähigkeit nach Insolvenzeröffnung *nicht* mehr konkret fortwirkt. Andernfalls, d. h. die Leistungsfähigkeit wirkt nach Insolvenzeröffnung im konkreten Einzelfall fort, ist die Umsatzsteuer der Kategorie *Masseverbindlichkeit* zuzuordnen. Wann ein Fortwirken der wirtschaftlichen Leistungsfähigkeit vorliegt und an welchem Leistungsfähigkeitsindikator das Fortwirken festzumachen ist, ist für die einzelnen Tatbestände des Umsatzsteuergesetzes anhand einer Einzelfallbetrachtung zu ermitteln.

215 *Lang*, in: Tipke/Lang, Steuerrecht, 20. Aufl., 2010, § 4 Rn. 95 f.

D. Die Anwendung auf die Tatbestände des Umsatzsteuergesetzes

Im Folgenden wird für die verschiedenen Tatbestände des Umsatzsteuergesetzes die insolvenzrechtliche Begründetheit unter Berücksichtigung der teleologischen Korrektur des Begründetheitsbegriffs ermittelt. Zu diesem Zweck wird zunächst ermittelt, worin der umsatzsteuerliche Tatbestand besteht, der dem Steueranspruch zugrunde liegt. Anschließend wird überprüft, ob das so gewonnene Ergebnis einer teleologischen Korrektur durch Berücksichtigung des Leistungsfähigkeitsprinzips bedarf. Zu diesem Zweck wird geprüft, *wann* und *in welcher Form* ein *Fortwirken* der wirtschaftlichen Leistungsfähigkeit anzunehmen ist.

I. Die insolvenzrechtliche Begründetheit der Umsatzsteuer aus einer Leistungserbringung gemäß § 1 Abs. 1 Nr. 1 UStG

Die Leistung gegen Entgelt bildet den Grundtatbestand des Umsatzsteuergesetzes. Die Elemente des Tatbestands sind in § 1 Abs. 1 Nr. 1 UStG aufgezählt. Umsatzsteuerbar ist eine Leistung, die ein Unternehmer im Inland an einen anderen gegen Entgelt ausführt. Der Tatbestand ist bereits im Zeitpunkt der Leistungserbringung vollständig erfüllt.[216] Die Vereinnahmung des Entgelts ist nicht Bestandteil des Tatbestands. Ausreichend für das Vorliegen einer entgeltlichen Leistung ist die *Vereinbarung* eines Entgelts.[217] Die in § 13 UStG genannten Elemente des Entstehens der Umsatzsteuer sind ebenfalls nicht Bestandteil des Steuertatbestands.[218]

1. Leistungserbringung vor und Entgeltvereinnahmung nach Insolvenzeröffnung

Für den umsatzsteuerlichen Grundfall der Leistungserbringung gemäß § 1 Abs. 1 Nr. 1 UStG ist die insolvenzrechtliche Begründetheit der Umsatzsteuerforderung folglich im Zeitpunkt der Leistungserbringung indi-

216 Vgl. Gliederungspunkt C. I. 3. b) dd), S. 53 ff.

217 Vgl. Gliederungspunkt C. I. 3. b) cc), S. 51 ff.

218 Vgl. Gliederungspunkt C. I. 3. b) bb), S. 47 ff.

ziert. Erfolgt die Leistungserbringung *vor* Eröffnung des Insolvenzverfahrens, stellt die aus der Leistung resultierende Umsatzsteuer grundsätzlich eine Insolvenzforderung dar. Der Fiskus nimmt als Steuergläubiger wie jeder andere Gläubiger auch an einer nur quotalen Befriedigung teil. Dieses Ergebnis ist dann nicht gerechtfertigt, wenn die Vereinnahmung des Entgelts nach Insolvenzeröffnung erfolgt. Die wirtschaftliche Leistungsfähigkeit, die in der Erbringung der Leistung typisiert und abstrakt zum Ausdruck gekommen ist, wirkt aufgrund des bei Insolvenzeröffnung noch nicht erfüllten Anspruchs auf die Gegenleistung fort. Die Leistungsfähigkeit der Insolvenzmasse ist durch den nach Insolvenzeröffnung erfolgten Zahlungsfluss, der den Leistungsfähigkeitsindikator *Einkommen* betrifft, erhöht. In diesem Fall stellt die Steuerforderung aufgrund der teleologischen Korrektur des Begründetheitsbegriffs eine Masseverbindlichkeit dar, die in vollem Umfang zu bedienen ist.

2. Entgeltvereinnahmung vor und Leistungserbringung nach Insolvenzeröffnung

Bei einer Leistungserbringung nach Insolvenzeröffnung wäre der Umsatzsteueranspruch den Masseverbindlichkeiten zuzuordnen, selbst wenn das Entgelt bereits vor Insolvenzeröffnung vereinnahmt wurde. Allerdings kommt in der Leistungserbringung nach Insolvenzeröffnung eine Leistungsfähigkeit der Insolvenzmasse nur typisiert zum Ausdruck. Eine tatsächliche Leistungsfähigkeit im Einzelfall steht diesem typisierten Ausdruck der Leistungsfähigkeit nicht gegenüber. Die Leistungserbringung hat keinen Anspruch auf das Entgelt mehr zur Folge, sodass der Leistungsfähigkeitsindikator *Einkommen* keine positive Veränderung zeigt. Auch eine Verbesserung der *Vermögen*slage tritt nicht ein. Zwar wird die Insolvenzmasse durch die Leistung von der aus der Vorauszahlung des Kunden resultierenden Verbindlichkeit frei. Damit ist aber keine Erhöhung der Leistungsfähigkeit verbunden. Die Forderung des vorauszahlenden Kunden ist aufgrund der Insolvenzeröffnung undurchsetzbar geworden (§ 87 InsO). Für die Insolvenzmasse ist die Befreiung von einer Verbindlichkeit, die nur eine Insolvenzforderung darstellt, irrelevant. Unter Berücksichtigung der Leistungsfähigkeit im konkreten Fall stellt in der Konstellation der Mindest-Ist-Besteuerung die Umsatzsteuer auf Vorauszahlungen, die vor Insolvenzeröffnung vereinnahmt worden sind, selbst dann eine Insolvenzforderung dar, wenn die Leistungserbringung nach der Verfahrenseröffnung erfolgt.[219]

3. Der Wechsel des Leistungsfähigkeitsindikators

Bei der Ermittlung der konkreten Leistungsfähigkeit fällt ein Wechsel der Indikatoren wirtschaftlicher Leistungsfähigkeit auf. Der umsatzsteuerliche Unternehmer bringt seine Leistungsfähigkeit zunächst typisiert durch die Ausführung einer Leistung zum Ausdruck. Durch die Leistungsausführung und den damit verbundenen Forderungserwerb ist der Leistungsfähigkeitsindikator *Vermögen* betroffen. Bei der Prüfung der konkreten Steigerung der Leistungsfähigkeit wurde indes auf den Leistungsfähigkeitsindikator *Einkommen* abgestellt, sodass sich die Frage nach der Zulässigkeit eines Indikatorwechsels stellt.

Aufgrund von Wechselwirkungen des klassischen Steuerkanons aus Ertrag-, Vermögen- und Verbrauchsteuern könnte die Trennschärfe der Abgrenzung zwischen den einzelnen Leistungsfähigkeitsindikatoren vermindert sein. Eine Steuer, die das Einkommen erfassen will, beeinflusst zwangsläufig auch das Vermögen und die Konsummöglichkeiten des Steuerpflichtigen. Konsum- und Vermögensteuer sind wiederum, indem sie die Verwendung des Einkommens zu Investitions- oder Konsumzwecken besteuern, zugleich nachgelagerte Steuern auf das Einkommen. Das heißt, dass jede Steuer nicht nur einen speziellen Leistungsfähigkeitsindikator, sondern stets die drei Indikatoren *Einkommen*, *Vermögen* und *Konsum* belastet.[220] Der vom Gesetzgeber als Anknüpfungspunkt der Besteuerung gewählte Indikator bezeichnet daher letztlich nur „*den Zeitpunkt der Besteuerung in dem Ablauf der ökonomischen Verhältnisse der Bürger*“.[221]

---

219 Im Ergebnis stimmen sowohl die Auffassung, die die insolvenzrechtliche Begründetheit mit der Entstehung der Steuer weitgehend gleichsetzt (vgl. C. I. 3. b) bb)) als auch die Auffassung, die die Entgeltvereinnahmung als zwingendes Tatbestandsmerkmal der Umsatzsteuer ansieht (vgl. C. I. 3. b) cc)), hiermit überein.

220 *Lang*, in: Tipke/Lang, Steuerrecht, 20. Aufl., 2010, § 4 Rz. 96.

221 *Lang*, in: Tipke/Lang, Steuerrecht, 20. Aufl., 2010, § 4 Rz. 96.

Für die Umsatzsteuer ist sogar festzustellen, dass sie innerhalb des unternehmerischen Leistungsaustausches konkret auf den Leistungsfähigkeitsindikator *Einkommen* einwirkt. Der zwischenunternehmerische Leistungsaustausch soll durch die Umsatzsteuer nicht belastet werden. Zu diesem Zweck ermöglicht die Umsatzsteuer die Kompensation der im Rechnungsbetrag des Leistenden ausgewiesenen Umsatzsteuer durch das Instrument des Vorsteuerabzugs (§ 15 Abs. 1 UStG). Die Bezahlung der empfangenen Leistung und der Vorsteuerabzug fallen dabei regelmäßig zeitlich auseinander, da § 15 Abs. 1 Nr. 1 UStG den Abzug der Vorsteuer bereits zulässt, wenn die Leistung ausgeführt wurde und eine Rechnung gemäß §§ 14, 14a UStG vorliegt. Der Vorsteuerabzug hat für den Unternehmer die Verringerung einer Umsatzsteuer-Zahllast für den betreffenden Voranmeldungszeitraum oder aber die Erhöhung eines Vorsteuer-Erstattungsanspruchs zur Folge (§ 16 Abs. 1, Abs. 3 UStG). Es kann also eine positive Auswirkung auf den Leistungsfähigkeitsindikator *Einkommen* verzeichnet werden. Bei der Gewinnermittlung wird ein Vorsteuerüberschuss (Erstattung bzw. Erstattungsanspruch) als Betriebseinnahme (Einnahmen-Überschuss-Rechnung gemäß § 4 Abs. 3 EStG) oder als sonstiger Vermögensgegenstand (Betriebsvermögensvergleich gemäß §§ 4 Abs. 1, 5 EStG) erfasst, ein Umsatzsteuerüberschuss (Zahlung bzw. Zahllast) hingegen als Betriebsausgabe oder als sonstige Verbindlichkeit. Auch insoweit wirkt die Umsatzsteuer auf das Einkommen des Steuerpflichtigen.

Die Ermittlung einer konkreten Fortwirkung der wirtschaftlichen Leistungsfähigkeit hat daher alle Indikatoren wirtschaftlicher Leistungsfähigkeit zu berücksichtigen und nicht nur die typisierten Anknüpfungspunkte *Leistungserbringung* und *Konsum* im Bereich der Umsatzsteuer.

II. Die insolvenzrechtliche Begründetheit der Umsatzsteuer aus nicht vollständig erfüllten Werkverträgen

Für die Begründetheit der Umsatzsteuer ist zunächst danach zu fragen, zu welchem Zeitpunkt der umsatzsteuerliche Tatbestand verwirklicht worden ist.[222] Bei Werkverträgen ist hinsichtlich des umsatzsteuerlichen Tat-

222 Vgl. C. II. 3., Seite 87.

bestands zwischen den *Werklieferungen* gemäß § 3 Abs. 1, Abs. 4 UStG und den *Werkleistungen* als Unterfall der sonstigen Leistung gemäß § 3 Abs. 9 UStG zu unterscheiden. Die Erfüllung des Liefertatbestands erfordert die Verschaffung der Verfügungsmacht (§ 3 Abs. 1 UStG). Eine sonstige Leistung gemäß § 3 Abs. 9 UStG ist ausgeführt, wenn dem Empfänger der wirtschaftliche Wert der Leistung zugewendet worden ist.[223] Zu untersuchen ist, wann bei Werklieferung und Werkleistung diese Merkmale erfüllt sind.

1. Die Erbringung einer Werklieferung an einem Grundstück im Eigentum des Bestellers

a) Die umstrittene Frage des Zeitpunkts der Lieferung

Bei der Erbringung einer Werklieferung an einem Grundstück, das im Eigentum des Bestellers steht, ist fraglich, wann die Verfügungsmacht an dem Werk auf den Besteller übergeht. Beauftragt der Grundstückseigentümer den Unternehmer mit der Errichtung eines Gebäudes, so geht jeder in das Bauwerk eingefügte Gegenstand gemäß § 946 BGB in das Eigentum des Bestellers über, soweit es sich um einen wesentlichen Bestandteil handelt. Gleichwohl geht die wohl h. M. davon aus, dass in der Einfügung und dem damit verbundenen gesetzlichen Eigentumsübergang noch keine Verschaffung der Verfügungsmacht im Sinne des § 3 Abs. 1 UStG liegt. Eine Lieferung erfolge erst im Zeitpunkt der Übergabe oder der Abnahme des fertig gestellten Bauwerks.[224] Vereinzelt wird auch angenommen, dass zwar eine Verschaffung der Verfügungsmacht im Zeitpunkt des gesetzlichen Eigentumsübergangs vorliege, die umsatzsteuerliche Lieferung aber dennoch erst bei Fertigstellung des Werks ausgeführt werde.[225]

---

223 *Lippross*, Umsatzsteuer, 22. Aufl., 2008, S. 207.

224 BFH, Urt.v. 30.04.2009, V R 1/06, BStBl. II 2010, 138 (140), *Leonard*, in: Bunjes/Geist, UStG, 9. Aufl., 2009, § 13 Rn. 13; *Lippross*, UStG, 22. Aufl., 2008, S. 263.

225 *Giesberts*, UR 1976, 61 (69); *Onusseit*, Umsatzsteuer im Konkurs, 1988, S. 168.

b) Die Lieferung des teilfertigen Werks vor Fertigstellung

aa) Die vermeintliche Abhängigkeit der Lieferung von der Erfüllungswahl oder Erfüllungsablehnung des Insolvenzverwalters

Eine beachtliche Meinung nimmt die Verschaffung der Verfügungsmacht und folglich eine Lieferung bei einem Werkvertrag erst im Zeitpunkt der Fertigstellung des Werks an. Diese Ansicht geht davon aus, dass der Besteller die Verfügungsmacht über den Gegenstand des Werkvertrags erst dann erlangt, wenn das Werk fertig gestellt worden sei. In Folge dessen werden in Abhängigkeit davon, ob der Verwalter die Erfüllung eines Werkvertrags wähle oder ablehne, unterschiedliche Schlüsse für die insolvenzrechtliche Begründetheit der Umsatzsteuer aus der Werklieferung gezogen.[226] Lehne der Verwalter die Erfüllung ab, so wandle sich der ursprüngliche Werkvertrag in ein Abrechnungsschuldverhältnis um. Umsatzsteuerlich folge aus der Ablehnung reflexartig, dass das teilfertige Werk einseitig durch den Insolvenzverwalter zum neuen Gegenstand der Werklieferung bestimmt werde. Die dadurch bewirkte Lieferung sei aber nicht im Zeitpunkt der Ablehnungserklärung des Verwalters erfolgt.[227] Die Lieferung des Teilwerks falle stattdessen mit der Insolvenzeröffnung zusammen, da sie das Ergebnis der vorinsolvenzlichen Tätigkeit des Insolvenzschuldners sei und die Lieferung des Teilwerks durch die Erfüllungsablehnung des Verwalters nicht berührt werde.[228] Wähle der Verwalter aber die Erfüllung des Werkvertrags, so sei eine Lieferung erst anzunehmen, wenn dem Besteller das fertige Werk übergeben werde. Die teilweise Ausführung des Werks vor Insolvenzeröffnung sei in diesem Fall unbeachtlich, da die Werklieferung durch den Insolvenzverwalter ein einheitliches Ganzes bilde. Die gesamte Lieferung sei daher nach Verfahrenseröffnung erfolgt, wenn nicht Teilleistungen im Sinne des § 13 Abs. 1

---

226 BFH, Urt. v. 02.02.1978, V R 128/76, BStBl. II 1978, 483; BFH, Urt. v. 30.04.2009, V R 1/06, BFH/NV 2009, 1728; *Lippross*, Umsatzsteuer, 22. Aufl., 2008, S. 1089; *Hans Nieskens*, in: Rau/Dürrwächter, UStG, 146. Lfg., April 2011, § 13 Rn. 70 unter „Leistungsreduzierung beim Werkvertrag".

227 BFH, Urt. v. 02.02.1978, V R 128/76, BStBl. II 1978, 483; anders aber früher BFH, Urt. v. 13.09.1973, V R 18/73, unveröffentlicht, Teilabdruck bei *Elisabeth Meierkord*, Umsatzsteuer für Bauleistungen, die infolge Besteller-Konkurses nicht ausgeführt werden können?, DB 1978, 858 (861); FG Nürnberg, Urt. v. 25.11.1972, II 184/70, EFG 1973, 188, zur sog. Nürnberger Umsatzsteuer.

228 BFH, Urt. v. 02.02.1978, V R 128/76, BStBl. II 1978, 483.

Nr. 1 lit. a) S. 2, 3 UStG vereinbart und vorher ausgeführt worden seien. Die Umsatzsteuer aus der gesamten Lieferung stelle folglich eine Masseverbindlichkeit dar, soweit nicht das Entgelt bereits vor Insolvenzeröffnung vereinnahmt worden sei.[229]

bb) Keine Differenzierung der Rechtsfolge nach der Entscheidung des Insolvenzverwalters

Diese Differenzierung der Rechtsfolge nach der Entscheidung des Insolvenzverwalters führt bei einem zum Zeitpunkt der Insolvenzeröffnung teilfertigen und mit dem Grundstück des Bestellers verbundenen Bauwerk zu keinem überzeugenden Ergebnis. Die Ausübung des Wahlrechts aus § 103 InsO kann keinen Einfluss auf die insolvenzrechtliche Einordnung der Umsatzsteuer aus dem zur Zeit der Verfahrenseröffnung fertig gestellten Teil des Werks haben. Das ergibt sich aus der Wirkung und dem Wesen des Erfüllungswahlrechts.

(1) Keine Privilegierung von Steueransprüchen durch die Erfüllungswahl

Die Erfüllungswahl nach § 103 Abs. 1 InsO hat keine insolvenzrechtliche Aufwertung von Umsatzsteuerforderungen zur Folge. § 55 Abs. 1 Nr. 2, 1. Alt. InsO i. V. m. § 103 Abs. 1 InsO bestimmen, dass im Fall der Erfüllungswahl der andere Teil die Erfüllung seiner Ansprüche aus dem Vertragsverhältnis einheitlich als Masseverbindlichkeiten verlangen kann. Eine Aufteilung in einen vor und in einen nach Insolvenzeröffnung erbrachten Teil erfolgt im Verhältnis zu dem Vertragspartner des Insolvenzschuldners nicht, soweit keine teilbaren Leistungen i. S. d. § 105 InsO vorliegen.[230] Liegen teilbare Leistungen vor, so gewährt der von dem Gläubiger vorinsolvenzlich geleistete Teil lediglich eine Insolvenzforderung. Hinsichtlich des anderen, bei Insolvenzeröffnung noch unvollständi-

229 BFH, Urt. v. 02.02.1978, V R 128/76, BStBl. II 1978, 483; BFH, Urt. v. 30.04.2009, V R 1/06, BStBl. II 2010, 138; *Lippross*, Umsatzsteuer, 22. Aufl., 2008, S. 1089; *Nieskens*, in: Rau/Dürrwächter, UStG, 146. Lfg., April 2011, § 13 Rn. 70 unter „Leistungsreduzierung beim Werkvertrag".

230 *Ahrendt*, in: Hamburger Kommentar zum Insolvenzrecht, 3. Aufl., 2009, § 103 Rn. 44; *Dirk Wegener*, in: Uhlenbruck/Hirte/Vallender (Hrsg.), Insolvenzordnung (Kommentar), 13. Aufl., 2010, § 103 Rn. 143.

gen Teils der Leistung bleibt es für den Insolvenzverwalter aber bei dem Erfüllungswahlrecht des § 103 InsO. Übt er dieses aus, so wird die Forderung hinsichtlich des ganzen nach Insolvenzeröffnung fertiggestellten Teils, auch wenn dieser Teil bereits vorinsolvenzlich begonnen wurde, für den Gläubiger zur Masseforderung.[231] Daraus folgt aber nicht, dass gleichzeitig die im Zusammenhang mit der privatrechtlichen Leistungsbeziehung entstehenden Steuerforderungen des Fiskus hinsichtlich der vor Verfahrenseröffnung erbrachten Leistungen ebenfalls einheitlich als Masseverbindlichkeiten einzustufen sind. Die Erfüllungswahl gemäß § 103 Abs. 1 InsO betrifft das Verhältnis zwischen den Parteien des ursprünglichen Vertrages, d. h. zwischen dem Besteller und dem Werkunternehmer. Der Umsatzsteueranspruch des Fiskus ist kein Anspruch aus dem gegenseitigen Vertrag zwischen Besteller und Werkunternehmer, sondern knüpft nur an den Leistungsaustausch aus diesem Vertrag an. Eine Privilegierung der Ansprüche des Vertragspartners zu Masseverbindlichkeiten hat nicht automatisch auch die Privilegierung der Ansprüche des Steuergläubigers zur Folge.[232]

(2) Die rechtliche Wirkungslosigkeit einer Erfüllungsablehnung

Das Erfüllungswahlrecht hat zudem keinen Einfluss auf einen bereits ganz oder teilweise durchgeführten Leistungsaustausch. Der Leistungsaustausch bezüglich des bei Insolvenzeröffnung fertiggestellten Werkteils ist unabhängig von der Entscheidung des Insolvenzverwalters bereits vor Verfahrenseröffnung abgeschlossen. Mit der Eröffnung des Insolvenzverfahrens verlieren die Erfüllungsansprüche aus einem beiderseitig nicht erfüllten Vertrag ihre Durchsetzbarkeit.[233] Die erneute Durchsetzbarkeit der

231 *Wegener*, in: Uhlenbruck/Hirte/Vallender (Hrsg.), Insolvenzordnung (Kommentar), 13. Aufl., 2010, § 103 Rn. 146.

232 *Onusseit*, in: Festschrift für Kirchhof, S. 384; *Wolfram Reiß*, in: Reiß, Wolfram/Kraeusel, Jörg/Langer, Michael (Hrsg.), Umsatzsteuergesetz (Kommentar), Loseblattsammlung, Bonn, 91. Lfg., Stand Juli 2011, § 13 Rn. 93; a. A. *Frotscher*, Besteuerung bei Insolvenz, 7. Aufl., 2010, S. 234 f.

233 Ständige Rechtsprechung seit BGH, Urt. v. 25.04.2002, IX ZR 313/99, BGHZ 150, 353; *Harald Kroth*, in: Braun (Hrsg.), InsO, 4. Aufl., 2010, § 103 Rn. 7 f.; *Gerhart Kreft*, in: Münchener Kommentar zur InsO, 2. Aufl., 2007, § 103 Rn. 4a; *Achim Ahrendt*, in: Hamburger Kommentar zum Insolvenzrecht, 3. Aufl., 2009, § 103 Rn. 4.

Ansprüche setzt die Erfüllungswahl des Insolvenzverwalters voraus.[234] Die in der Praxis häufig anzutreffende Erfüllungsablehnung hat hingegen keinen materiellen Gehalt.[235] Sie ist lediglich Bestätigung der Gesetzeslage. Wie sich aus § 103 Abs. 2 S. 3 InsO ergibt, ist die ausdrückliche Erklärung der Erfüllungsablehnung überflüssig. Die Annahme, dass mit der Ablehnung der Erfüllung eine Neubestimmung des Liefergegenstands durch den Insolvenzverwalter und damit einhergehend eine auf den Zeitpunkt der Verfahrenseröffnung rückwirkende Lieferung des Teilwerks erfolge, ist vor diesem Hintergrund nicht haltbar. Eine überflüssige Erklärung kann eine solche rückwirkende Funktion nicht haben.

Die Rückwirkungsfiktion ist zudem dogmatisch nicht erklärbar. Die Rechtsprechung sieht in der Erfüllungsablehnung den Willen des Insolvenzverwalters, das teilfertige Werk liefern zu wollen und geht daher von einer Lieferung des teilfertigen Werks im Zeitpunkt der Insolvenzeröffnung aus.[236] Da der Leistungswille Voraussetzung der Lieferung ist, müsste aber, da die Erfüllungsablehnung natürlich erst nach Insolvenzeröffnung erklärt werden kann, eigentlich eine Lieferung nach Insolvenzeröffnung angenommen werden. In der überkommenen Rechtsprechung zur sogenannten Nürnberger Umsatzsteuer wurde dies folgerichtig so vertreten, sodass die Umsatzsteuer aus der vor Konkurseröffnung ausgeführten Werklieferung als Masseverbindlichkeit zu qualifizieren war.[237] Die von der neueren Rechtsprechung jetzt angenommene Rückwirkung auf den Zeitpunkt der Insolvenzeröffnung führt hingegen zu einem Schwebezu-

---

234 BGH, Urt. v. 25.04.2002, IX ZR 313/99, BGHZ 150, 353; *Kroth*, in: Braun (Hrsg.), InsO, 4. Aufl., 2010, § 103 Rn. 8; *Kreft*, in: Münchener Kommentar zur InsO, 2. Aufl., 2007, § 103 Rn. 41; *Ahrendt*, in: Hamburger Kommentar zum Insolvenzrecht, 3. Aufl., 2009, § 103 Rn. 29.

235 BGH, Urt. v. 25.04.2002, IX ZR 313/99, BGHZ 150, 353 (358); *Kreft*, in: Münchener Kommentar zur InsO, 2. Aufl., 2007, § 103 Rn. 20; *Kroth*, in: Braun (Hrsg.), InsO, 4. Aufl., 2010, § 103 Rn. 8; *Ahrendt*, in: Hamburger Kommentar zum Insolvenzrecht, 3. Aufl., 2009, § 103 Rn. 40.

236 BFH, Urt. v. 02.02.1978, V R 128/76, BStBl. II 1978, 483; BFH, Urt. v. 30.04.2009, V R 1/06, BStBl. II 2010, 138 (141).

237 BFH, Urt. v. 13.09.1973, V R 18/73, unveröffentlicht, Teilabdruck bei *Meierkord*, DB 1978, 858 (861); FG Nürnberg, Urt. v. 25.11.1972, II 184/70, EFG 1973, 188 (189).

stand. Solange sich der Insolvenzverwalter zu dem Werkvertrag nicht erklärt, könnte bei Verfahrenseröffnung keine Lieferung des teilfertigen Werks angenommen werden. Im Fall der Nichtäußerung des Verwalters würde eine Gewissheit darüber, dass zum Zeitpunkt der Verfahrenseröffnung eine Lieferung an den Besteller stattgefunden hat, erst dann bestehen, wenn eine Erfüllungswahl nicht mehr in Frage kommt. Das ist entweder der Fall, wenn der Besteller den Insolvenzverwalter gemäß § 103 Abs. 2 S. 2 InsO zu einer Erklärung aufgefordert oder das Insolvenzverfahren abgeschlossen ist. Auf die Spitze getrieben würde sich also erst beim Abschluss des Verfahrens herausstellen, ob bei dessen Beginn eine Lieferung erfolgt ist. Das „ob" einer Lieferung muss aber im Zeitpunkt der Lieferung beantwortet werden können und kann nicht von Ereignissen abhängig sein, die u. U. erst viel später eintreten.

(3) Keine Beseitigung einer einmal erfolgten Lieferung durch Erfüllungswahl

Umgekehrt kann das Erfüllungsverlangen des Insolvenzverwalters eine bereits erfolgte Lieferung nicht mehr rückgängig machen.[238] Das Erfüllungswahlrecht zielt auf die insolvenzrechtliche Aufwertung schuldrechtlicher Ansprüche.[239] Die umsatzsteuerliche Lieferung ist hingegen ein tatsächlicher Vorgang, der nicht durch spätere Erklärungen des Insolvenzverwalters rückwirkend beseitigt werden kann. Zu fragen ist nach der wirtschaftlichen Verfügungsmacht an dem Bauwerk. Diese liegt bei Eröffnung des Insolvenzverfahrens entweder bei dem Besteller als Grundstückseigentümer oder bei dem Insolvenzschuldner, dessen Verwaltungs- und Verfügungsbefugnis über sein Vermögen gemäß § 80 Abs. 1 InsO auf den Insolvenzverwalter übergeht. Eine dritte Möglichkeit besteht nicht. Insbesondere kann die wirtschaftliche Verfügungsmacht nicht unbestimmt sein.

238 *Friedrich Bücheler*, Umsatzsteuer in Sequestration und Konkurs. Kritische Anmerkungen zu ausgewählten Problemen aus der Sicht des Konkursverwalters, DStR 1980, 70 (71); *Onusseit/Kunz*, Steuern in der Insolvenz, 2. Aufl., 1997, Rn. 434.

239 *Kreft*, in: Münchener Kommentar zur InsO, 2. Aufl., 2007, § 103 Rn. 39 m. w. N.

cc) Keine Lieferung im Zeitpunkt des Steckenbleibens des Bauvorhabens

(1) Keine Aufspaltung von Lieferung und Verschaffung der Verfügungsmacht

Teilweise wird vertreten, dass die Verbindung der Baumaterialien mit dem Grundstück zu einer Verschaffung der Verfügungsmacht, nicht aber zu einer Lieferung führe.[240] Die Lieferung selbst sei grundsätzlich erst mit der Fertigstellung des Werks erfolgt. Es sei zwar von der Verfügungsmacht des Grundstückseigentümers an den mit dem Grundstück verbundenen Materialien auszugehen. Diese Verbindung reiche für eine Lieferung alleine jedoch nicht aus, da sonst bei einem Bauvertrag eine unübersehbare Vielzahl einzelner Lieferungen anzunehmen sei.[241] Erst wenn die Fertigstellung nicht mehr in Betracht kommt, soll ausnahmsweise eine Lieferung des teilfertigen Werks vorliegen. Eine Fertigstellung komme insbesondere dann nicht mehr in Betracht wenn das Insolvenzverfahren über das Vermögen des Werkunternehmers eröffnet werde.[242] Die Ansicht führt im Ergebnis zutreffend zwar zu einer Begründetheit der auf das teilfertige Werk entfallenden Umsatzsteuer vor Insolvenzeröffnung. Ihre Begründung kann aber nicht überzeugen. Die Trennung von Lieferung und Verschaffung der Verfügungsmacht ist abzulehnen. Sie steht im Widerspruch zu § 3 Abs. 1 UStG, der die Lieferung als Verschaffung der Verfügungsmacht gesetzlich definiert. Die Annahme einer Lieferung erst im Zeitpunkt der Fertigstellung kann daher nicht mit einer vermeintlichen Aufspaltung von Lieferung und Verschaffung der Verfügungsmacht begründet werden.

(2) Die Definition des Steckenbleibens als Folgeproblem

Zudem lässt die Argumentation keine zuverlässige Ermittlung des Zeitpunkts der Lieferung zu. Ob das steckengebliebene Bauvorhaben vollendet wird oder nicht, stellt sich oft erst einige Zeit nach der Einstellung der

---

240 *Nieskens*, in: Rau/Dürrwächter, UStG, 146. Lfg., April 2011, § 13 Rn. 63; *Giesberts*, UStR 1976, 61 (68 f.); *Onusseit*, Umsatzsteuer im Konkurs, 1988, S. 168.

241 *Onusseit*, Umsatzsteuer im Konkurs, 1988, S. 166.

242 *Onusseit*, Umsatzsteuer im Konkurs, 1988, S. 169.

Arbeiten heraus. Gerade im Insolvenzfall hängt die Fertigstellung von der Entscheidung des Insolvenzverwalters ab. Es würde also auch hier wieder ein Schwebezustand entstehen, der erst mit einer eindeutigen Erklärung des Insolvenzverwalters zur Erfüllungswahl oder -ablehnung gelöst werden könnte. Gleichwohl soll mit der Insolvenzeröffnung ein solcher Fall des steckengebliebenen Bauwerks vorliegen, sodass das teilfertige Werk vor Insolvenzeröffnung geliefert worden sei.243 Es stellt sich daher die Frage, wie intensiv die Störung oder Unterbrechung des Bauvorhabens sein muss, um eine Lieferung annehmen zu können. Liegt etwa eine Lieferung eines Bautorsos vor, wenn dem Besteller das Geld ausgeht und der Werkunternehmer hinsichtlich der Ausführung der weiteren Arbeiten von seinem Zurückbehaltungsrecht Gebrauch macht? Wie lange müsste eine solche Unterbrechung andauern, um eine Lieferung des Teilwerks annehmen zu können? Beginnt eine neue Lieferung, wenn das Bauvorhaben zunächst nicht fortsetzbar scheint, später aber trotzdem fortgeführt werden kann? Auch die Feststellung, dass sich die Lieferung eines Bauwerks bei Identität von Lieferung und Verschaffung der Verfügungsmacht aus einer Vielzahl sukzessiver Einzellieferungen zusammensetzt, ist kein Argument, das für eine unterschiedliche Behandlung dieser Begriffe spricht. Es handelt sich hierbei nicht um ein Problem der Begründetheit der jeweiligen Einzellieferung. Fraglich ist in diesem Fall nur das Entstehen der Umsatzsteuerforderung aus den einzelnen Lieferungen. Das ist indes nur relevant für die Steuererhebung, nicht aber für die insolvenzrechtliche Einordnung der Umsatzsteuer.

dd) Die Ausführung der Lieferung durch die Verbindung mit dem Grundstück

Entgegen beider Ansichten ist eine umsatzsteuerliche Lieferung bereits im Zeitpunkt der Einfügung der einzelnen Bestandteile des Werks zu sehen.[244] Die Lieferung besteht in der Verschaffung der Verfügungsmacht an dem Gegenstand der Lieferung (§ 3 Abs. 1 UStG). Die Werklieferung an einem Grundstück des Bestellers stellt sich als sukzessive Lieferung dar. Das folgt aus der Definition der *Verschaffung der Verfügungsmacht*, die bereits ihrem Wortlaut nach aus einem *subjektiven* und einem *objekti-*

243 *Onusseit*, Umsatzsteuer im Konkurs, 1988, S. 169.

244 *Knobbe-Keuk*, BB 1977, 757 (759).

ven Element besteht. Zum einen ist für die Verfügungsmacht objektiv der Übergang des Substanzwertes des Liefergegenstands auf den Leistungsempfänger erforderlich.[245] Zum anderen setzt das Element des Verschaffens subjektiv einen Willen des Leistenden voraus, dem Empfänger den Substanzwert unbedingt und endgültig zu übertragen.[246]

(1) Die Verbindung als Übertragung des Substanzwerts

Zunächst ist festzuhalten, dass eine Verschaffung des Substanzwerts im Zeitpunkt der Verbindung mit dem Grundstück vorliegt. Das zivilrechtliche Eigentum an den eingefügten Gegenständen geht auf den Besteller als Grundstückseigentümer über (§ 946 BGB). Damit scheidet die wirtschaftliche Substanz der eingebauten Gegenstände aus dem Vermögen des Leistenden aus und wird Bestandteil des Vermögens des Grundstückseigentümers. Letzterer ist insoweit der neue rechtliche und auch wirtschaftliche Eigentümer und zwar unabhängig davon, ob er das Werk oder Teile davon abgenommen oder in Benutzung genommen hat. Zwar ist die Verschaffung des zivilrechtlichen Eigentums nicht Voraussetzung und im Zweifel auch nicht ausreichend für die Verschaffung der Verfügungsmacht im Sinne des § 3 Abs. 1 UStG.[247] Das zivilrechtliche Eigentum fällt aber im Regelfall mit dem wirtschaftlichen Eigentum zusammen.[248] Die Fälle, in denen zivilrechtliches und wirtschaftliches Eigentum auseinanderfallen, betreffen im Wesentlichen besondere Sicherungsformen oder den Vorbehalt dinglicher Nutzungsrechte. So ist in der Sicherungsübereignung keine Lieferung zu sehen, da dem Sicherungsgeber der Besitz

245 BFH, Urt. v. 24.04.1969, V 176/64, BStBl. II 1969, 451 (452); *Wolfram Reiß*, Zur Umsatzsteuer, StuW 1980, 342 (346); *Weiß*, UR 1980, 76, 77; *Leonard*, in: Bunjes/Geist, UStG, 9. Aufl., 2009, § 3 Rn. 51.

246 BFH, Urt. v. 24.04.1969, V 176/64, BStBl. II 1969, 451 (452); *Reiß*, StuW 1980, 342 (346); *Eberhard Weiß*, Anmerkung zu BFH, Urt. v. 06.12.1979, V R 87/72, UR 1980, 76 (77); *Leonard*, in: Bunjes/Geist, UStG, 9. Aufl., 2009, § 3 Rn. 51.

247 BFH, Urt. v. 06.12.1979, V R 87/72, BStBl. II 1980, 279; *Leonard*, in: Bunjes/Geist, UStG, 9. Aufl., 2009, § 3 Rn. 73.

248 *Weiß*, UR 1980, 76 (77); *Leonard*, in: Bunjes/Geist, UStG, 9. Aufl., 2009, § 3 Rn. 55.

und die Nutzungen an dem Gegenstand vorbehalten bleiben.[249] Umgekehrt führt der Eigentumsvorbehaltslieferant eine umsatzsteuerbare Lieferung aus, obwohl der Leistungsempfänger nur ein Anwartschaftsrecht und noch kein zivilrechtliches Eigentum erlangt. Behält sich der Verkäufer eines Grundstücks den Nießbrauch daran vor, so liegt trotz des Übergangs des zivilrechtlichen Eigentums das wirtschaftliche Eigentum nach wie vor bei ihm.[250] Diese Konstellationen sind keineswegs atypisch. Sicherungseigentum und Eigentumsvorbehalt sind im Gegenteil feste und unverzichtbare Bestandteile des Wirtschaftslebens. Dennoch kann daraus nicht gefolgert werden, dass zivilrechtliches und wirtschaftliches Eigentum grundsätzlich auseinanderfallen würden. Das wirtschaftliche Eigentum wird stattdessen durch das zivilrechtliche Eigentum indiziert. Da bei der Erstellung eines Bauwerks auf einem fremden Grundstück dem Werkunternehmer keine Rechte mehr an den verbauten Materialien zustehen, wird dieses Indiz bestätigt.

(2) Der Leistungswille des Werkunternehmers bei der Verbindung

Es liegt auch der erforderliche Leistungswille des Werkunternehmers vor. Dass nach dem Willen der am Leistungsaustausch Beteiligten ein fertiges Werk geliefert werden soll, steht dem nicht entgegen. Die h. M. leitet aus dieser Definition zwar ab, dass gerade keine Lieferung der eingefügten Gegenstände erfolge. Der Leistungswille des Werkunternehmers sei auf die Lieferung des fertigen Werks gerichtet. Ein Leistungswille bezüglich der einzelnen eingefügten Gegenstände bestehe nicht, wenn nicht explizit Teilleistungen vereinbart seien.[251] Das ist zumindest dann nicht zutreffend, wenn es um die Verbindung mit einem Grundstück des Bestellers geht. Der leistende Unternehmer weiß bei der Verbindung seiner Materialien mit einem fremden Grundstück, dass er bereits mit der Verbindung

---

249 BFH, Urt. v. 20.07.1978, V R 2/75, BStBl. II 1978, 684; BFH, Urt. v. 23.07.2009, V R 27/07, BFHE 226, 421; so auch *Nieskens*, in: Rau/Dürrwächter, UStG, 146. Lfg., April 2011, § 13 Rn. 63, Rn. 70 unter „Sicherungsübereignung" und Giesberts, UStR 1976, 61, die aber dennoch eine Verschaffung der Verfügungsmacht annehmen, welche alleine für eine umsatzsteuerliche Lieferung nicht ausreichend sei.

250 BFH, Urt. v. 06.12.1979, V R 87/72, BStBl. II 1980, 279 (281).

251 BFH, Urt.v. 30.04.2009, V R 1/06, BStBl. II 2010, 138 (140), *Leonard*, in: Bunjes/Geist, UStG, 9. Aufl., 2009, § 13 Rn. 13; *Lippross*, Umsatzsteuer, 22. Aufl., 2008, S. 263.

die Substanz endgültig dem Vermögen des Grundstückseigentümers zuwendet. Es kann nicht angenommen werden, dass trotz dieses sicheren Wissens ein Leistungswille nicht bzw. erst im Zeitpunkt der Fertigstellung vorhanden sei. Der Werkunternehmer leistet vielmehr fortlaufend, um das Bauwerk fertigzustellen. Dem Werkunternehmer, der freiwillig in dem Wissen leistet, dass sein Eigentum an dem mit dem Grundstück verbundenen Material untergeht, kann ein Leistungswille nicht abgesprochen werden. Die Elemente der Leistung liegen somit im Zeitpunkt der Verbindung von Gegenständen mit einem Grundstück auch dann vor, wenn das Bauwerk noch nicht fertiggestellt ist. Es ist daher bei einer Werklieferung an einem Grundstück, das im Eigentum des Bestellers steht, nicht vertretbar, keine Lieferung des teilfertigen Werks anzunehmen.

(3) Die Entstehung der Steuer mit Fertigstellung als vermeintliches Gegenargument

Da im umsatzsteuerlichen Regelfall der Soll-Besteuerung die Umsatzsteuer aus der Errichtung eines Bauwerks gemäß § 13 Abs. 1 Nr. 1 lit. a) UStG erst mit der Abnahmereife des Werks entsteht[252], könnte gegen das gefundene Ergebnis eingewendet werden, dass die Lieferung notwendigerweise ein fertiges Werk voraussetzt. Das wäre zutreffend, wenn der Zeitpunkt der Ausführung im Sinne des § 13 Abs. 1 Nr. 1 lit. a) UStG gleichbedeutend mit dem Zeitpunkt der Lieferung des § 3 Abs. 1 UStG wäre.[253] Indes stimmen beide Zeitpunkte nicht notwendigerweise überein. Der Zeitpunkt der Ausführung einer aus mehreren Lieferungen bestehenden Leistung kann, muss aber nicht mit dem Zeitpunkt der einzelnen Lieferung zusammenfallen. Zwar sprechen sowohl § 1 Abs. 1 Nr. 1 UStG als auch § 13 Abs. 1 Nr. 1 lit. a) UStG von der *Ausführung* einer Leistung. Daraus kann aber noch nicht geschlossen werden, dass das Begriffsverständnis der *Ausführung* in beiden Normen deckungsgleich ist.

---

252 *Lippross*, Umsatzsteuer, 22. Aufl., 2008, S. 1010; *Nieskens*, in: Rau/Dürrwächter, UStG, 146. Lfg., April 2011, § 13 Rn. 70 unter „Werklieferungen".

253 So die wohl h. M., vgl. BFH, Urt. v. 25.01.1968, V R 161/64, BStBl. II 1968, 331 (332); *Zeuner*, in: Bunjes/Geist, UStG, 9. Aufl., 2009, § 13 Rn. 12; *Nieskens*, in: Rau/Dürrwächter, UStG, 146. Lfg., April 2011, § 13 Rn. 70 unter „Werklieferungen"; *Lippross*, Umsatzsteuer, 22. Aufl., 2008, S. 1010; *Holger Stadie*, Umsatzsteuergesetz (Kommentar), Köln, 2009, § 13 Rn. 13.

So lässt sich § 13 Abs. 1 Nr. 1 lit. a) S. 2 UStG entnehmen, dass sich eine Leistung aus mehreren Teilleistungen zusammensetzen kann. Um die Ausführung der gesamten Leistung annehmen zu können, muss jede Teilleistung für sich genommen ebenfalls ausgeführt worden sein. Teilleistungen können somit ausgeführt worden sein, ohne dass die Gesamtleistung erbracht worden ist. Dass das Entstehen der Umsatzsteuer aus der Ausführung einer solchen Teilleistung die Vereinbarung eines gesonderten Entgelts voraussetzt, bedeutet im Umkehrschluss nicht, dass ohne eine gesonderte Entgeltvereinbarung keine Teilleistung vorliegen würde. Dem Wortlaut des § 13 Abs. 1 Nr. 1 lit. a) S. 2 UStG ist so bereits ein Indiz zu entnehmen, das gegen eine Gleichsetzung der Begriffe des *Ausführens* in § 1 Abs. 1 Nr. 1 UStG und § 13 Abs. 1 Nr. 1 lit. a) UStG spricht. Eine Verweisung der einen in die andere Norm, die auf einen systematischen Zusammenhang und damit vielleicht auch für ein gleiches Begriffsverständnis hindeuten würde, liegt ebenfalls nicht vor. Es ist daher nicht ohne weiteres möglich, den Anknüpfungszeitpunkt des § 13 Abs. 1 Nr. 1 lit. a) UStG unter Rückgriff auf die Grundsätze des § 3 Abs. 1 UStG zur Leistungserbringung zu ermitteln.[254] Für eine grundlegende Divergenz von § 1 Abs. 1 Nr. 1 UStG und § 13 Abs. 1 Nr. 1 lit. a) UStG spricht letztlich deren unterschiedlicher Regelungszweck. § 1 Abs. 1 Nr. 1 UStG regelt die materiell-rechtliche Begründung des Steueranspruchs aus einer Leistungserbringung. § 13 UStG regelt indessen den formellen Entstehungszeitpunkt der Umsatzsteuerschuld und betrifft daher die Technik der Steuererhebung. Im Rahmen der Steuererhebung ist es aus Gründen der Praktikabilität erforderlich, dass nicht für jede einzelne Leistung eine gesonderte Erklärung von dem Steuerschuldner abgegeben wird. Der Zeitpunkt der Steuerentstehung knüpft zudem nicht nur an die Ausführung der Leistung an, sondern beispielsweise im Fall der Mindest-Ist-Besteuerung und der Ist-Besteuerung an die Vereinnahmung des Entgelts (§ 13 Abs. 1 Nr. 1 lit. a) S. 3 UStG, § 13 Abs. 1 Nr. 1 lit. b) UStG) oder im Fall der Beförderungseinzelbesteuerung an das Gelangen des Kraftomnibusses in das Inland (§ 13 Abs. 1 Nr. 1 lit. c) UStG). Das zeigt, dass die in § 13 UStG aufgeführten Merkmale für die Entstehung der Steuer willkürlich gewählt sind, um eine möglichst einfache Erhebung der Umsatzsteuer zu gewährleisten. Bei einem Bauwerk,

254 So aber *Nieskens*, in: Rau/Dürrwächter, UStG, 146. Lfg., April 2011, § 13 Rn. 62; *Stadie*, UStG, 2009, § 13 Rn. 13 f.

das aus einer Vielzahl einzelner Lieferungen besteht, wäre eine einfache Handhabung der Besteuerung gar nicht möglich, wenn für die einzelnen Teilleistungen keine gesonderten Rechnungen gestellt oder Entgelte vereinnahmt werden. Nur durch die Entgeltberechnung oder -vereinnahmung kann die Bemessungsgrundlage der Steuer ermittelt werden. Aufgrund dieser unterschiedlichen Regelungsgehalte ist daher anzunehmen, dass die Ausführung einer Leistung im Sinne des § 13 Abs. 1 Nr. 1 lit. a) UStG nicht deckungsgleich mit der Ausführung der Leistung im Sinne des § 1 Abs. 1 Nr. 1 i. V. m. § 3 Abs. 1 UStG ist. Eine aus mehreren Teilleistungen bestehende Werkleistung ist von dem Werkunternehmer vielmehr erst dann gemäß § 13 Abs. 1 Nr. 1 lit. a) S. 1 UStG ausgeführt, wenn der gesamte Inhalt des Werkvertrags erfüllt ist. Das ist der Fall, wenn das Werk vollständig errichtet ist. Nicht ausgeschlossen wird dadurch, dass zur Fertigstellung des Werks fortlaufend einzelne Lieferungen erbracht werden. Gerät das Bauwerk ins Stocken und ist nicht absehbar, ob eine Vollendung in Betracht kommt, stellt sich zwar nach der hier vertretenen Auffassung die Frage, wann die Steuer entsteht. Der Zeitpunkt des endgültigen Abbruchs des Bauwerks lässt sich nicht immer gleich erkennen. Dasselbe Problem ergibt sich bezüglich des Zeitpunkts der Lieferung auch für die Ansicht, die ein Auseinanderfallen von Lieferung und Verschaffung der Verfügungsmacht annimmt.[255] Folgt man der hier vertretenen Ansicht, betrifft die Unsicherheit aber lediglich die Frage der Steuerentstehung und nicht die Frage der Begründetheit der Steuer. Insolvenzrechtlich ist der Entstehungszeitpunkt aber unbedeutend, sodass die hier vertretene Auffassung eine zuverlässige Ermittlung des Begründetheitszeitpunkts ermöglicht.

c) Zwischenergebnis – Lieferung des teilfertigen Werks bei Insolvenzeröffnung

Es ist daher festzuhalten, dass dem Grundstückseigentümer *bei der Eröffnung des Insolvenzverfahrens* das teilfertige Werk bereits in dem Zustand, wie es sich darstellt, geliefert worden ist. Die spätere Ausübung oder Nichtausübung des Erfüllungswahlrechts durch den Insolvenzverwalter hat auf die erfolgte Lieferung keine Auswirkung mehr. Die Umsatz-

---

255 Vgl. D. II. 1. b) cc) (1), Seite 95.

steuer aus der Lieferung des Teilwerks ist vor Insolvenzeröffnung begründet und als Insolvenzforderung gemäß § 38 InsO einzuordnen.[256]

d) Prüfung des Ergebnisses auf seine Übereinstimmung mit dem Leistungsfähigkeitsprinzip

Dieses Ergebnis stimmt mit dem Prinzip der Besteuerung nach der Leistungsfähigkeit insoweit überein, als nach Verfahrenseröffnung auf den vorinsolvenzlich geleisteten teilfertigen Bau keine Zahlungen des Bestellers geleistet werden. Stehen der Insolvenzmasse gegen den Besteller aus den vor Insolvenzeröffnung geleisteten Arbeiten aber noch Werklohnansprüche zu und werden diese zur Insolvenzmasse realisiert, so erfährt der Leistungsfähigkeitsindikator *Einkommen* eine positive Veränderung. Die Leistungsfähigkeit der Insolvenzmasse wird im konkreten Fall durch den Zufluss an Zahlungsmitteln erhöht. Dennoch bliebe es aufgrund des insolvenzrechtlichen Befunds bei der Begründetheit der Umsatzsteuerforderung des Fiskus vor Verfahrenseröffnung. Die Insolvenzmasse hat ihre Leistungsfähigkeit durch die vor Insolvenzeröffnung erfolgte Lieferung des teilfertigen Werks abstrakt zum Ausdruck gebracht. Der Steuergläubiger hätte daher nur eine quotale Befriedigung seines Anspruchs zu erwarten, wenn nicht die Steuerschuldnerschaft unter den Voraussetzungen des § 13 Abs. 1 Nr. 4, Abs. 2 S. 2 UStG ausnahmsweise auf den Besteller übergeht. Es besteht daher eine Diskrepanz zwischen der insolvenzrechtlichen Einordnung der Umsatzsteuer und der Leistungsfähigkeit der Insolvenzmasse. Denn die konkrete Auswirkung der vor Insolvenzeröffnung gezeigten Leistungsfähigkeit tritt erst im eröffneten Verfahren ein, wenn das Entgelt für die Leistung zur Insolvenzmasse vereinnahmt wird. Eine Rechtfertigung dieser Diskrepanz ist nicht ersichtlich. Die Besserstellung der Insolvenzmasse im Gegensatz zu anderen Steuerpflichtigen durch die nur quotale Heranziehung zur Steuerzahlung bedarf einer Korrektur. Die Umsatzsteuer auf die Lieferung eines teilfertigen Werks bei Insolvenzeröffnung ist entgegen der nach dem Gesetzeswortlaut vorinsolvenzlichen Begründetheit insoweit als Masseverbind-

256 Im Ergebnis übereinstimmend: *Reiß*, in: Reiß/Kraeusel/Langer (Hrsg.), Umsatzsteuergesetz, 91. Lfg., Juli 2011, § 13 Rn. 92; *Onusseit*, in: Festschrift für Kirchhof, S. 384; FG Düsseldorf, Urt. v. 14.09.1976, III 5/76 UM, EFG 1977, 45 (47).

lichkeit zu behandeln, als sie in einem nach Verfahrenseröffnung vereinnahmten Entgelt für diese Leistung enthalten ist.

Eine Literaturansicht kommt mit einer abweichenden Argumentation ebenfalls zu dem hier vertretenen Ergebnis. Sie geht davon aus, dass die Umsatzsteuer in jedem Fall erst dann insolvenzrechtlich begründet sei, wenn das Entgelt vereinnahmt worden ist.[257] Die Vereinnahmung des Entgelts ist nach dieser Ansicht Bestandteil des die Besteuerung bildenden Tatbestands. Gefolgert wird dies aus dem Wortlaut *„gegen Entgelt“* in § 1 Abs. 1 Nr. 1 UStG. Dieser Argumentation ist, obwohl sie *im Ergebnis* mit der hier vertretenen Auffassung übereinstimmt, nicht zu folgen. Die Erweiterung des Tatbestands der umsatzsteuerlichen Lieferung um das Merkmal der Entgeltvereinnahmung überschreitet den möglichen Wortsinn des Gesetzes und damit auch die Grenze der Auslegung.[258] Die Entgeltvereinnahmung ist nicht Tatbestandsmerkmal des § 1 Abs. 1 Nr. 1 UStG. Die Norm verlangt eine Leistung *gegen* Entgelt. Nicht aber die Vereinnahmung, sondern bereits die *Vereinbarung* einer Gegenleistung macht die Leistung zu einer Entgeltlichen.[259] Der Tatbestand des § 1 Abs. 1 Nr. 1 UStG ist folglich bereits dann erfüllt, wenn eine Leistung ausgeführt worden ist, *um* ein Entgelt zu erhalten. Der Anspruch des Fiskus auf bevorzugte Befriedigung hinsichtlich der in dem vereinnahmten Entgelt enthaltenen Umsatzsteuer kann sich daher nach der hier vertretenen Auffassung ausschließlich aufgrund einer am Leistungsfähigkeitsprinzip orientierten teleologischen Korrektur des Gesetzes ergeben.

2. Die Werklieferung beweglicher Gegenstände und Werklieferungen an unbeweglichen Gegenständen, die nicht im Eigentum des Bestellers stehen

Handelt es sich bei dem Gegenstand der Werklieferung um eine bewegliche Sache oder wird die Werklieferung an einem unbeweglichen Gegenstand erbracht, der nicht im Eigentum des Bestellers steht, ergibt sich

257 *Stadie*, in: Rau/Dürrwächter, UStG, 146. Lfg., April 2011, § 18 Rn. 830 ff.; *ders.*, UStG, 2009, § 13c Rn. 28.

258 Vgl. zum möglichen Wortsinn als Grenze der Auslegung *Canaris*, Lücken, 2. Aufl., 1983, S. 22 f.

259 Vgl. zu den Einzelheiten die Ausführungen unter C. I. 3. b) cc), Seite 51 ff.

eine abweichende Rechtsfolge. Anders als bei der Werklieferung an einem Grundstück des Bestellers erlangt dieser die Verfügungsmacht in diesen Fällen erst mit der Übergabe durch den Werkunternehmer. Vor Insolvenzeröffnung hat der Besteller beim beiderseits nicht vollständig erfüllten Vertrag regelmäßig noch nichts erlangt. Eine Lieferung liegt unstrittig erst dann vor, wenn der Insolvenzverwalter entweder nach Erfüllungswahl das fertiggestellte oder ohne Erfüllungswahl das teilfertige Werk an den dies annehmenden Besteller übergibt.[260] Die aus der Leistung resultierende Umsatzsteuer ist dann nach Insolvenzeröffnung begründet und stellt eine Masseverbindlichkeit dar (§ 55 Abs. 1 Nr. 1 InsO).

Soweit der Insolvenzmasse der Verwertungserlös zufließt, wird dieses Ergebnis durch das Leistungsfähigkeitsprinzip gestützt. Das gilt auch dann, wenn an dem Werk Sicherungsrechte Dritter bestehen. In diesem Fall ist zwar der Verwertungserlös gemäß § 170 Abs. 1 S. 2 InsO an den Sicherungsgläubiger abzusondern. Der Insolvenzmasse verbleiben aber die gesetzlichen Verfahrenskostenbeiträge gemäß §§ 170 Abs. 1 S. 1, 171 Abs. 1, Abs. 2 InsO sowie die aus der Verwertung resultierende Umsatzsteuer gemäß § 171 Abs. 2 S. 3 InsO. Wurden jedoch bereits vor Verfahrenseröffnungen Anzahlungen des Bestellers geleistet, hat die Insolvenzmasse nur die Zahlung des noch ausstehenden Restwerklohns zu erwarten. Die Umsatzsteuer aus der Anzahlung ist aber aufgrund der nach Verfahrenseröffnung erbrachten Leistung eine Masseverbindlichkeit. Die Mindest-Ist-Besteuerung gemäß § 13 Abs. 1 Nr 1 lit. a) S. 4 UStG normiert zwar das Entstehen der Steuer im Zeitpunkt der Vereinnahmung der Anzahlung. Die insolvenzrechtliche Begründetheit richtet sich gleichwohl nach dem Besteuerungstatbestand, der gemäß § 1 Abs. 1 Nr. 1 UStG in der Ausführung der Leistung besteht.[261] § 13 Abs. 1 Nr. 1 lit. a) S. 4 UStG ist kein selbständiger Besteuerungstatbestand.[262] Das ergibt sich zunächst aus seiner systematischen Stellung als ergänzende Regelung zum Entstehen der Steuer aus Leistungen. Zum anderen ist

260 Vgl. *Frotscher*, Besteuerung bei Insolvenz, 7. Aufl., 2010, S. 238.

261 *Frotscher*, Besteuerung bei Insolvenz, 7. Aufl., 2010, S. 203; *Dißars*, in: Schwarz (Hrsg.), AO, zu § 251 Rn. 116, 144. Lfg., Juni 2011; a. A. *Onusseit*, Umsatzsteuer im Konkurs, 1988, S. 91.

262 A. A. BFH, Urt. v. 21.06.2001, V R 68/00, EFG 2000, 1421; *Zeuner*, in: Bunjes/Geist, UStG, 9. Aufl., 2009, § 13 Rn. 20.

dies aus dem Zweck der Vorschrift zu schließen. § 13 Abs. 1 Nr. 1 lit. a) S. 4 UStG stellt vor dem Hintergrund der §§ 14 Abs. 5, 15 Abs. 1 Nr. 1 S. 3 UStG das Umsatzsteueraufkommen sicher, indem er die Vorsteuerabzugsberechtigung des Leistungsempfängers mit der Steuerzahlungspflicht des Leistenden in einen zeitlichen Gleichlauf bringt.[263] Der Leistungsempfänger ist bereits vor der Leistungserbringung zum Vorsteuerabzug berechtigt, wenn er eine Anzahlung geleistet hat und darüber eine Rechnung vorliegt (§ 15 Abs. 1 Nr. 1 S. 3 UStG). Wäre der zur Leistung verpflichtete Unternehmer erst mit der Ausführung der Leistung zur Zahlung der Umsatzsteuer verpflichtet, könnte das zeitliche Auseinanderfallen von Vorsteuerabzug und Umsatzsteuerentstehung einen Ausfall des Steuergläubigers zur Folge haben.

Es ist damit festzuhalten, dass trotz der vor Insolvenzeröffnung vereinnahmten Entgelte die Umsatzsteuer in vollem Umfang als Masseverbindlichkeit zu behandeln ist, wenn die Leistung im eröffneten Verfahren erbracht wird. Der zu erwartende Restwerklohn reicht im ungünstigen Fall nicht zur Begleichung der Steuerschuld aus. Dieses insolvenzrechtliche Ergebnis bedarf vor dem Hintergrund der Besteuerung nach der wirtschaftlichen Leistungsfähigkeit einer Korrektur. Die in der Leistungserbringung abstrakt zum Ausdruck gekommene Leistungsfähigkeit der Insolvenzmasse konkretisiert sich nur dann im Insolvenzverfahren, wenn tatsächlich noch ein Entgelt vereinnahmt werden kann. Im Rahmen der teleologischen Korrektur des Begründetheitsbegriffs ist auf die Konkretisierung der Leistungsfähigkeit abzustellen. Die Umsatzsteuer ist daher nur insoweit als Masseverbindlichkeit einzustufen, als durch die Vereinnahmung des Entgelts nach Insolvenzeröffnung eine konkrete Auswirkung auf den Leistungsfähigkeitsindikator *Einkommen* zu verzeichnen ist.

3. Die Werkleistung

Die Werkleistung ist ein Sonderfall der sonstigen Leistung gemäß § 3 Abs. 9 UStG. Sie liegt e contrario § 3 Abs. 4 S. 1 UStG vor, wenn der Werkunternehmer die Be- oder Verarbeitung eines Gegenstands übernommen hat, ohne hierfür selbst beschaffte Hauptstoffe zu verwenden.

263 *Stadie*, UStG, 2009, § 13 Rn. 30; *Nieskens*, in: Rau/Dürrwächter, UStG, 146. Lfg., April 2011, § 13 Rn. 155.

Werkleistungen gelten als in dem Zeitpunkt erbracht, in dem dem Besteller der wirtschaftliche Vorteil der Leistung zugewendet worden ist.[264] Wie bei der Werklieferung einer beweglichen Sache und der Werklieferung an einem nicht dem Besteller gehörenden unbeweglichen Gegenstand ist auch die Werkleistung dann im Sinne des § 13 Abs. 1 Nr. 1 lit. a) UStG ausgeführt, wenn das Werk fertiggestellt worden ist. Bleibt eine Fertigstellung aus, ist die Werkleistung erst dann ausgeführt, wenn der Besteller das teilfertige Werk akzeptiert. Die Leistung ist damit *nach Insolvenzeröffnung* ausgeführt worden, wenn der Insolvenzverwalter die Vertragserfüllung wählt und das Werk fertigstellt oder mit dem Besteller eine Einigung über die Abnahme des teilfertigen Werks erzielt. In beiden Fällen ist die Umsatzsteuer aus der Werkleistung nach Insolvenzeröffnung begründet und stellt eine Masseverbindlichkeit dar (§ 55 Abs. 1 Nr. 1 InsO). Dieses insolvenzrechtliche Ergebnis steht wiederum insoweit im Einklang mit dem Prinzip der Besteuerung nach der Leistungsfähigkeit, als nicht vor Insolvenzeröffnung Anzahlungen auf das Werk vereinnahmt worden sind. Andernfalls ist auch hier eine Korrektur der insolvenzrechtlichen Einordnung der Umsatzsteuer vorzunehmen. Diese ist nur insoweit als Masseverbindlichkeit zu behandeln, als sie in dem nach Insolvenzeröffnung vereinnahmten Restwerklohn enthalten ist.

III. Die insolvenzrechtliche Begründetheit der Vorsteuerberichtigung gemäß § 15a Abs. 1 UStG

1. Die Gefahr der Belastung der Insolvenzmasse durch Vorsteuerberichtigungsansprüche gemäß § 15a Abs. 1 UStG

Durch die Veräußerung von Wirtschaftsgütern des Anlagevermögens eines Insolvenzschuldners kann sich für die Insolvenzmasse die Gefahr einer Vorsteuerberichtigung gemäß § 15a Abs. 1 UStG ergeben. Voraussetzung dafür ist, dass bei der Anschaffung oder der Herstellung der Wirtschaftsgüter ein Vorsteuerabzug gemäß § 15 Abs. 1 UStG in Anspruch genommen worden ist und die Veräußerung innerhalb des gesetzlich definierten Berichtigungszeitraums oder einer kürzeren betriebsgewöhnlichen Nutzungsdauer (§ 15a Abs. 5 S. 2 UStG) erfolgt. Die Berichti-

264 *Lippross*, Umsatzsteuer, 22. Aufl., 2008, S. 193.

gung ist auch für nachträgliche Anschaffungs- oder Herstellungskosten vorzunehmen (§ 15a Abs. 6 UStG). Zu untersuchen ist, wann der die Vorsteuerberichtigung begründende Tatbestand des § 15a Abs. 1 UStG bei einer Veräußerung durch den Insolvenzverwalter erfüllt ist und ob unter Berücksichtigung des Leistungsfähigkeitsprinzips gegebenenfalls eine Korrektur des gefundenen Ergebnisses erfolgen muss.

2. Die Ermittlung des steuerbegründenden Tatbestands des § 15a Abs. 1 UStG

a) Die Änderung der wirtschaftlichen Verhältnisse durch Veräußerung

Die Vorsteuerberichtigung nach § 15a Abs. 1 UStG ist vorzunehmen, wenn sich die für den Vorsteuerabzug maßgeblichen Verhältnisse innerhalb des Berichtigungszeitraums geändert haben. Der Änderung der Verhältnisse gleichgestellt ist gemäß § 15a Abs. 8 UStG die steuerfreie Veräußerung des Wirtschaftsguts oder dessen unentgeltliche Lieferung i. S. d. § 3 Abs. 1b UStG. Da die unentgeltliche Lieferung gemäß § 3 Abs. 1b UStG im Regelfall insolvenzzweckwidrig ist und daher nicht in Betracht kommt, liegt der Hauptanwendungsbereich der Vorsteuerberichtigung gemäß § 15a Abs. 1 UStG im Insolvenzverfahren auf den Handlungen zur Verwertung der Insolvenzmasse.

Die Verwertung der Insolvenzmasse erfolgt, von Ausnahmeverwertungen während des Zeitraums der vorläufigen Verwaltung abgesehen, nach Verfahrenseröffnung (§ 159 InsO). Sieht man den steuerbegründenden Tatbestand als durch die Veräußerungshandlung erfüllt an, würde der aus einer Veräußerungshandlung nach Verfahrenseröffnung resultierende Vorsteuerberichtigungsanspruch eine Masseverbindlichkeit darstellen.[265] Diese Sichtweise setzt voraus, dass man § 15a Abs. 1 UStG als eigenständigen Steuertatbestand ansieht, der erst mit der Veräußerung des

265 So BFH, Urt. v. 09.04.1987, V R 23/80, BStBl. II 1987, 527; BFH, Urt. v. 09.02.2011, XI R 35/09, ZInsO 2011, 1217; *Hans-Joachim Bülow*, in: Vogel, Alfred/Schwarz, Bernhard (Hrsg.), Umsatzsteuergesetz (Kommentar), Freiburg i. Br., 154. Lfg., Stand Juni 2011, § 15a Rn. 13; *Eberhard Weiß*, Anmerkung zu BFH, Urt. v. 13.11.1986, V R 59/79, UR 1987, 40.

Wirtschaftsguts abgeschlossen ist. Weite Teile der Literatur hingegen sehen den Rechtsgrund für die Berichtigung des Vorsteuerabzugs bereits im Zeitpunkt der Anschaffung oder Herstellung des Wirtschaftsguts durch den Schuldner, d. h. vor Insolvenzeröffnung gelegt. Es handele sich um einen im Zeitpunkt des Vorsteuerabzugs begründeten, durch die Änderung der wirtschaftlichen Verhältnisse aufschiebend bedingten Rückforderungsanspruch.[266] Im Kern geht es um die Frage, ob § 15a UStG einen selbständigen Besteuerungstatbestand darstellt oder lediglich deklaratorisch die Rechtsfolgen einer späteren Änderung der für den Vorsteuerabzug maßgeblichen Verhältnisse erläutert.

b) Die Auslegung des § 15a Abs. 1 UStG

aa) Die Auslegung des Wortlauts

Zunächst ist festzustellen, dass § 15a Abs. 1 UStG eigene Tatbestandsvoraussetzungen aufstellt. Verlangt wird die Änderung der wirtschaftlichen Verhältnisse eines mehrmalig zur Ausführung von Umsätzen verwendbaren Wirtschaftsguts innerhalb des Berichtigungszeitraums. Dass das Wirtschaftsgut zuvor gemäß § 15 Abs. 1 UStG für das Unternehmen des Schuldners angeschafft oder hergestellt und dafür ein Vorsteuerabzug erfolgt sein muss, ist daneben eine weitere, aber nicht die einzige Voraussetzung eines Berichtigungsanspruchs des Fiskus. Die Formulierung der Rechtsfolge als *„Ausgleich"* bringt zum Ausdruck, dass nicht der frühere Vorsteuerabzug aberkannt wird, sondern ein eigener Steuertatbestand vorliegt, mittels dessen der ursprünglich berechtigte Vorsteuerabzug aufgrund neu eingetretener Umstände wirtschaftlich neutralisiert werden soll. Dass daneben auch von einer *„Berichtigung des Abzugs"* gesprochen wird, ist missverständlich und könnte so aufgefasst werden, dass die Vorsteuerberichtigung doch kein selbständiger Steuertatbestand ist. Diese Formulierung gibt aber nur das wirtschaftliche Ergebnis wieder und ist nicht dahingehend auszulegen, dass § 15a UStG nur ein unselbständiger Zusatz zu der Regelung des Vorsteuerabzugs in § 15 UStG

266 *Frotscher*, Besteuerung bei Insolvenz, 7. Aufl., 2010, S. 226; *Holger Stadie*, Das Recht des Vorsteuerabzugs, Köln, 1989, S. 287; *Onusseit*, Umsatzsteuer im Konkurs, 1988, S. 214; ders., Vorsteuerrückforderungsansprüche im Konkurs, BB 1988, 674 (677); *Dißars*, in: Schwarz (Hrsg.), AO, 144. Lfg., Juni 2011, § 251 Rn. 126.

sein soll.[267] Der Wortlaut der Norm spricht demnach dafür, dass es sich bei § 15a Abs. 1 UStG um einen selbständigen Besteuerungstatbestand handelt, dessen eigene Tatbestandvoraussetzungen erfüllt sein müssen.

bb) Die Auslegung anhand der Gesetzessystematik

Gesetzessystematisch wird § 15a UStG zutreffend als Ergänzung zu § 15 UStG angesehen.[268] Diese Feststellung bedeutet für sich genommen allerdings nicht, dass die Norm nur ein unselbständiger Zusatz wäre. Aus dem Prinzip des Sofortabzugs der Vorsteuer in § 15 Abs. 1 UStG ergibt sich vielmehr die Notwendigkeit eines späteren Ausgleichs. Gleichwohl könnte man aus der systematischen Stellung schließen, dass § 15a UStG nur ein Annex zu § 15 UStG ist.

cc) Die teleologische Auslegung

Allerdings spricht die Zweckrichtung des § 15a UStG ebenso wie der Wortlaut dafür, dass es sich um einen selbständigen Steuertatbestand handelt. Die Vorschrift regelt ihrem Zweck nach nicht nur das „*Wie*" der Berichtigung, sondern vor allem das „*Ob*". Dem wird entgegnet, dass nicht die von dem Insolvenzverwalter getätigte Veräußerungshandlung besteuert werde. Diese sei nur der äußere Anlass. Eigentlicher Gegenstand der Besteuerung sei aber der von dem Schuldner vor Insolvenzeröffnung gestaltete Vorgang, der den ursprünglichen Anlass für die Berichtigung darstelle. Es gehe folglich nur um die Änderung der Besteuerung des Anschaffungsvorgangs. Materiell-rechtlich solle der Erwerb oder die Herstellung des Wirtschaftsguts und der dafür in Anspruch genommene Vorsteuerabzug maßgeblich sein, sodass die Veräußerung kein neuer, umsatzsteuerbarer Vorgang sei.[269] Diese Ansicht verkennt das Wesen des Vorsteuerabzugs. Während § 15 UStG die Frage betrifft, unter welchen Voraussetzungen der Vorsteuerabzug zulässig ist, dient die Ausgleichsmöglichkeit des § 15a UStG dazu, einen zu Recht in Anspruch ge-

---

267 So aber *Onusseit*, Umsatzsteuer im Konkurs, 1988, S. 215.

268 *Hans-Dieter Rondorf*, in: Hartmann/Metzenmacher, UStG, Lfg. 05/11, Juni 2011, E § 15a Rn. 1; *Bülow*, in: Vogel/Schwarz, UStG, 154. Lfg., Juni 2011, § 15a Rn. 1; *Lippross*, Umsatzsteuer, 22. Aufl., 2008, S. 879.

269 *Frotscher*, Besteuerung bei Insolvenz, 7. Aufl., 2010, S. 196, 226; *Onusseit*, Umsatzsteuer im Konkurs, 1988, S. 214.

nommenen Abzug bei einer Änderung der Verhältnisse zeitanteilig zu neutralisieren. Der Vorsteuerabzug wird von § 15 Abs. 1 UStG im Jahr der Anschaffung oder Herstellung in voller Höhe gewährt. Es handelt sich um einen Sofortabzug und nicht um einen schrittweisen Abzug nach Zeitabschnitten.[270] Die Gewährung des Vorsteuerabzugs erfolgt auch nicht unter dem Vorbehalt, dass die Verwendungsart des Wirtschaftsguts unverändert bleibt.[271] Der Vorsteuerabzug verlangt ausschließlich das Vorliegen der in § 15 Abs. 1 UStG niedergelegten Voraussetzungen und ist im Übrigen unbedingt. Insbesondere ist der Abzug nicht an eine gleichbleibende Verwendungsart gekoppelt. Die Vorsteuer kann nämlich auch dann in voller Höhe abgezogen werden, wenn bereits feststeht, dass das Wirtschaftsgut innerhalb des Berichtigungszeitraums einer anderen Verwendungsart zugeführt wird. Da dieser unbedingte Abzug dann zu nicht gerechtfertigten Ergebnissen führt, wenn sich die für den Vorsteuerabzug maßgeblichen Verhältnisse ändern, bedarf es einer nachträglichen Ausgleichsmöglichkeit. Diesem nachträglichen Ausgleich dient § 15a Abs. 1 UStG, indem er den einmal gewährten Vorsteuerabzug einer wirtschaftlichen Korrektur unterzieht. Die wirtschaftliche Wirkung des § 15a Abs. 1 UStG ist natürlich, dass der früher gewährte Vorsteuerabzug ausgeglichen, quasi rückgängig gemacht wird. Rechtlich handelt es sich aber um einen eigenen Anspruch des Fiskus auf Erstattung einer gezahlten Steuervergütung. Der Berichtigungsbetrag ist im Ergebnis eine eigene Steuer.[272] Der eigenständige Zweck des § 15a UStG kommt auch dadurch zum Ausdruck, dass eine Berichtigung des Vorsteuerabzugs selbst dann vorzunehmen ist, wenn die Beurteilung des ursprünglich geltend gemachten Vorsteuerabzugs unzutreffend war.[273] Entscheidend ist also nicht, dass die Voraussetzungen des § 15 UStG erfüllt waren. Abzustellen ist allein darauf, dass ein Vorsteuerabzug geltend gemacht worden ist.

---

270 *Rondorf*, in: Hartmann/Metzenmacher, UStG, Lfg. 05/11, Juni 2011, E § 15a Rn. 1; *Bülow*, in: Vogel/Schwarz, UStG, 154. Lfg., Juni 2011, § 15a Rn. 1; *Stadie*, Das Recht des Vorsteuerabugs, 1989, S. 223.

271 So aber *Onusseit/Kunz*, Steuern in der Insolvenz, 2. Aufl., 1997, Rn. 471.

272 *Bülow*, in: Vogel/Schwarz, UStG, 154. Lfg., Juni 2011, § 15a Rn. 11.

273 BFH, Urt. v. 16.12.1993, V R 56/91, BB 1994, 1919; einschränkend *Werner Wenzel*, in: Rau/Dürrwächter, UStG, 146. Lfg., April 2011, § 15a Rn. 141.

dd) Die historische Auslegung

Die Gesetzeshistorie stützt die Auffassung von der Eigenständigkeit des § 15a UStG. Bereits § 15 Abs. 7 UStG 1967 hat eine selbständige Berichtigungsvorschrift für Gegenstände des Anlagevermögens enthalten, die sich aber gemäß § 27 Abs. 1 UStG 1967 nicht mehr auf Wirtschaftsgüter erstreckt hat, die nach dem 08.05.1973 erstmalig zur Ausführung von Umsätzen verwendet wurden. Da aber die Notwendigkeit einer solchen Korrekturmöglichkeit erkannt worden war, wurde § 15a UStG durch das Steueränderungsgesetz 73 vom 26.06.1973[274] in das Gesetz eingefügt.

ee) Ergebnis der Auslegung

Die Auslegung des § 15a Abs. 1 UStG hat zum Ergebnis, dass es sich um einen gegenüber dem ursprünglichen Vorsteuerabzug eigenständigen Besteuerungstatbestand handelt. Der Anspruch des Finanzamts auf Ausgleich der im Wege des Vorsteuerabzugs gezahlten Steuervergütung ist im Zeitpunkt der Änderung der wirtschaftlichen Verhältnisse insolvenzrechtlich begründet.

Als Änderung der Verhältnisse könnte einerseits eine umsatzsteuerfreie Veräußerung durch den Insolvenzverwalter, andererseits aber auch die Insolvenzeröffnung selbst in Betracht kommen. Mit der Insolvenzeröffnung geht die Verfügungsbefugnis über das zur Insolvenzmasse gehörende Vermögen auf den Insolvenzverwalter über (§ 80 Abs. 1 InsO), sodass ein Ausscheiden der Wirtschaftsgüter aus dem steuerlichen Nexus angenommen werden könnte. Der Vorsteuerberichtigungsanspruch wäre dann mit Insolvenzeröffnung begründet und folglich den Insolvenzforderungen zuzuordnen. Diese Argumentation lässt allerdings unberücksichtigt, dass der Übergang der Verfügungsbefugnis auf die Rechtsinhaberschaft keine Auswirkung hat. Der Insolvenzschuldner bleibt Eigentümer und zumindest mittelbarer Besitzer.[275] Die Verfügungsbefugnis des Insolvenzverwalters gemäß § 80 Abs. 1 InsO ist daher nicht gleichbedeutend mit der wirtschaftlichen Verfügungsmacht i. S. d. § 3 Abs. 1 UStG. Eine Änderung der wirtschaftlichen Verhältnisse durch einen Rechtsüber-

---

274 BGBl. I 1973, 676.

275 *Michael Kuleisa*, in: Hamburger Kommentar zum Insolvenzrecht, 3. Aufl., 2009, § 80 Rn. 23 m. w. N.

gang kann daher ausgeschlossen werden. Denkbar wäre allenfalls eine Änderung von Verhältnissen aufgrund der Überführung von Wirtschaftsgütern aus dem steuerlichen Betriebs- in das Privatvermögen. Jedenfalls bei einer juristischen Person als Insolvenzschuldner kann auch diese Alternative ausgeschlossen werden. Ein steuerliches Privatvermögen ist hier nicht denkbar. Aber selbst im Insolvenzverfahren über das Vermögen einer natürlichen Person hat die Insolvenzeröffnung keine Überführung von Wirtschaftsgütern des Betriebsvermögens in das Privatvermögen des Schuldners zur Folge. Selbst im Falle einer sofortigen Stillegung des Unternehmens des Schuldners durch den Verwalter im Eröffnungszeitpunkt liegt noch keine Entnahme von Wirtschaftsgütern zu Zwecken außerhalb des Unternehmens vor. Die Wirtschaftgüter bleiben bis zu ihrer Verwertung bzw. ihrer tatsächlichen Entnahme aus dem Betriebsvermögen steuerverstrickt. Es liegt lediglich eine Verwendungspause vor, die für sich allein genommen keine Änderung der wirtschaftlichen Verhältnisse begründet.[276]

Es ist folglich festzuhalten, dass eine Änderung der wirtschaftlichen Verhältnisse i. S. d. § 15a Abs. 1 UStG im Insolvenzverfahren erst in dem Zeitpunkt eintritt, in dem der Insolvenzverwalter durch eine Rechtshandlung die Änderung herbeiführt. Im Fall der Veräußerung des Wirtschaftsguts tritt eine Änderung der wirtschaftlichen Verhältnisse demnach mit der steuerfreien Veräußerung durch den Insolvenzverwalter ein. Der aus der Veräußerung resultierende Vorsteuerberichtigungsanspruch stellt daher eine Masseverbindlichkeit dar.

ff) Die grundsätzliche Übereinstimmung des Ergebnisses mit den insolvenzrechtlichen Wertungen

Gegen dieses Ergebnis wird eingewendet, dass es gegen grundsätzliche insolvenzrechtliche Wertungen verstoße. Nur durch den Insolvenzverwalter neu geschaffene Rechtsbeziehungen könnten zu Masseverbindlichkeiten führen. Dazu seien nicht die Handlungen zu zählen, die der Insolvenzverwalter im Zusammenhang mit der Abwicklung der von dem Schuldner vor Verfahrenseröffnung geschaffenen Rechtsbeziehungen vornimmt. Demzufolge könne der aus § 15a Abs. 1 UStG resultierende

276 *Lippross*, Umsatzsteuer, 22. Aufl., 2008, S. 891.

Anspruch des Finanzamts keine Masseverbindlichkeit sein, auch wenn die Veräußerungshandlung nach Insolvenzeröffnung erfolgt ist.[277] Diese Auffassung lässt unberücksichtigt, dass Masseverbindlichkeiten auch aus Rechtsbeziehungen entstehen können, die der Schuldner vor Verfahrenseröffnung geschaffen hat. Miet- und Pachtverhältnisse des Schuldners und Dienstverhältnisse bestehen gemäß § 108 Abs. 1 InsO auch nach Insolvenzeröffnung fort. Die Verbindlichkeiten aus diesen Vertragsverhältnissen müssen als Masseverbindlichkeiten gemäß § 55 Abs. 1 Nr. 2 InsO befriedigt werden. Der Insolvenzverwalter kann zwar abweichend von längeren gesetzlichen oder vertraglichen Kündigungsfristen Arbeits- und Mietverträge gemäß § 109 Abs. 1 InsO und § 113 Abs 1 S. 2 InsO mit einer Frist von drei Monaten zum Monatsende kündigen. Dessen ungeachtet muss bis zur Vertragsbeendigung die Erfüllung dieser oktroyierten Verbindlichkeiten aus der Masse erfolgen. Ist die Masseunzulänglichkeit des Insolvenzverfahrens angezeigt worden (§ 208 Abs. 1 InsO), fallen die aufgezwungenen Masseverbindlichkeiten zwar in den Nachrang gemäß § 209 Abs. 1 Nr. 3 InsO. Voraussetzung dafür ist, dass die Kündigung durch den Insolvenzverwalter zum ersten möglichen Kündigungstermin nach der Anzeige der Masseunzulänglichkeit erfolgt und die Gegenleistung für die Masse nicht in Anspruch genommen worden ist (§ 209 Abs. 2 Nr. 2 und Nr. 3 InsO). Gleichwohl bleiben die Verbindlichkeiten solche der Masse. Erst recht ist ein durch eine Veräußerungshandlung des Insolvenzverwalters ausgelöster Vorsteuerberichtigungsanspruch nach Insolvenzeröffnung begründet und daher grundsätzlich als Masseverbindlichkeit zu qualifizieren. Die hier vertretene Auslegung des § 15a Abs. 1 UStG steht daher im Einklang mit den Wertungen des Insolvenzrechts.

3. Die Überprüfung des Ergebnisses unter Berücksichtigung des Leistungsfähigkeitsprinzips

Die Auslegung des Umsatzsteuergesetzes hat zum Ergebnis, dass der Vorsteuerberichtigungsanspruch aus Verwertungshandlungen des Insolvenzverwalters grundsätzlich eine Masseverbindlichkeit darstellt. Ob dieses Ergebnis unter Berücksichtigung des Prinzips der Besteuerung nach

277 *Frotscher*, Besteuerung bei Insolvenz, 7. Aufl., 2010, S. 224 f.

der wirtschaftlichen Leistungsfähigkeit einer Korrektur bedarf, d. h. ob die uneingeschränkte Inanspruchnahme der Insolvenzmasse zur Finanzierung der Staatsaufgaben gerechtfertigt ist, ist Gegenstand der weiteren Erörterung. Zunächst ist zu prüfen, auf welche Weise sich die wirtschaftliche Leistungsfähigkeit im Bereich der Berichtigung eines Vorsteuerabzugs gemäß § 15 Abs. 1 UStG ausdrückt. In einem weiteren Schritt ist zu klären, ob diese Leistungsfähigkeit im Insolvenzverfahren in irgendeiner Art fortwirkt.

a) Der typisierte Ausdruck der Leistungsfähigkeit im Rahmen des § 15a UStG

Der Verwertungserlös allein führt *nicht* zu einer erhöhten wirtschaftlichen Leistungsfähigkeit, die die Einordnung des Steueranspruchs rechtfertigen könnte. Der Erlös aus der Verwertung fließt der Insolvenzmasse unabhängig davon zu, ob für das veräußerte Wirtschaftsgut ursprünglich ein Vorsteuerabzug gewährt worden ist oder nicht. Die Berichtigungsvorschrift des § 15a Abs. 1 UStG trägt dem Leistungsfähigkeitsprinzip vielmehr in anderer Weise Rechnung. Die in der Vergangenheit gerechtfertigte Erhöhung der wirtschaftlichen Leistungsfähigkeit durch die Minderung der Umsatzsteuer-Zahllast zur Kompensation der im Rahmen eines Eingangsumsatzes gezahlten Umsatzsteuer ist unter Berücksichtigung der geänderten umsatzsteuerlichen Verhältnisse für die verbleibende Zeit des Berichtigungszeitraums nicht mehr gerechtfertigt. Die Entlassung des Wirtschaftsguts aus dem umsatzsteuerlichen Nexus lässt den Unternehmensbezug des ursprünglichen Eingangsumsatzes für den verbleibenden Berichtigungszeitraum entfallen, sodass insoweit ein Akt des konsumtiven Verbrauchs vorliegt. Durch die Berichtigung wird in dem Veranlagungszeitraum der Änderung der wirtschaftlichen Verhältnisse der ursprüngliche Vorsteuerabzug kompensiert. Das Gesetz bewirkt also, dass die im Veranlagungszeitraum des ursprünglichen Vorsteuerabzugs bewirkte Erhöhung der wirtschaftlichen Leistungsfähigkeit durch Nichtbelastung mit Umsatzsteuer *nachträglich* den geänderten wirtschaftlichen Verhältnissen angepasst wird. Auf diese Weise wird eine auf die Dauer des Berichtigungszeitraums verteilte typisierte Berücksichtigung der wirtschaftlichen Leistungsfähigkeit gewährleistet. Ob aber eine konkrete wirtschaftliche Leistungsfähigkeit in dem Zeitpunkt des Eintretens der Berichtigungsvoraussetzungen vorhanden ist, wird nicht berücksichtigt. Das Gesetz legt auch in diesem Zusammenhang eine typisierte Betrachtungsweise zugrunde, die an die nichtunternehmerische Nutzung des Wirtschaftsguts anknüpft.

b) Das Fortwirken der Leistungsfähigkeit im Insolvenzverfahren

aa) Die Notwendigkeit der Ermittlung der Leistungsfähigkeit im konkreten Fall

Im Insolvenzverfahren tritt die Änderung der für den Vorsteuerabzug maßgebenden wirtschaftlichen Verhältnisse regelmäßig durch die Veräußerung von Wirtschaftsgütern im Rahmen der Vermögensverwertung ein. Ausschlaggebend für die ausreichende Berücksichtigung der wirtschaftlichen Leistungsfähigkeit kann im Insolvenzverfahren aber nicht die typisierte Betrachtungsweise des § 15a UStG sein. Es ist stattdessen zu prüfen, ob und in welcher Form eine erhöhte wirtschaftliche Leistungsfähigkeit durch die in der Vergangenheit gerechtfertigte Privilegierung der Verwendung eines Wirtschaftsguts zu Investitionszwecken durch § 15 Abs. 1 UStG (Vorsteuerabzug) in der Insolvenzmasse konkret fortwirkt.

bb) Steuerliche Gestaltungsmöglichkeiten als Ausdruck fortwirkender Leistungsfähigkeit

(1) Der Sofortabzug der Vorsteuer und die Indikatoren wirtschaftlicher Leistungsfähigkeit

Der Vorsteuerabzug korrigiert die Umsatzsteuerbelastung auf den Eingangsumsatz für den zum Vorsteuerabzug berechtigten Unternehmer sofort und in voller Höhe. Die Liquidität des Schuldners wird verbessert, indem eine Umsatzsteuerzahllast vermindert oder ein Vorsteuererstattungsanspruch erhöht worden ist. Seinen wirtschaftlichen Vorteil entfaltet der Vorsteuereffekt nur im Zeitpunkt des Steuerabzugs. Die Leistungsfähigkeit des Unternehmers wird durch die Erhöhung des Faktors *Einkommen* gesteigert. Im Zeitpunkt der Entnahme des Wirtschaftsguts oder der umsatzsteuerfreien Veräußerung ist keine weitere Fortwirkung im Sinne einer erhöhten Liquidität festzustellen. Bezogen auf den Leistungsfähigkeitsindikator *Einkommen* wäre ein konkretes Fortwirken der einmal erhöhten Leistungsfähigkeit also nicht ersichtlich.

Der Begriff der Leistungsfähigkeit ist allerdings nicht gleichzusetzen mit Zahlungsfähigkeit. Wirtschaftliche Leistungsfähigkeit kann sich auch anders ausdrücken als in dem Vorhandensein von Zahlungsmitteln. Als Indikatoren wirtschaftlicher Leistungsfähigkeit kommen im Steuerrecht die drei Größen *Einkommen*, *Vermögen* und *Konsum* in Betracht.[278] Anhand dieser Indikatoren wird die Leistungsfähigkeit nicht nur auf der Ebene der Normsetzung mit ihrer typisierten Betrachtungsweise gemessen. Sie dienen auch bei der Normanwendung im Einzelfall als Richtschnur. Schließlich ist für die Anwendung von Billigkeitsmaßnahmen nach den §§ 163, 227 AO nicht nur entscheidend, dass der Steuerschuldner über keine ausreichenden flüssigen Mittel zur Zahlung der Steuer verfügt. Abzuwägen ist vielmehr die gesamte wirtschaftliche Situation des Steuerschuldners, d. h. seine Vermögenslage und nicht nur die Liquiditätslage. Dem Schuldner ist es grundsätzlich zuzumuten, Vermögensbestandteile zu veräußern, um die für die Steuerzahlung erforderlichen Zahlungsmittel zu generieren.[279]

(2) Die Option des § 9 Abs. 1 UStG als Ausdruck fortwirkender Leistungsfähigkeit

In der *Möglichkeit zum Verzicht auf die Steuerbefreiung* durch die Option zur Umsatzsteuer könnte eine aus dem ursprünglichen Vorsteuerabzug herrührende Fortwirkung der wirtschaftlichen Leistungsfähigkeit über den Zeitpunkt der Insolvenzeröffnung hinaus gesehen werden.

Im Fall der Verwertung des Schuldnervermögens durch den Insolvenzverwalter tritt eine Änderung der wirtschaftlichen Verhältnisse im Sinne des § 15a Abs. 1 UStG auch dann ein, wenn die Veräußerung bei steuerbefreiten Umsätzen ohne Option zur Umsatzsteuer erfolgt (§ 15a Abs. 4 UStG). Der praktisch relevante Fall ist die Veräußerung von Grundbesitz des Schuldners, die aufgrund der Befreiung des § 4 Nr. 9 lit. a) UStG nicht steuerpflichtig ist. Gemäß § 9 Abs. 1 UStG kann bei der Veräußerung durch den Insolvenzverwalter zur Umsatzsteuer optiert werden, wenn die Lieferung an einen Unternehmer i. S. d. § 2

278 *Lang*, in: Tipke/Lang, Steuerrecht, 20. Aufl., 2010, § 4 Rn. 95.

279 BFH, Urt. v. 26.02.1987, IV R 298/84, BStBl. II 1987, 612; *Fritsch*, in: Pahlke/Koenig, AO, 2. Aufl., 2009, § 227 Rn. 33.

Abs. 1 UStG für dessen Unternehmen erfolgt. Die Veräußerung von Grundbesitz stellt keinen der Ausschlussumsätze des § 9 Abs. 2 UStG dar. Eine Berechtigung des Leistungsempfängers zum Vorsteuerabzug setzt die Option daher nicht voraus.

In dem Optionsrecht des § 9 Abs. 1 UStG könnte eine vermögenswerte Position gesehen werden. Die Optionsmöglichkeit könnte dem Leistungsfähigkeitsindikator *Vermögen* zuzurechnen sein. Grundsätzlich führt die bloße Möglichkeit zu einem Erwerb nicht zu einer Erhöhung der wirtschaftlichen Leistungsfähigkeit, die eine Besteuerung rechtfertigen könnte. Nicht die Tatsache, dass ein Steuerpflichtiger die Möglichkeit hat, seine Arbeitskraft zur Erzielung von Einnahmen einzusetzen, erhöht seine wirtschaftliche Kraft. Entscheidend ist grundsätzlich, dass die Arbeitskraft tatsächlich eingesetzt und dadurch Einnahmen erzielt werden. Derjenige, der „*sein Talent, durch Arbeit Erträge zu erzielen, brachliegen lässt*“[280], ist nicht wirtschaftlich leistungsfähig. Gleiches gilt, wenn die Ertragskraft des Vermögens nicht nutzbar gemacht wird, weil beispielsweise Kapitalvermögen nicht verzinslich angelegt wird.[281] Dementsprechend könnte man auch die Optionsmöglichkeit des § 9 Abs. 1 UStG als unbeachtlich für die Leistungsfähigkeit ansehen. Auch hier ließe sich argumentieren, dass die bloße Möglichkeit der Option letztlich nicht zu einer Steigerung der wirtschaftlichen Leistungsfähigkeit führe. Zutreffend daran ist, dass die tatsächliche Ausübung der Option notwendig ist, um zusätzlich zu dem Verkaufspreis die Umsatzsteuer von dem Erwerber fordern zu können. Dennoch stellt das Optionsrecht im Unterschied zu der ungenutzten Erwerbskraft eines Individuums oder zur ungenutzten Ertragskraft von Vermögensgegenständen *bereits durch die bloße Möglichkeit* seiner Ausübung einen Faktor dar, der im konkreten Fall eine Auswirkung auf die Leistungsfähigkeit hat. Die Möglichkeit des Verzichts auf die Umsatzsteuerbefreiung birgt nicht nur eine abstrakte Leistungsfähigkeit, die sich erst zukünftig auswirkt und nach dem Zeitpunkt ihres Anfalls und nach ihrer Höhe noch konkretisieren muss und vielleicht auch gar nicht eintritt. Der Einsatz der Arbeitskraft kann ertraglos bleiben. Erhoffte Dividendeneinkünfte können ausbleiben. Die Vermietung eines Grundstücks kann zum Verlustgeschäft werden. Im Gegensatz dazu ermöglicht es das Options-

280 BVerfG, Beschl. v. 22.06.1995, 2 BvL 37/91, BVerfGE 93, 121 (135).

281 BVerfG, Beschl. v.. 22.06.1995, 2 BvL 37/91, BVerfGE 93, 121 (137).

recht nach § 9 Abs. 1 UStG dem Steuerpflichtigen, das Wirtschaftsgut, für das ein Vorsteuerabzug in Anspruch genommen worden ist, im steuerlichen Nexus zu belassen. Mit § 9 Abs. 1 UStG verfügt der Steuerpflichtige über ein steuerliches Gestaltungsrecht, mittels dessen er auf seine Besteuerung einwirken kann.[282] Ein Vorsteuerberichtigungsanspruch des Finanzamts kann hierdurch vermieden werden. Das Optionsrecht stellt somit einen konkreten Wert dar, der dem drohenden Berichtigungsanspruch im Fall der steuerfreien Veräußerung entspricht. Es beruht letztlich *allein* auf der Entscheidung des Steuerpflichtigen, ob dieser Wert durch die Ausübung der Option realisiert wird.

(3) Keine Entwertung der Option durch gesetzliche Voraussetzungen für deren Ausübung

Dem könnte entgegnet werden, dass die Ausübung der Option im Fall eines Grundstücksverkaufs davon abhängig ist, dass die Veräußerung an einen Unternehmer für dessen Unternehmen erfolgt. Die ausschließliche Entscheidungsgewalt des Insolvenzverwalters könnte daher bezweifelt werden. Es ergibt sich hier aber kein Unterschied im Vergleich zur Veräußerung außerhalb eines Insolvenzverfahrens. Auch dort bleibt es dem Veräußerer überlassen, an welchen Erwerber er verkauft. Die Optionsmöglichkeit wird dadurch nicht grundsätzlich ausgeschlossen. Der Veräußerer muss für eine Option den richtigen Vertragspartner suchen. Für den Insolvenzverwalter gilt dasselbe. Auch er muss im Interesse einer Option zur Umsatzsteuer den richtigen Käufer finden. Veräußert er an einen Nichtunternehmer oder an einen Unternehmer für nichtunternehmerische Zwecke, begibt er sich der Möglichkeit zur Option. Dass für die Ausübung der Option die in § 9 Abs. 1 UStG aufgestellten Voraussetzungen zu beachten sind, widerlegt daher nicht die Annahme, dass es sich um ein Recht handelt, dem ein konkreter Vermögenswert innewohnt. Werden Vermögenswerte freiwillig aufgegeben, bleibt das Steuerschuldverhältnis grundsätzlich unbeeinträchtigt. Der Erhalt der Möglichkeit zur Option ist von dem Insolvenzverwalter bei der Auswahl des Erwerbers daher zwingend zu berücksichtigen.

---

282 BFH, Urt. v. 25.01.1979, V R 53/72, BStBl. II 1979, 394 (395); BFH, Urt. v. 16.05.1984, V R 10/77, BStBl. II 1984, 537 (539); *Eberhard Weiß*, Die Option zur Steuerpflicht bei Illiquidität, UR 1990, 101 (103).

(4) Keine Entwertung der Option durch eine Reduzierung des Nettoerlöses

Da die Optionsmöglichkeit bei dem Verkauf eines Grundstücks nicht voraussetzt, dass der erwerbende Unternehmer steuerpflichtige Umsätze ausführt, kann eine Option zur Umsatzsteuer auch zulasten der Insolvenzmasse gehen. Ist der Erwerber nämlich nicht zum Vorsteuerabzug berechtigt, da er nur Ausschlussumsätze gemäß § 15 Abs. 2 UStG ausführt, belastet ihn die Umsatzsteuer auf den Verkaufspreis. Er wird daher die Erhöhung eines ausgehandelten Kaufpreises durch Aufschlag der Umsatzsteuer nicht hinnehmen. Stattdessen ist die Umsatzsteuer aus dem vereinbarten Kaufpreis, der dann zum Bruttokaufpreis wird, heraus zu rechnen. Im Ergebnis reduziert sich der zugunsten der Insolvenzmasse verbleibende Veräußerungserlös entsprechend. Dieser Umstand spricht aber nicht gegen die Qualifikation des Optionsrechts als Vermögenswert, sondern sagt nur etwas über dessen konkreten Wert im Einzelfall aus. Lässt sich die Umsatzsteuer nicht oder nicht vollständig auf den Erwerber überwälzen, so muss ein Vergleich zwischen dem drohenden Vorsteuerberichtigungsanspruch des Fiskus und der durch eine Option zu erwartenden Minderung des der Masse verbleibenden Verwertungserlöses angestellt werden. Wäre der Vorsteuerberichtigungsanspruch höher als die negative Auswirkung der Option auf den Nettokaufpreis, so hat die Optionsmöglichkeit einen Mehrwert für die Insolvenzmasse. Ist die drohende Vorsteuerberichtigung aber niedriger, dann würde die Option zu keinem Vorteil für die Insolvenzmasse führen. Die Option führt somit in jedem Fall zu einer Vermeidung eines Vorsteuerberichtigungsanspruchs und stellt daher einen Vermögenswert dar. Der Insolvenzverwalter hat aber zu prüfen, ob die Option wirtschaftlich sinnvoll eingesetzt werden kann.

cc) Die insolvenzrechtliche Gestaltungsmöglichkeit der Freigabe aus dem Insolvenzbeschlag

Die Möglichkeit zu einer Umsatzsteueroption kann dem Insolvenzverwalter im Einzelfall aus tatsächlichen oder rechtlichen Gründen verwehrt sein, die seiner Einflussnahme entzogen sind. In diesen Fällen ist zu untersuchen, ob sich in der Möglichkeit der Freigabe aus dem Insolvenzbeschlag eine der Option gleichwertige Gestaltungsmöglichkeit zur Vermeidung einer Vorsteuerberichtigung bietet.

(1) Der faktische Ausschluss der Option bei dinglich belasteten Grundstücken

Ist das zu veräußernde Grundstück wertausschöpfend mit Grundpfandrechten belastet und kommt eine Option zur Steuerpflicht nicht in Betracht, da die zu erwartende Vorsteuerberichtigung weniger stark ausfällt als die negativen Auswirkungen der Option auf den Kaufpreis, droht der Insolvenzmasse die alleinige Belastung. Der Verwertungserlös ist in voller Höhe an den oder die Grundpfandgläubiger auszukehren, ohne dass der Masse die für die Vorsteuerberichtigung benötigten Mittel verbleiben. Verfahrenskostenbeiträge entsprechend § 170 Abs. 1 S. 1 InsO sind bei der Verwertung unbeweglicher Gegenstände nicht vorgesehen. Auch eine dem § 171 Abs. 2 S. 3 InsO entsprechende Regelung, wonach bei einer aus der Verwertung resultierenden Umsatzsteuerbelastung der Umsatzsteuerbetrag der Insolvenzmasse verbleibt, existiert nicht. Auch eine analoge Anwendung der Norm auf die Veräußerung unbeweglicher Gegenstände scheitert mangels einer planwidrigen Regelungslücke, wie sich aus der ausdrücklichen Regelung eines Verfahrenskostenbeitrags für die Verwertung von Grundstückszubehör im Rahmen der Zwangsversteigerung ersehen lässt (§ 10 Abs. 1 Nr. 1a ZVG). Zwar könnte der Insolvenzverwalter auch ohne Abstimmung mit dem Grundpfandgläubiger zur Umsatzsteuer optieren. Eine Gefährdung der Insolvenzmasse durch die Umsatzsteuer besteht dann aufgrund der für alle dem Grunderwerbsteuergesetz unterliegenden Umsätze geltenden Umkehr der Steuerschuldnerschaft gemäß § 13b Abs. 1 Nr. 3 UStG nicht. Der Erwerber als Steuerschuldner müsste den der Umsatzsteuer entsprechenden Betrag einbehalten und an das Finanzamt abführen. Die Umsatzsteuer ginge letztlich zu Lasten des Gläubigers. Diese Möglichkeit ist aber eher theoretischer Natur, da ein lastenfreier Verkauf nur im Zusammenwirken mit dem Grundpfandgläubiger erfolgen kann. Dieser wird eine deutliche Reduzierung des an ihn auszukehrenden Erlöses nicht akzeptieren. Der Insolvenzverwalter kann also nicht gegen den Willen des Grundpfandgläubigers zur Umsatzsteuer optieren.

Ungeachtet dessen bleibt das Optionsrecht des § 9 Abs. 1 UStG ein Vermögenswert, durch den eine vor Insolvenzeröffnung erhöhte Leistungsfähigkeit auch im eröffneten Verfahren fortwirkt. Die Tatsache, dass die Option an bestimmte Voraussetzungen gebunden ist oder mit einem Grundpfandgläubiger abgestimmt werden muss, ändert daran nichts. Es ist Sache des Insolvenzverwalters, die Option für die Insolvenzmasse nutzbar zu machen, sodass die Einordnung des Vorsteuerberichtigungsanspruchs gemäß § 15a Abs. 1 UStG als Masseverbindlichkeit keiner Korrektur bedarf. Dem Insolvenzverwalter verbleibt letztlich nur die Möglichkeit, mit dem Grundpfandgläubiger im Falle der Option eine Nettokaufpreisabrede zu vereinbaren[283] oder sich über die Tragung der Kosten für den Vorsteuerberichtigungsanspruch zu einigen. Kann für keinen der Punkte ein Konsens erzielt werden, muss von einer freihändigen Verwertung abgesehen werden. Es droht dann die Zwangsversteigerung des Grundstücks auf Betreiben des Grundpfandgläubigers.

(2) Der Ausschluss des Wahlrechts im Fall der Zwangsversteigerung

Fraglich ist, ob die Auffassung vom Optionsrecht als einem Vermögenswert, in dem die durch den Vorsteuerabzug gesteigerte Leistungsfähigkeit nach Insolvenzeröffnung fortwirkt, auch in den Fällen der Zwangsversteigerung von Grundstücken zutreffend ist. Eine Belastung der Insolvenzmasse mit einem Vorsteuerberichtigungsanspruch gemäß § 15a Abs. 1 UStG droht nämlich auch dann, wenn kein freihändiger Verkauf des Grundstücks erfolgt. Die Zwangsversteigerung des belasteten Grundstücks auf Betreiben des Grundpfandgläubigers ist eine Leistung des Vollstreckungsschuldners an den Ersteher.[284] Sie führt zu einer Änderung der wirtschaftlichen Verhältnisse und damit zu einer Vorsteuerberichtigung, wenn nicht im Zwangsversteigerungsverfahren bis zur Aufforderung zur Abgabe von Geboten die Option ausgeübt wird (§ 9 Abs. 3 S. 1 UStG). Aus der Option selbst entsteht für die Insolvenzmasse keine Umsatzsteuerbelastung. Die Steuerschuldnerschaft geht gemäß § 13 Abs. 1 Nr. 3 UStG auf den Ersteher über, der die Steuer an das Finanz-

283 So bereits BFH, Urt. v. 28.11.2002, VII R 41/01, BStBl. II 2003, 337 (340), zu den Pflichten des Insolvenzverwalters unter Geltung des § 13b Abs. 1 Nr. 3 UStG a. F.

284 BFH, Urt. v. 19.12.1985, V R 139/76, BStBl. II 1986, 500.

amt abzuführen hat und unter den Voraussetzungen des § 15 UStG auch den Vorsteuerabzug beanspruchen kann. Im Unterschied zum freihändigen Verkauf kann der Insolvenzverwalter im Zwangsversteigerungsverfahren aber weder die Person des Käufers noch den unternehmerischen Erwerbszweck beeinflussen. Es besteht daher die Gefahr, dass eine Option aus rechtlichen Gründen nicht möglich ist, weil der Erwerber die Voraussetzungen des § 9 Abs. 1 UStG unter Umständen nicht erfüllt.

(3) Die Freigabe aus dem Insolvenzbeschlag als Gestaltungsmöglichkeit neben der Option

Es ist in dem Fall der Zwangsversteigerung nicht unproblematisch, in der Option ein Fortwirken der wirtschaftlichen Leistungsfähigkeit anzunehmen. Die in der Option verkörperte wirtschaftliche Leistungsfähigkeit kommt bei der Veräußerung an einen Nichtunternehmer nicht zum Tragen. Eine Belastung der Insolvenzmasse mit dem aus der Versteigerung resultierendem Vorsteuerberichtigungsanspruch erscheint dann unbillig. Die Option verliert ihren Wert für die Insolvenzmasse, da sie unter Umständen aus Gründen nicht ausgeübt werden kann, die der Insolvenzverwalter nicht zu vertreten hat. Nimmt man dies an, so müsste im Wege einer teleologischen Korrektur des Begriffs der *Begründetheit* des § 38 InsO der Anspruch des Fiskus als Insolvenzforderung eingeordnet werden. Die uneingeschränkte Heranziehung der Insolvenzmasse zur Umsatzsteuer widerspräche dem Leistungsfähigkeitsprinzip. Eine teleologische Korrektur des Gesetzes ist aber dann nicht erforderlich, wenn eine Belastung der Insolvenzmasse mit anderen Mitteln vermieden werden kann. Dem Insolvenzverwalter ist grundsätzlich zuzumuten, die ihm zur Verfügung stehenden Gestaltungsmöglichkeiten zum Wohle der Insolvenzmasse zu nutzen. Als Gestaltungsmöglichkeit steht ihm neben der Option zur Umsatzsteuer auch die Möglichkeit der Freigabe aus dem Insolvenzbeschlag zur Verfügung.

(4) Die Geeignetheit der Freigabe zur Vermeidung eines Vorsteuerberichtigungsanspruchs gemäß § 15a Abs. 1 UStG

Die Freigabe könnte als eine der Option gemäß § 9 Abs. 1 UStG gleichwertige Gestaltungsmöglichkeit angesehen werden, wenn durch die Freigabe des belasteten Grundstücks aus dem Insolvenzbeschlag das Entstehen eines als Masseverbindlichkeit zu qualifizierenden Vorsteuerberichtigungsanspruchs verhindert werden kann.

Die Freigabe ist gesetzlich in § 32 Abs. 3 S. 1 InsO vorausgesetzt. Mit der echten Freigabe scheidet der freigegebene Gegenstand aus der Insolvenzmasse aus und wird Teil des insolvenzfreien Vermögens des Schuldners.[285] Die Freigabe selbst führt zu keiner Belastung der Insolvenzmasse mit Umsatzsteuer. Es liegt zwar eine Verschaffung der Verfügungsmacht im Sinne des § 3 Abs. 1 UStG vor. Der Schuldner erlangt die mit Verfahrenseröffnung gemäß § 80 Abs. 1 InsO auf den Insolvenzverwalter übergegangene Verwaltungs- und Verfügungsbefugnis über die Sache zurück. Da der Schuldner auch nach Verfahrenseröffnung umsatzsteuerlicher Unternehmer hinsichtlich seines insolvenzbefangenen Vermögens bleibt, stellt die Freigabe aber nur einen unternehmensinternen Vorgang dar und ist keine umsatzsteuerbare Lieferung.[286] Die Möglichkeit der Freigabe ist nicht von der Person des Schuldners abhängig. Sie kommt sowohl bei natürlichen als auch bei juristischen Personen in Betracht.[287] Veräußert der Insolvenzschuldner einen freigegeben Gegenstand, so erfolgt die Lieferung aus seinem insolvenzfreien Vermögen. Im Zusammenhang mit dieser Veräußerung entstehende Verbindlichkeiten betreffen ebenfalls nur das insolvenzfreie Vermögen des Schuldners.[288] Das gilt ohne Einschränkung auch für einen Vorsteuerberichtigungsanspruch des Finanzamts gemäß § 15a Abs. 1 UStG.

---

285 BGH, Urt. v. 29.05.1961, VII ZR 46/60, BGHZ 35, 180; BFH, Urt. v. 24.09.1987, V R 196/83, BStBl. II 1987, 873 (874).

286 BFH, Urt. v. 24.09.1987, V R 196/83, BStBl. II 1987, 873 (874); *Axel Leonard*, in: Bunjes/Geist, UStG, 9. Aufl., 2009, § 3 Rn. 110.; *Onusseit/Kunz*, Steuern in der Insolvenz, 2. Aufl., 1997, Rn. 374; *Frotscher*, Besteuerung bei Insolvenz, 7. Aufl., 2010, S. 241.

287 BGH, Urt. v. 21.04.2005, IX ZR 281/03, BGHZ 163, 32; BGH, Urt. v. 02.02.2006, IX ZR 46/05, ZInsO 2006, 327 (327); *Heribert Hirte*, in: Uhlenbruck/Hirte/Vallender (Hrsg.), InsO, 13. Aufl., 2010, § 35 Rn. 72; *Markus Lüdtke*, in: Hamburger Kommentar zum Insolvenzrecht, 3. Aufl., 2009, § 35 Rn. 64; a. A. *Peter Meyer*, Die Auswirkungen der Insolvenz, Umwandlung und Vollbeendigung von Gesellschaften auf den anhängigen Zivilprozess, Hamburg, 2005, S. 36 m. w. N.

288 BFH, Urt. v. 24.09.1987, V R 196/83, BStBl. II 1987, 873 (874); *Frotscher*, Besteuerung bei Insolvenz, 7. Aufl., 2010, S. 242; *Hans-Joachim Wilke*, Umsatzsteuer im Konkurs nach der Rechtsprechung des Bundesfinanzhofs, UR 1989, 367 (370).

Die echte Freigabe setzt voraus, dass der Insolvenzverwalter den wirtschaftlichen Wert des Gegenstands aus den Händen gibt.[289] Wann dies der Fall ist, ist umstritten. Der Bundesfinanzhof geht davon aus, dass eine echte Freigabe im Falle von mit Sicherungsrechten belasteten Gegenständen nicht möglich ist, wenn der Sicherungsgläubiger zugleich auch persönlicher Gläubiger des Schuldners ist. In diesem Fall verbleibe der Insolvenzmasse selbst bei einer Freigabe des Gegenstands und einer erst nachfolgenden Verwertung dessen wirtschaftlicher Wert, da sich die Forderung des Sicherungsgläubigers gegen den Insolvenzschuldner ermäßigt. Es handele sich daher um keine echte, sondern um eine modifizierte Freigabe.[290] Der Bundesfinanzhof hat für die Annahme einer modifizierten Freigabe neben der Verminderung des Schuldenstands durch die Verwertung auch einen hierauf gerichteten Willen des Insolvenzverwalters bei der Freigabe angenommen. Es geht nicht klar hervor, welchen Stellenwert der Bundesfinanzhof diesem subjektiven Element für die Freigabe beimisst. Es scheint ihm grundsätzlich aber auszureichen, dass objektiv die Schuldenmasse durch eine Verwertung nach der Freigabe verringert wird.[291] Für den Fall der Freigabe eines Grundstücks, das sich bereits in der Zwangsversteigerung befindet, ist aber jedenfalls auch ein auf diesen Zweck gerichteter, zumindest bedingter Wille des Insolvenzverwalters anzunehmen. Der Erkenntnis, dass sich durch die Versteigerung die Forderung des gesicherten Gläubigers gegen den Schuldner verringert, kann man sich nicht verschließen. Dass die Verringerung von Insolvenzforderungen dem Willen des Insolvenzverwalters widersprechen solle, kann ernsthaft nicht behauptet werden. Folglich *wäre* bei der Freigabe eines in der Zwangsversteigerung befindlichen Grundstücks durch den Insolvenzverwalter mit dem Bundesfinanzhof *immer* eine modifizierte Freigabe anzunehmen, wenn der Grundpfandgläubiger zugleich auch persönlicher Gläubiger des Insolvenzschuldners ist. Ein aus der Lieferung im Zwangsversteigerungsverfahren entstehender Vorsteuerberichtigungs-

---

289 BFH, Urt. v. 24.09.1987, V R 196/83, BStBl. II 1987, 873 (874); *Hirte*, in: Uhlenbruck/Hirte/Vallender (Hrsg.), InsO, 13. Aufl., 2010, § 35 Rn. 73; *Lüdtke*, in: Schmidt (*Hrsg.*), Hamburger Kommentar zum Insolvenzrecht, 3. Aufl., 2009, § 35 Rn. 69; *Frotscher*, Besteuerung bei Insolvenz, 7. Aufl., 2010, S. 240.

290 BFH, Urt. v. 24.09.1987, V R 196/83, BStBl. II 1987, 873 (874); BFH, Urt. v. 12.05.1993, XI R 49/90, ZIP 1993, 1247 (1249); ebenso *Helmut Netzer*, Umsatzsteuerrechtliche Fragen im Konkurs, UR 1977, 65 (67).

291 BFH, Urt. v. 24.09.1987, V R 196/83, BStBl. II 1987, 873 (874).

anspruch wäre daher stets als Masseverbindlichkeit zu behandeln.[292] Diese Auffassung des Bundesfinanzhofs führt zu einem paradoxen Resultat. Eine echte Freigabe käme nur bei unbelasteten Gegenständen in Betracht oder bei belasteten Gegenständen, die nicht der Besicherung einer Verbindlichkeit des Insolvenzschuldners, sondern der Verbindlichkeit eines Dritten dienen. In jedem anderen Fall käme der wirtschaftliche Wert einer Verwertung nach der Lesart des Bundesfinanzhofs trotz Freigabe *immer* der Insolvenzmasse zugute.

Damit wird der Zweck der echten Freigabe, nämlich die Insolvenzmasse vor den aus der Verwaltung und Verwertung des Gegenstands drohenden Masseverbindlichkeiten zu bewahren, auf den Kopf gestellt. Die echte Freigabe dient v. a. dazu, der Insolvenzmasse Kosten für Gegenstände zu ersparen, aus deren Verwertung kein Massezufluss für die Gläubigergesamtheit generiert werden kann.[293] Das sind zum einen Gegenstände, die unverwertbar sind und zum anderen wertausschöpfend belastete Gegenstände, aus deren Verwertung nur für den Sicherungsgläubiger mit einem Zufluss zu rechnen ist. Unter den letzteren betrifft die echte Freigabe regelmäßig nur solche Gegenstände, deren Verwertung keine gesetzlichen Verfahrenskostenbeiträge für die Masse gemäß der §§ 170, 171 InsO auslösen. Gesetzliche Verfahrenskostenbeiträge sind nur für die Verwertung beweglicher Gegenstände vorgesehen, nicht aber bei Grundstücken (§ 170 Abs. 1 InsO). Da nach der Auffassung des Bundesfinanzhofs die echte Freigabe aber nur bei einem unbelasteten Gegenstand in Betracht kommt, dessen Verwertbarkeit durch die Veräußerung zudem dokumentiert ist, sonst würde sich die Frage einer steuerlichen Auswirkung der Freigabe nicht stellen, wäre der praktische Anwendungsbereich der echten Freigabe nahezu ausgelöscht. Die echte Freigabe eines unbelasteten und verwertbaren Gegenstands durch den Insolvenzverwalter ist nämlich insolvenzzweckwidrig und führt zu einer Haftung gemäß § 60 InsO. Als einziger Anwendungsbereich der echten Freigabe verblieben nur Gegenstände, die von dem Insolvenzschuldner als Sicherheit für eine Drittverbindlichkeit zur Verfügung gestellt worden sind. In der Steigerung dessen hat es der Bundesfinanzhof in seiner neueren Recht-

292 BFH, Urt. v. 24.09.1987, V R 196/83, BStBl. II 1987, 873 (874).

293 *Hans-Jürgen Lwowski/Christian Tetzlaff*, in: Münchener Kommentar zur InsO, 2. Aufl., 2007, § 165 Rn. 187.

sprechung sogar für ganz unerheblich angesehen, ob eine echte oder modifizierte Freigabe vorliege, da der Wert des Gegenstands in jedem Fall durch die Verringerung der Schulden der Insolvenzmasse zugutekomme.[294] Damit hat der Bundesfinanzhof die ohnehin bereits faktisch unmögliche Vermeidung eines Umsatzsteueranspruchs oder eines Vorsteuerberichtigungsanspruchs durch Freigabe vervollständigt.[295] Argumentativ unterlegt der Bundesfinanzhof seine Ansicht damit, dass der Insolvenzverwalter durch die Freigabe zum Verwertungserfolg beigetragen habe.[296] Im entschiedenen Fall hatte der Insolvenzschuldner nach der Freigabe das Grundstück unter Option zur Umsatzsteuer selbst verwertet und den Verwertungserlös an den Grundpfandgläubiger ausgekehrt.

Diese Auffassung des Bundesfinanzhofs ist abzulehnen. Ein Beitrag des Insolvenzverwalters zu der Verwertung kann in der Freigabe nicht gesehen werden. Im Gegenteil wird durch die Freigabe jeglicher Zusammenhang zwischen der Insolvenzmasse und dem freigegebenen Gegenstand gelöst. Für den Fall der Verwertung eines Grundstücks durch Zwangsversteigerung nach der Freigabe gilt dies umso mehr, als die Zwangsversteigerung auch ohne die Freigabe durchgeführt worden wäre. Auch die Annahme, dass der Insolvenzmasse der wirtschaftliche Wert eines Gegenstands verbleibe, wenn ihr zwar kein Verwertungserlös zufließt, aber die persönliche Forderung des Sicherungsgläubigers gegen den Insolvenzschuldner reduziert werde, ist abzulehnen. Die bloße Reduzierung einer Insolvenzforderung stellt für die Masse keinen wirtschaftlichen Wert dar. Die Summe der Insolvenzforderungen ist für die Masse wirtschaftlich ohne Belang. Die Insolvenzmasse ist zur Verteilung an die Gläubiger bestimmt (§ 38 InsO). Bei der Summe der Insolvenzforderungen handelt sich nur um eine rechnerische Größe, die als Grundlage für die spätere quotale Verteilung der Insolvenzmasse dient. An wie viele Gläubiger letztlich verteilt wird und in welcher Höhe, spielt für die Insolvenzmasse selbst keine Rolle. Der wirtschaftliche Wert eines Gegenstands verbleibt der In-

---

294 BFH, Urt. v. 16.08.2001, V R 59/99; BStBl. II 2003, 208 (209); a. A. *Stephan Kling/Matthias Schüppen/Winfried Ruh*, in: Münchener Kommentar zur InsO, 2. Aufl., 2007, Insolvenzsteuerrecht, Rn. 169; *Dietmar Onusseit*, Die Freigabe aus dem Insolvenzbeschlag: Eine umsatzsteuerliche Unmöglichkeit?, ZIP 2002, 1344 (1348).

295 So auch *Onusseit*, ZIP 2002, 1344 (1348).

296 BFH, Urt. v. 16.08.2001, V R 59/99; BStBl. II 2003, 208 (210).

solvenzmasse nach der Freigabe nur dann, wenn ein aus der Verwertung entstehender Erlös oder eine freie Erlösspitze an die Insolvenzmasse abgeführt werden soll. Gibt der Insolvenzverwalter den Gegenstand ohne eine solche Bedingung frei, liegt eine echte Freigabe vor.[297] Die echte Freigabe eines Grundstücks liegt demzufolge immer vor, wenn die Freigabe ohne Auflagen erklärt worden ist. Wird das Grundstück nach erfolgter Freigabe infolge des Zuschlags in der Zwangsversteigerung von dem Insolvenzschuldner an den Ersteher geliefert, richtet sich ein etwaiger Vorsteuerberichtigungsanspruch, der nach Insolvenzeröffnung begründet worden ist, gegen das insolvenzfreie Vermögen des Schuldners und nicht gegen die Insolvenzmasse.

(5) Die Zulässigkeit der Freigabe als Gestaltungsmöglichkeit

Fraglich ist, ob die Freigabe eines Grundstücks zur Vermeidung einer Belastung der Insolvenzmasse eine zulässige Gestaltungsmöglichkeit ist. Die durch die Freigabe bewirkte Zugehörigkeit des Grundstücks zum insolvenzfreien Vermögen des Schuldners bewirkt, dass sich ein aus einer nachfolgenden Veräußerung resultierender Vorsteuerberichtigungsanspruch gegen dessen insolvenzfreies Vermögen richtet. Da das insolvenzfreie Vermögen zur Begleichung der Steuerschuld regelmäßig nicht ausreicht, ist der Anspruch für den Fiskus wirtschaftlich wertlos. Der Insolvenzmasse bleibt im Gegenzug eine Steuerbelastung erspart. Im Ergebnis geht die Entlastung der Masse also auf Kosten des Steuergläubigers. Dieser Umstand könnte die Annahme einer missbräuchlichen rechtlichen Gestaltung gemäß § 42 Abs. 2 AO nahe legen.

297 FG Düsseldorf, Urt. v. 07.08.1986, XIV/XV 278/82 U, ZIP 1986, 1480 (1482); *Frotscher*, Besteuerung bei Insolvenz, 7. Aufl., 2010, S. 240; *Onusseit/Kunz*, Steuern in der Insolvenz, 2. Aufl., 1997, S. 126; *Eberhard Weiß*, Anmerkung zu BFH, Urt. v. 12.05.1993, XI R 49/90, UR 1994, 349 (350); *Rainer Bonertz*, Sicherungsübereignung und Verwertung durch Insolvenzverwalter, Sicherungsnehmer oder Sicherungsgeber aus umsatzsteuerlicher Sicht, UR 2007, 241 (243); *Hans-Jürgen Lwowski/Christian Tetzlaff*, Verwertung unbeweglicher Gegenstände im Insolvenzverfahren. Ausgewählte Rechtsfragen zur Verwertung von Grundpfandrechten und Zubehör in der Insolvenz, WM 1999, 2336 (2345).

Nach einer früher vertretenen Auffassung wurde die Option zur Umsatzsteuer (§ 9 Abs. 1 UStG) durch einen illiquiden Schuldner oder durch den Insolvenzverwalter als Gestaltungsmissbrauch[298] gemäß § 42 Abs. 2 AO oder als Scheingeschäft[299] gemäß § 41 Abs. 2 S. 1 AO angesehen, wenn nicht die Bezahlung der Umsatzsteuer an das Finanzamt sichergestellt war. Diese Ansicht gründete auf dem als unbillig empfundenen Ergebnis, dass der Erwerber die Vorsteuer geltend machen konnte, während das Finanzamt mit seiner Umsatzsteuerforderung gegen den zahlungsunfähigen Schuldner oder die Konkursmasse leer ausging. Mit der Einführung des Abzugsverfahrens für Grundstückslieferungen gemäß § 51 Abs. 1 Nr. 3 a. F. UStDV zum 01.01.1993 durch die Neunte Verordnung zur Änderung der Umsatzsteuer-Durchführungsverordnung vom 03.12.1992[300], später ersetzt durch die Umkehr der Steuerschuldnerschaft durch Einführung des § 13b Abs. 1 Nr. 3 UStG zum 01.01.2002 mit dem StÄndG 2001[301], sind die gegen eine Option gerichteten Bedenken obsolet geworden. Der Umsatzsteueranspruch des Fiskus aus der Option bei einer Grundstücksveräußerung wurde zunächst durch eine Haftung und wird nun durch die Steuerschuldnerschaft des Leistungsempfängers gesichert.

Bezüglich des Vorsteuerberichtigungsanspruchs nach erfolgter Freigabe eines Grundstücks aus dem Insolvenzbeschlag könnte aber eine mit der geschilderten alten Rechtslage vergleichbare Situation anzunehmen sein. Der Fiskus wird mit seinem Anspruch auf das unzureichende insolvenzfreie Schuldnervermögen verwiesen. Dem Fiskus steht kein liquider Haftungs- oder Steuerschuldner zur Verfügung. Gleichwohl stellt die Freigabe des Insolvenzverwalters keine missbräuchliche Gestaltung dar. Eine unangemessene Gestaltung liegt nicht vor. Sie wäre nur anzunehmen,

298 BFH, Urt. v. 06.06.1991, V R 70/89, BStBl. II 1991, 866; BFH, Urt. v. 07.03.1996, V R 14/95, BStBl. II 1996, 491; *Weiß*, UR 1990, 101 (105); heute nicht mehr vertretbar, vgl. *Eckart Ratschow*, in: Franz Klein (Begr.), Abgabenordnung, 10. Aufl., München, 2009, § 42 Rn. 64.

299 *Werner Lüerssen*, Der Notverkauf von Grundstücken und die Option nach § 9 Abs. 1 UStG, StuW 1987, 127 (131); a. A. *Wolfram Reiß*, Zur Umsatzsteuer, StuW 1987, 351 (355); *ders.*, Gestaltungsmißbrauch durch Option zur Steuerpflicht bei insolventen Unternehmen, UR 1992, 42.

300 BGBl. I 1992, 1982.

301 BGBl. I 2001, 3794.

wenn verständige Parteien den gewählten Weg in Anbetracht des wirtschaftlichen Sachverhalts als unpassend nicht eingeschlagen hätten.[302] Durch die Freigabe soll dem Insolvenzverwalter gerade ermöglicht werden, die Insolvenzmasse vor unnötigen Belastungen zu schützen.[303] Es macht in diesem Zusammenhang keinen Unterschied, ob die drohenden Verbindlichkeiten steuerlicher oder sonstiger Art sind. Eine Beschränkung der Freigabemöglichkeit auf einzelne Anspruchsarten besteht nicht. Die Freigabe zum Zwecke der Steuervermeidung ist daher nicht unangemessen. Es liegt zudem ein beachtlicher Unterschied zu der früheren Annahme eines Gestaltungsmissbrauchs im Fall der Option durch den illiquiden Schuldner[304] vor. Die Annahme eines Gestaltungsmissbrauchs wurde insbesondere darauf gestützt, dass die Parteien des Kaufvertrags durch kollusives Zusammenwirken dem Erwerber die Möglichkeit eines Vorsteuerabzugs ermöglichen, während dem Veräußerer die zur Begleichung der Umsatzsteuerschuld benötigten Mittel überhaupt nicht zufließen.[305] Diese doppelte Belastung des Fiskus durch Vorsteuerabzug einerseits und uneinbringlicher Forderung andererseits ist im Fall der Vorsteuerberichtigung nach § 15a Abs. 1 UStG nicht zu befürchten. Für die Annahme der Freigabe als Gestaltungsmissbrauch verbleibt auch aus diesem Grund kein Raum.

c) Ergebnis

Der aus der Veräußerung eines Wirtschaftguts im Insolvenzverfahren resultierende Vorsteuerberichtigungsanspruch des Fiskus gemäß § 15a Abs. 1 UStG ist insolvenzrechtlich nach Verfahrenseröffnung begründet worden. Der umsatzsteuerliche Tatbestand, der dem Anspruch zugrunde liegt, besteht in der umsatzsteuerfreien Veräußerung. Es handelt sich daher um eine Masseverbindlichkeit. Umsatzsteuerlich ließe sich dieses Ergebnis bereits durch die Entfernung des Wirtschaftsguts aus dem unternehmerischen Bereich begründen, die als Akt des konsumtiven

---

302 BFH, Urt. v. 19.08.1999, I R 77/96, BStBl. II 2001, 43 (44); *Koenig*, in: Pahlke/Koenig, AO, 2. Aufl., 2009, § 42 Rn. 19.

303 *Hirte*, in: Uhlenbruck/Hirte/Vallender (Hrsg.), InsO, 13. Aufl., 2010, § 35 Rn. 72, 74 f.

304 Fn. 298.

305 BFH, Urt. v. 06.06.1991, V R 70/89, BStBl. II 1991, 866; BFH, Urt. v. 07.03.1996, V R 14/95, BStBl. II 1996, 491; *Weiß*, UR 1990, 101 (105).

Verbrauchs wirtschaftliche Leistungsfähigkeit indiziert (Leistungsfähigkeitsindikator *Konsum*).

Für die insolvenzrechtliche Qualifizierung der Umsatzsteuer ist diese abstrakte Bemessung wirtschaftlicher Leistungsfähigkeit indes nicht ausreichend. Erforderlich ist stattdessen, dass eine konkrete wirtschaftliche Leistungsfähigkeit nach Insolvenzeröffnung in der Insolvenzmasse fortwirkt. Das Fortwirken einer wirtschaftlichen Leistungsfähigkeit im Insolvenzverfahren ist im Fall der Vorsteuerberichtigung gemäß § 15a UStG anzunehmen, wenn dem Insolvenzverwalter *Gestaltungsmöglichkeiten* zur Verfügung stehen, mit denen ein Steueranspruch des Fiskus zuverlässig vermieden werden kann. Nur dann wirkt die durch den Vorsteuerabzug vor Verfahrenseröffnung gesteigerte wirtschaftliche Leistungsfähigkeit des Insolvenzschuldners in der Insolvenzmasse nach Verfahrenseröffnung fort. Die Fortwirkung der Leistungsfähigkeit drückt sich konkret in den Gestaltungsmöglichkeiten aus, die dem Insolvenzverwalter zur Vermeidung eines Vorsteuerberichtigungsanspruchs zur Verfügung stehen. Als Gestaltungsmöglichkeit ist zum einen die Möglichkeit der Option zur Umsatzsteuer gemäß § 9 Abs. 1 UStG zu sehen. Zudem stellt auch die Möglichkeit der echten Freigabe eine zulässige Gestaltungsmöglichkeit dar, mit deren Hilfe ein Vorsteuerberichtigungsanspruch des Fiskus vermieden werden kann. Die Anforderungen des Bundesfinanzhofs[306] an die Voraussetzungen einer echten Freigabe von mit Sicherungsrechten belasteten Gegenständen sind verfehlt.[307] Die dem Insolvenzverwalter zur Verfügung stehenden Gestaltungsmöglichkeiten sind dem Leistungsfähigkeitsindikator *Vermögen* zuzuordnen.

IV. Die insolvenzrechtliche Begründetheit der Umsatzsteuer aus der Verwertung von Grundstückszubehör

1. Die Möglichkeiten der Verwertung von Grundstückszubehör

Die im Eigentum des Schuldners stehenden Erzeugnisse, die Bestandteile und das Zubehör des Grundstücks unterliegen dem grundpfandrecht-

306 BFH, Urt. v. 24.09.1987, V R 196/83, BStBl. II 1987, 873 (874).

307 Vgl. D. III. 3. b) cc) (4), S. 95 ff.

lichen Haftungsverband (§§ 1120 ff., 1192 Abs.1 BGB). Die Verwertung dieser Gegenstände kann durch *freihändigen Verkauf* oder im Rahmen der *Zwangsversteigerung* des Grundstücks erfolgen. In der Unternehmerinsolvenz handelt es sich in beiden Fällen der Verwertung um eine steuerbare Lieferung (§ 1 Abs. 1 Nr. 1 UStG). Der Umsatz fällt nicht unter die Steuerbefreiung des § 4 Nr. 9 lit. a UStG, da die Veräußerung von Grundstückszubehör, Bestandteilen und Erzeugnissen e contrario § 2 Abs. 1 GrEStG nicht der Grunderwerbsteuer unterliegt. Die aus der Verwertung resultierende Umsatzsteuer ist im Zeitpunkt der Lieferung im insolvenzrechtlichen Sinn begründet. Bei einer freihändigen Verwertung durch den Insolvenzverwalter oder der Zwangsversteigerung im Insolvenzverfahren, die sowohl durch den Insolvenzverwalter (§ 165 InsO) als auch den Grundpfandgläubiger betrieben werden kann, stellt die Umsatzsteuer daher grundsätzlich eine Masseverbindlichkeit dar. Für die verschiedenen Verwertungsmöglichkeiten ist zu untersuchen, ob dieses Ergebnis unter Berücksichtigung des Leistungsfähigkeitsprinzips gerechtfertigt ist.

2. Die freihändige Verwertung von Zubehör, Erzeugnissen und Bestandteilen durch den Insolvenzverwalter

Bei der freihändigen Verwertung von Zubehör, Erzeugnissen und Bestandteilen eines Grundstücks durch den Insolvenzverwalter ist danach zu differenzieren, ob die Verwertung vor oder nach der Beschlagnahme des Grundstücks erfolgt. Bei einer Verwertung vor der Beschlagnahme ist ferner danach zu unterscheiden, ob die Veräußerung innerhalb oder außerhalb des Rahmens einer ordnungsgemäßen Wirtschaft erfolgt. Die Begriffe *Zubehör*, *Erzeugnisse* und *Bestandteile* werden zur besseren Lesbarkeit im Folgenden einheitlich als *Zubehör* bezeichnet.

a) Die freihändige Verwertung von Zubehör innerhalb des Rahmens einer ordnungsgemäßen Wirtschaft vor Beschlagnahme des Grundstücks

Vor der Beschlagnahme des Grundstücks ist der Insolvenzverwalter im Rahmen einer ordnungsgemäßen Wirtschaft berechtigt, über Zubehörgegenstände, Erzeugnisse und Bestandteile zu verfügen (§ 1121 Abs. 1 BGB). Die Veräußerung von Grundstückszubehör im Rahmen einer ordnungsgemäßen Wirtschaft setzt die Fortführung des Geschäftsbetriebs voraus. Wird der Geschäftsbetrieb stillgelegt und die Liquidation des Schuldnervermögens betrieben, ist die Grenze der ordnungsgemäßen Wirtschaft überschritten.[308] Die Veräußerung im Rahmen einer ordnungsgemäßen Wirtschaft führt zu einer Enthaftung. Der Verwertungserlös steht der Insolvenzmasse zu.[309] Die Leistungserbringung indiziert bereits eine, allerdings abstrakte, Leistungsfähigkeit der Insolvenzmasse. Die Belastung der Insolvenzmasse mit Umsatzsteuer geht aber auch mit einer konkreten Erhöhung der wirtschaftlichen Leistungsfähigkeit einher (Leistungsfähigkeitsindikator *Einkommen*). Eine abweichende Einordnung der Umsatzsteuer ist nicht geboten. Die Umsatzsteuer ist den Masseverbindlichkeiten zuzuordnen.

b) Die freihändige Verwertung von Zubehör außerhalb des Rahmens einer ordnungsgemäßen Wirtschaft vor Beschlagnahme des Grundstücks

Außerhalb des Rahmens einer ordnungsgemäßen Wirtschaft ist der Insolvenzverwalter zur Veräußerung nicht berechtigt.[310] An dem Verwertungserlös setzt sich das Absonderungsrecht des Grundpfandgläubigers im Wege der Ersatzabsonderung analog § 48 InsO fort. Verfahrenskostenbeiträge zugunsten der Insolvenzmasse oder das Einbehalten der Umsatzsteuer gemäß der §§ 170, 171 InsO sind in diesem Fall nicht vorgesehen.[311] Veräußert der Insolvenzverwalter gleichwohl Zubehör, wird die Leistung im Insolvenzverfahren aus der Insolvenzmasse erbracht. Die Umsatzsteuer aus der Verwertung ist nachinsolvenzlich begründet. Sie ist daher grundsätzlich als Masseverbindlichkeit zu behandeln. Die Erbringung der Leistung bringt eine abstrakte Leistungsfähigkeit der Insolvenzmasse zu Ausdruck. Gleichzeitig muss der Verwertungserlös in voller Höhe an den Grundpfandgläubiger herausgegeben werden. Folglich ist

---

308 BGH, Urt. v. 21.03.1973, VIII ZR 52/72, BGHZ 60, 267 (273); BGH, Urt. v. 30.11.1995, IX ZR 181/94, WM 1996, 293 (294); *Olaf Büchler*, in: Schmidt, Andreas (Hrsg.), Hamburger Kommentar zum Insolvenzrecht, 3. Aufl., 2009, § 49 Rn. 5.

309 BGH, Urt. v. 21.03.1973, VIII ZR 52/72, BGHZ 60, 267 (273); *Büchler*, in: Hamburger Kommentar zum Insolvenzrecht, 3. Aufl., 2009, § 49 Rn. 5; *Lwowski/Tetzlaff*, in: Münchener Kommentar zur InsO, 2. Aufl., 2007, § 165 Rn. 217.

310 OLG Dresden, Urt. v. 25.07.2002, 13 U 833/02, ZInsO 2003, 472.

311 *Büchler*, in: Hamburger Kommentar zum Insolvenzrecht, 3. Aufl., 2009, § 49 Rn. 5.

die Insolvenzmasse durch die Veräußerung mit einer Masseverbindlichkeit belastet, ohne dass ihr zu deren Begleichung die notwendigen Mittel zustehen. Eine konkrete Erhöhung der Leistungsfähigkeit, in diesem Fall wiederum durch einen der Insolvenzmasse verbleibenden Mittelzufluss (*Leistungsfähigkeitsindikator Einkommen*), ist demzufolge nicht gegeben. Gleichwohl führt die Berücksichtigung des Leistungsfähigkeitsprinzips in diesem Fall zu keiner Korrektur des Ergebnisses. Durch die unberechtigte Verwertung hat der Insolvenzverwalter das Ersatzabsonderungsrecht des Grundpfandgläubigers verursacht. Die Tatsache, dass die Umsatzsteuer aus dem Verwertungserlös nicht gemäß § 171 Abs. 2 S. 3 InsO der Insolvenzmasse verbleibt, ist in diesem Fall hinzunehmen und geht nicht zu Lasten des Steuergläubigers. Die teleologische Korrektur des Begründetheitsbegriffs dient nicht dazu, Nachteile der Insolvenzmasse zu vermeiden, die durch Fehlverhalten des Insolvenzverwalters entstehen.

c) Die freihändige Verwertung nach Beschlagnahme des Grundstücks

Nach der Beschlagnahme des Grundstücks zugunsten des Grundpfandgläubigers besteht kein Verwertungsrecht des Insolvenzverwalters mehr. Die freihändige Verwertung von Gegenständen, die dem Haftungsverband unterliegen, führt daher zu Ersatzabsonderungsrechten des Gläubigers an dem Verwertungserlös. Die Umsatzsteuer aus der Verwertung stellt eine Masseverbindlichkeit dar. Eine Korrektur dieses Ergebnisses unter Berücksichtigung des Leistungsfähigkeitsprinzips ist nicht angezeigt.

3. Die Verwertung von Zubehör, Erzeugnissen und Bestandteilen im Wege der Zwangsversteigerung

a) Die Lieferung mit dem Zuschlag des Grundstücks

Das Zubehör wird von der Beschlagnahme des Grundstücks erfasst (§ 20 Abs. 2 ZVG i. V. m. § 1120 BGB). Mit dem Zuschlag werden diese Gegenstände gemeinsam mit dem Grundstück an den Ersteher geliefert (§ 90 Abs. 1, Abs. 2 ZVG). Die im eröffneten Insolvenzverfahren erfolgte Zwangsversteigerung des Grundstücks bewirkt somit auch hinsichtlich der beweglichen Gegenstände des Haftungsverbands eine Lieferung an den Meistbietenden. Mit der Lieferung ist der umsatzsteuerliche Tatbestand erfüllt. Zudem drückt die Lieferung eine abstrakte Leistungsfähigkeit der Insolvenzmasse aus. Die aus der Versteigerung des Grundstückszubehörs resultierende Umsatzsteuer ist daher grundsätzlich nachinsolvenzlich begründet und als Masseverbindlichkeit einzuordnen. Fraglich ist, ob aus der Lieferung eine konkrete Leistungssteigerung der Insolvenzmasse resultiert, die dieses Ergebnis rechtfertigt.

b) Keine ausreichende Erlösbeteiligung der Insolvenzmasse bei wertausschöpfender Belastung

Der Leistungsfähigkeitsindikator *Einkommen* erfährt bei einer wertausschöpfenden Belastung keine positive Veränderung. Der Insolvenzmasse fließt aus der Versteigerung nur dann ein Erlösanteil zu, wenn die Kosten der Versteigerung und sämtliche dinglichen Lasten gedeckt sind. Bei einer wertausschöpfenden Belastung verbleibt keine Erlösspitze. § 10 Abs. 1 Nr. 1a ZVG sieht lediglich einen Feststellungskostenbeitrag für die Masse in Höhe von vier Prozent des geschätzten Verkehrswerts des Zubehörs vor (§ 74a Abs. 5 S. 2 ZVG). Aus der Versteigerung stehen folglich keine ausreichenden Mittel zur Begleichung der Umsatzsteuerschuld zur Verfügung. Gleichwohl schuldet die Insolvenzmasse, deren Leistungsfähigkeit durch die Lieferung im Wege der Zwangsvollstreckung indiziert ist, die Umsatzsteuer aus der Versteigerung. Ein Fall der Umkehr der Steuerschuldnerschaft liegt nicht vor. Die Zubehörhaftung stellt keinen Fall der Sicherungsübereignung gemäß § 13b Abs. 1 Nr. 2 UStG dar. Ein unter das Grunderwerbsteuergesetz fallender Umsatz im Sinne des § 13b Abs. 1 Nr. 3 UStG liegt bezüglich der mitversteigerten beweglichen Gegenstände ebenfalls nicht vor (§ 2 Abs. 1 GrEStG). Gleichzeitig sieht das Gesetz nicht vor, dass die Insolvenzmasse die für die Begleichung der Umsatzsteuerschuld benötigten Mittel aus dem Versteigerungserlös erhält. § 171 Abs. 2 S. 3 InsO, der der Insolvenzmasse neben den Verfahrenskostenbeiträgen auch die Umsatzsteuer zuspricht, ist nicht direkt anwendbar, da der Insolvenzverwalter aufgrund der Beschlagnahme nicht zur Verwertung berechtigt war.[312] Eine analoge Anwendung der Norm setzt eine planwidrige Regelungslücke voraus. Ein zur Lösung dieses Problems gemachter Vorschlag im Gesetzgebungsverfahren war auf die Einführung eines § 200a InsO gerichtet, der unabhängig von der Verwertungsart einen Anspruch der Insolvenzmasse auf den Umsatzsteueranteil vorgesehen hat. Der Vorschlag wurde abgelehnt.[313] Die Befürworter einer Analogie berufen sich darauf, dass sich die Entscheidung gegen den vorgeschlagenen § 200a InsO lediglich auf die freihändige Verwertung durch den Insolvenzverwalter oder den Gläubiger bezogen habe und eine Verwertung im Zwangsversteigerungsverfahren überhaupt nicht bedacht worden sei. Bei einer Zwangsversteigerung liege daher gleichwohl eine planwidrige Regelungslücke vor.[314] Das ist im Ergebnis unzutreffend. § 171 Abs. 2 S. 3 InsO bezieht sich ausschließlich auf freihändige Verwertungen durch den Insolvenzverwalter oder den Gläubiger, dem das Sicherungsgut vom Insolvenzverwalter zur Verwertung überlassen worden ist. Das Verbleiben der Umsatzsteuer als Teil der Verwertungskosten bei der Insolvenzmasse setzt folglich ein Verwertungsrecht des Insolvenzverwalters gemäß § 166 InsO voraus. Besteht ein solches Verwertungsrecht des Verwalters nicht, so kann der Gläubiger gemäß § 173 Abs. 1 InsO selbst verwerten und hat Anspruch auf den Bruttoerlös aus der Verwertung. Die aus der Verwertung resultierende Umsatzsteuer ist nicht an die Insolvenzmasse auszukehren. Die Vorschrift des § 173 Abs. 1 InsO basiert auf § 200 InsO RegE. Systematisch bezieht sich der vorgeschlagene und abgelehnte § 200a InsO auf Verwertungen, zu denen ausschließlich die Sicherungsgläubiger befugt sind. Daraus kann nicht der Umkehrschluss gezogen werden, der Gesetzgeber hätte sich mit der Möglichkeit einer Umsatzsteuerbelastung der Insolvenzmasse durch Zwangsversteigerungen nicht befasst. Auch die Zwangsversteigerung ist eine Verwertung durch den Gläubiger. Das Gesetzgebungsverfahren zeigt also, dass die Regelung des § 171 Abs. 2 S. 3 InsO, die eine Entnahme der Umsatzsteuer aus dem Verwertungserlös für die Masse

312 Im Ergebnis zustimmend *Frotscher*, Besteuerung bei Insolvenz, 7. Aufl., 2010, S. 251; *Jan de Weerth*, Die Verwertung sicherungsübereigneter Gegenstände nach Inkrafttreten der Insolvenzrechtsreform im Blickwinkel des Umsatzsteuerrechts, BB 1999, 821 (826).

313 BT-Drucks. 12/7302, S. 178.

314 *Marotzke*, ZZP 109 (1996), 429 (466); *Onusseit*, ZIP 2000, 777 (784).

bei einem Verwertungsrecht des Insolvenzverwalters vorsieht, als ausreichend erachtet worden ist. Es handelt sich um eine Ausnahmevorschrift. Dass in den nicht von der Ausnahmevorschrift erfassten Fällen Umsatzsteuer zulasten der Insolvenzmasse droht, wurde in Kauf genommen. Eine generelle Belastung des Sicherungsgläubigers mit der Umsatzsteuer ist bewusst nicht in das Gesetz aufgenommen worden.[315] Eine planwidrige Regelungslücke liegt nicht vor. Der Gesetzgeber wollte bewusst keine allgemeine Freistellung der Insolvenzmasse vor den durch die Umsatzsteuer verursachten Kosten einführen. Eine analoge Anwendung des § 171 Abs. 2 S. 3 InsO kommt mangels einer planwidrigen Regelungslücke daher nicht in Betracht.[316]

Auch die bloße Reduzierung der Insolvenzforderungen des Sicherungsgläubigers um den der Umsatzsteuer entsprechenden Betrag stellt keinen ausgleichenden Vorteil für die Insolvenzmasse dar. Eine positive Auswirkung auf den Leistungsfähigkeitsindikator *Einkommen* ist also nicht zu verzeichnen.

c) Möglichkeit der Freigabe zur Vermeidung einer Umsatzsteuerbelastung als Vermögenswert

Wie generell im Fall der Zwangsversteigerung eines Grundstücks hat der Insolvenzverwalter auch hier die Möglichkeit, den Anfall von Umsatzsteuern als Masseverbindlichkeiten durch die Freigabe der betreffenden Gegenstände aus dem Insolvenzbeschlag zu vermeiden. Die Freigabe stellt eine Gestaltungsmöglichkeit dar, mit deren Hilfe der Anfall der Umsatzsteuer als Masseverbindlichkeit zuverlässig ausgeschlossen werden kann

315 *Steffen Zimmermann*, Rechtsposition, Handlungsalternativen und Kostenbeiträge der absonderungsberechtigten Bank im Rahmen der InsO, NZI 1998, 57 (59); *Lwowski/Tetzlaff*, in: Münchener Kommentar zur InsO, 2. Aufl., 2007, § 165 Rn. 223 und 256; *Lwowski/Tetzlaff*, WM 1999, 2336 (2344); *Wilhelm Uhlenbruck*, Das neue Insolvenzrecht, Herne, 1994, S. 542.

316 A. A. *Wolfgang Marotzke*, Die dinglichen Sicherheiten im neuen Insolvenzrecht, ZZP 109 (1996), 429 (466 ff.); *Dietmar Onusseit*, Die insolvenzrechtlichen Kostenbeiträge unter Berücksichtigung ihrer steuerrechtlichen Konsequenzen sowie Massebelastungen durch Grundstückseigentum, ZIP 2000, 777 (784), der aber eine analoge Anwendung des § 10 Abs. 1 Nr. 1 ZVG vorzieht.

und der daher ein Vermögenswert beigemessen werden kann.[317] Eine abweichende insolvenzrechtliche Qualifizierung der Umsatzsteuer aus der Zwangsversteigerung kommt in dem vorliegenden Fall daher nicht in Betracht.

V. Die insolvenzrechtliche Begründetheit der Umsatzsteuer aus der Verwertung von beweglichem Sicherungsgut

Bei der Verwertung von beweglichem Sicherungsgut ergeben sich unterschiedliche Rechtsfolgen für die Insolvenzmasse in Abhängigkeit davon, ob die Verwertung durch den Insolvenzverwalter oder durch den Sicherungsgläubiger erfolgt. Die unterschiedlichen Rechtsfolgen können Auswirkungen auf das Erfordernis einer teleologischen Korrektur der insolvenzrechtlichen Begründetheit der aus der Verwertung resultierenden Umsatzsteuer haben.

1. Die Verwertung von beweglichem Sicherungsgut durch den Insolvenzverwalter

Der Insolvenzverwalter ist zur Verwertung von mit Absonderungsrechten belasteten beweglichen Gegenständen berechtigt, wenn er den Besitz an diesen Gegenständen hat (§ 166 Abs. 1 InsO). Das Verwertungsrecht des Insolvenzverwalters aus § 166 Abs. 1 InsO betrifft vor allem Gegenstände, die zur Sicherheit übereignet, aber nicht übergeben worden sind und solche, an denen trotz gesetzlicher Pfandrechte oder Pfändungspfandrechte ein Besitz des Insolvenzverwalters besteht.[318] Gegenstände, an denen der Insolvenzschuldner rechtsgeschäftliche Pfandrechte bestellt hat, sind dem Verwertungsrecht des Insolvenzverwalters regelmäßig entzogen. Der Bestand des Pfandrechts setzt nämlich voraus, dass der Pfandgläubiger den dauerhaften Besitz an diesen Gegenständen hat (§§ 1205, 1253 BGB).

---

317 Vgl. zur Möglichkeit der Freigabe aus dem Insolvenzbeschlag als Vermögenswert D. III. 3. b) cc), Seite 123 ff.

318 *Lwowski*, in: Münchener Kommentar zur InsO, 1. Aufl., München, 2001, § 166 Rn. 38.

Verwertet der Insolvenzverwalter Gegenstände der Insolvenzmasse, so führt er in der Insolvenz des umsatzsteuerpflichtigen Unternehmers steuerbare Umsätze aus. Die hieraus entstehende Umsatzsteuer ist nach der Eröffnung des Insolvenzverfahrens begründet und zählt daher zu den Masseverbindlichkeiten gemäß § 55 Abs. 1 Nr. 1 InsO. Die für die Begleichung dieser Steuerverbindlichkeit benötigten Mittel werden der Insolvenzmasse durch § 171 Abs. 2 S. 3 InsO gesichert. Neben den gesetzlichen Kostenbeiträgen ist auch ein der Umsatzsteuer aus der Verwertung entsprechender Betrag zur Insolvenzmasse einzubehalten. An den absonderungsberechtigten Gläubiger wird nur der Verwertungserlös nach Abzug von Verfahrenskostenbeiträgen und Umsatzsteuer ausgekehrt.

2. Die Verwertung von beweglichem Sicherungsgut durch den Absonderungsberechtigten

a) Der Gegenstand wurde dem Absonderungsberechtigten von dem Insolvenzverwalter zur Verwertung überlassen

Der Insolvenzverwalter kann einen beweglichen Gegenstand, an dem ein Absonderungsrecht besteht, dem Sicherungsgläubiger zur Verwertung überlassen (§ 170 Abs. 2 InsO). In diesem Fall verzichtet der Insolvenzverwalter auf sein ihm aus § 166 Abs. 1 InsO zustehendes Verwertungsrecht. Mit dem Verzicht auf eine eigenhändige Verwertung und selbst mit einer Herausgabe des Sicherungsguts an den Sicherungsnehmer führt der Insolvenzverwalter keine umsatzsteuerbare Lieferung aus. Die Herausgabe des Gegenstands an den Sicherungsnehmer stellt keine Verschaffung der Verfügungsmacht dar. Erst mit der Verwertung erlangt der Sicherungsnehmer die Verfügungsmacht an dem Gegenstand von dem Sicherungsgeber, da bis zu diesem Zeitpunkt eine Auslösung des Sicherungsguts möglich gewesen wäre. Die Verwertung durch den Absonderungsberechtigten führt zu einem Doppelumsatz. Im Zeitpunkt der Verwertung liegt eine Lieferung aus der Insolvenzmasse an den Sicherungsnehmer und von diesem an den Erwerber vor.[319] Durch die Lieferung an den Sicherungsnehmer hat die Insolvenzmasse einen steuerpflichtigen

---

319 BFH, Urt. v. 16.04.1975, V R 2/71, BStBl. II 1975, 622 (623); BFH, Urt. v. 20.07.1978, V R 2/75, BStBl. II 1978, 684; BFH, Urt. v. 16.04.1997, XI R 87/96, BStBl. II 1997, 585 (587).

Umsatz ausgeführt, der eine Umsatzsteuerbelastung zur Folge hat. Die Steuer ist eine Masseverbindlichkeit gemäß § 55 Abs. 1 Nr. 1 InsO, da sie durch eine Lieferung nach Insolvenzeröffnung begründet worden ist. Der verwertende Absonderungsberechtigte ist verpflichtet, an die Insolvenzmasse den gesetzlichen Feststellungskostenbeitrag und den der Umsatzsteuer aus der Verwertung entsprechenden Betrag abzuführen (§ 170 Abs. 2 InsO).

b) Dem Absonderungsberechtigten steht ein originäres Verwertungsrecht zu

aa) Die Beteiligung des Insolvenzschuldners an dem Leistungsaustausch im Falle des alleinigen Verwertungsrechts des Gläubigers

Steht das Verwertungsrecht nur dem Absonderungsberechtigten zu, ist eine Beteiligung des Insolvenzschuldners bzw. der Insolvenzmasse an dem stattfindenden Leistungsaustausch zu prüfen. Das Verwertungsrecht steht gemäß § 173 Abs. 1 InsO ausschließlich dem Absonderungsberechtigten zu, wenn sich das Sicherungsgut bereits in dessen Besitz befindet. Bei einem rechtsgeschäftlich bestellten Pfandrecht ist dies in der Regel immer der Fall, da der Bestand des Pfandrechts den dauerhaften Besitz des Pfandgläubigers am Pfandgegenstand voraussetzt. Bei der Sicherungsübereignung setzt das Verwertungsrecht des Gläubigers voraus, dass er den *unmittelbaren Besitz* an dem Sicherungsgegenstand *vor* der Eröffnung des Insolvenzverfahrens erlangt hat.

bb) Keine Lieferung des Insolvenzschuldners bei der Übergabe des Sicherungsgegenstands

Sowohl bei der Pfandrechtsbestellung als auch bei der Sicherungsübereignung liegt in der Verschaffung des unmittelbaren Besitzes *noch keine Lieferung* des Insolvenzschuldners an den Gläubiger im Sinne des § 3 Abs. 1 UStG vor. Die Auffassung, dass der die Verwertung betreibende Gläubiger bereits im Zeitpunkt der Inbesitznahme die wirtschaftliche Verfügungsmacht über das Sicherungsgut erlangt habe[320], setzt die tatsächliche Gewalt über einen Gegenstand unzutreffend mit der wirtschaftlichen Verfügungsmacht gleich. Wirtschaftliche Verfügungsmacht im Sinne des Umsatzsteuergesetzes erfordert die tatsächliche *Sachherrschaft* über den Gegenstand der Leistung.[321] Diese ist nicht gleichbedeutend mit der tatsächlichen *Gewalt* über den Gegenstand, wie sie für den Besitz gemäß § 854 Abs. 1 BGB erforderlich und ausreichend ist.[322] Voraussetzung der tatsächlichen Sachherrschaft ist die endgültige und unbedingte Übertragung des Substanzwertes.[323] Im Fall der Verwertung von Sicherungseigentum ist diese Voraussetzung erst dann erfüllt, wenn der Sicherungsgeber das Sicherungsgut nicht mehr auslösen kann. Das setzt die Verwertung des Sicherungseigentums durch den Gläubiger voraus.[324] Der Sicherungseigentümer hat folglich *erst im Zeitpunkt der Verwertung* die wirtschaftliche Verfügungsmacht von dem Insolvenzschuldner erhalten, indem er sich den Substanzwert des Sicherungsgegenstands durch Veräußerung einverleibt hat.

Dies gilt auch für die Verwertung durch den Pfandgläubiger.[325] Die Gegenansicht, die bei der Pfandverwertung nur eine Lieferung des Sicherungsgebers an den Erwerber annimmt, argumentiert, dass der Pfandgläubiger nur Inhaber eines Pfandrechts sei und nicht in eigenem Namen

---

320 *Frotscher*, Besteuerung bei Insolvenz, 7. Aufl., 2010, S. 250; *de Weerth*, BB 1999, 821 (824); *Ulrich Nehrig*, Umsatzsteuerpflicht der Masse bei vorinsolvenzlicher Inbesitznahme des Sicherungsgutes durch den Sicherungsnehmer, DZWiR 2006, 141 (142).

321 *Leonard*, in: Bunjes/Geist, UStG, 9. Aufl., 2009, § 3 Rn. 51.

322 BFH, Urt. v. 08.11.1995, XI R 63/94, BStBl. II 1996, 114 (117); Urt. v. 23.10.1997, V R 36/96, BStBl. II 1998, 584 (586); *Leonard*, in: Bunjes/Geist, UStG, 9. Aufl., 2009, § 3 Rn. 51.

323 BFH, Urt. v. 08.11.1995, XI R 63/94, BStBl. II 1996, 114 (117).

324 BFH, Urt. v. 06.10.2005, V R 20/04, BStBl. II 2006, 931; *Leonard*, in: Bunjes/Geist, UStG, 9. Aufl., 2009, § 3 Rn. 83; *Nieskens*, in: Rau/Dürrwächter, UStG, 146. Lfg., April 2011, § 3 Rn. 871; *Karl-Heinz Maus*, Umsatzsteuer bei Sicherheitenverwertung durch den Gläubiger im Insolvenzverfahren, ZInsO 2005, 82.

325 BFH, Urt. v. 16.04. 1997, XI R 87/96, BStBl. II 1997, 585; *Onusseit*, Umsatzsteuer im Konkurs, 1988, S. 205; *Eberhard Weiß*, Zwangsversteigerungen im Konkurs, UR 1989, 201.

über den Gegenstand verfügen könne.[326] Dagegen spricht jedoch, dass der Pfandgläubiger bei Pfandreife sehr wohl zur Verwertung berechtigt ist (§§ 1228 Abs. 2 BGB). Der Erwerber erlangt mit der Veräußerung im Wege der öffentlichen Versteigerung gemäß § 1235 Abs. 1 BGB oder durch freihändigen Verkauf gemäß der §§ 1221, 1235 Abs. 2 BGB die gleiche Rechtsstellung wie bei einem Erwerb vom Eigentümer (§ 1242 Abs. 1 BGB). Wie bei der Sicherungsübereignung erlangt daher auch der Pfandgläubiger die wirtschaftliche Verfügungsmacht an dem Pfandgegenstand im Zeitpunkt der Verwertung. Eine unterschiedliche Behandlung von Sicherungseigentümer und Pfandgläubiger wäre zudem sachlich nicht gerechtfertigt. Beide Rechtsinstitute sind im Wesentlichen gleich. Als Kreditbesicherung hat die Sicherungsübereignung das Faustpfand zwar weitgehend abgelöst.[327] Sie trägt den Anforderungen der Kreditwirtschaft Rechnung, indem es dem Sicherungsgeber im Gegensatz zum Pfandrecht die Benutzung des Sicherungsguts für seinen Geschäftsbetrieb ermöglicht. Beide Sicherungsformen verfolgen aber wirtschaftlich das gleiche Ziel und sind umsatzsteuerlich gleich zu behandeln.[328]

cc) Kein Übergang der Steuerschuldnerschaft nach § 13b Abs. 2 UStG

Die Insolvenzmasse wird nicht durch einen Übergang der Steuerschuldnerschaft gemäß § 13b Abs. 2 Nr. 2 UStG entlastet.

(1) Keine Verwertung außerhalb des Insolvenzverfahrens

Der Übergang der Steuerschuldnerschaft bei einer Verwertung von Sicherungsgut durch den Sicherungsnehmer verlangt eine Verwertung außerhalb des Insolvenzverfahrens. Die Verwertung durch den Gläubiger gemäß § 173 Abs. 1 InsO stellt aber eine Verwertung im Insolvenzverfah-

---

326 BFH, Urt. v. 19.12.1985, V R 139/76, BStBl. II 1986, 500 (502); *Frotscher*, Besteuerung bei Insolvenz, 7. Aufl., 2010, S. 248.

327 *Jürgen Damrau*, in: Rebmann, Kurt/Säcker, Franz Jürgen/Rixecker, Roland (Hrsg.), Münchener Kommentar zum BGB, 5. Aufl., München, 2009, vor §1204 Rn. 4; *Peter Bassenge*, in: Palandt, Otto (Begr.), Bürgerliches Gesetzbuch (Kommentar), 69. Aufl., München, 2010, vor § 1204 Rn. 1.

328 *Onusseit*, Umsatzsteuer im Konkurs, 1988, S. 205; *Franz-J. Giesberts*, Eigentumsübertragung, Verschaffung der Verfügungsmacht und Lieferung, UR 1976, 61 (67).

ren dar.[329] Zwar lässt der Begriff *außerhalb* in § 13b Abs. 2 Nr. 2 InsO sowohl eine zeitliche als auch eine sachliche Anknüpfung zu. Die ebenfalls mögliche räumliche Auslegung ist hier nicht relevant. Aus dem Zweck der Vorschrift folgt, dass die Frage, ob eine Verwertung innerhalb oder außerhalb des Insolvenzverfahrens stattfindet, nicht nach einem zeitlichen Kriterium zu entscheiden ist. Verwertet nämlich der Gläubiger Sicherungsgut, das mangels Pfändbarkeit nicht massezugehörig ist, z. B. das gemäß § 811 Abs. 1 Nr. 5 ZPO unpfändbare aber sicherungsübereignete Inventar eines Freiberuflers, so erfolgt dies vollkommen unbeeinflusst von dem Insolvenzverfahren über dessen Vermögen. Der Sicherungsgeber kann zwar gegenüber dem Sicherungsnehmer zulässigerweise auf den gesetzlichen Pfändungsschutz verzichten.[330] Der Verzicht hat aber nicht gleichzeitig die Massezugehörigkeit der Sicherungsgegenstände im Insolvenzverfahren des Sicherungsgebers zur Folge, sondern wirkt nur im Verhältnis zu dem Sicherungsnehmer. Konsequenterweise ist die Sicherungsübereignung oder Verpfändung unpfändbarer Gegenstände mangels Gläubigerbenachteiligung nicht anfechtbar.[331] Der Gläubigergesamtheit hätten die betreffenden Vermögenswerte in keinem Fall zugestanden. Für den Sicherungsgläubiger besteht in diesem Fall dieselbe Situation, wie sie sich ohne Insolvenzverfahren darstellen würde. Er kann die Verwertung der Gegenstände betreiben, sobald der Sicherungsfall eingetreten ist. Würde man vor diesem Hintergrund das Wort *außerhalb* als zeitliches Element verstehen, bestünde trotz identischer Ausgangslage in dem Fall der Verwertung vor Insolvenzeröffnung eine Steuerschuldnerschaft des Gläubigers und in dem Fall der Verwertung nach Insolvenzeröffnung nicht. Diese zufällige Unterscheidung allein nach dem

---

329 BGH, Urt. v. 29. 3. 2007 - IX ZR 27/06, ZInsO 2007, 605 (606); *Maus*, ZInsO 2005, 82 (83); *Frotscher*, Besteuerung bei Insolvenz, 7. Aufl., 2010, S. 250; *Dietmar Onusseit*, Zur notwendigen Reform umsatzsteuerrechtlicher Fragen im Rahmen einer Reform des Insolvenzrechts, ZInsO 2000, 586 (587).

330 BGH, Urt. v. 28.11.1960, VIII ZR 211/59, WM 1961, 243 (244); OLG Frankfurt, Urt. v. 09.03.1972, 12 U 90/71, NJW 1973, 104; OLG Bamberg, Urt. v. 18.04.1980, 6 U 4/80, MDR 1981, 50.

331 BGH, Urt. v. 25.01.1961, V ZR 141/59, WM 1964, 505 (506/7); *Hendrik Rogge*, in: Hamburger Kommentar zum Insolvenzrecht, 3. Aufl., 2009, § 129 Rn. 48; *Hans-Peter Kirchhof*, in: Münchener Kommentar zur InsO, 2. Aufl., 2007, § 129 Rn. 84; *Hirte*, in: Uhlenbruck (Hrsg.), Insolvenzordnung (Kommentar), 13. Aufl., 2010, § 129 Rn. 98.

Zeitpunkt der Verwertung ist nicht gewollt. Folglich ist der Begriff *außerhalb* als sachliche Unterscheidung zu verstehen.

Als sachliche Abgrenzung könnte § 13b Abs. 2 Nr. 2 UStG an die Person des Verwertenden, an die Person des Verwertungsberechtigten oder an die Zugehörigkeit des Sicherungsguts zur Insolvenzmasse anknüpfen. Zur Konkursordnung wurde aufgrund des Wortlauts des § 4 Abs. 2 KO („*Die abgesonderte Befriedigung erfolgt unabhängig vom Konkursverfahren.*") vereinzelt vertreten, dass eine Verwertung durch den absonderungsberechtigten Gläubiger außerhalb des Konkursverfahrens erfolge, wenn der Konkursverwalter dem Gläubiger das Sicherungsgut zur Verwertung überlassen habe.[332] Folgt man dieser Auffassung, dann müsste eine Verwertung, zu der nur der Gläubiger berechtigt ist, erst recht außerhalb des Insolvenzverfahrens erfolgen. Mit Blick auf die §§ 170 Abs. 2, 171 Abs. 2 S. 3 InsO, die einen Ausgleich für die Umsatzsteuerbelastung aus einer Verwertung durch den Gläubiger bei einem Verwertungsrecht des Insolvenzverwalters festlegen, ist diese Ansicht nicht mehr haltbar. Eine neuere Ansicht geht in teleologischer Auslegung des Begriffs „*außerhalb*" in § 13b Abs. 2 Nr. 2 UStG davon aus, dass das Verwertungsrecht ausschlaggebend für die Einordnung sei. Wenn nur der Gläubiger zur Verwertung berechtigt ist (§ 173 Abs. 1 InsO), vollziehe sich die Verwertung zwar während des Insolvenzverfahrens. Dem materiellrechtlichen Gehalt nach handele es sich aber um eine Verwertung außerhalb des Verfahrens.[333] Dieser Ansicht ist insoweit zuzustimmen, als auch sie eine rein zeitliche Auffassung der Begriffe *innerhalb* und *außerhalb* ablehnt. Die strikte Trennung nach der Person des Verwertungsberechtigten überzeugt indes nicht. Die Modalitäten der Verwertung werden nämlich für massezugehörige Gegenstände unabhängig von der Person des Verwertungsberechtigten in der Insolvenzordnung geregelt. Der ausschließlich zur Verwertung berechtigte Gläubiger kann sein Verwertungsrecht aus § 173 Abs. 1 InsO an den Insolvenzverwalter verlieren, wenn er nicht innerhalb einer gerichtlich festgesetzten Frist verwertet hat (§ 173

332 Soweit ersichtlich nur *Onusseit*, Umsatzsteuer im Konkurs, 1988, S. 148.

333 *Stephan Ries*, § 13 Abs. 1 Nr. 2 UStG - Lieferung sicherungsübereigneter Gegenstände an den Sicherungsnehmer außerhalb des Insolvenzverfahrens, ZInsO 2005, 230 (232); *ders.*, Anmerkung zu OLG Düsseldorf, Urt. v. 13.01.2006, I-16 U 49/05, ZInsO 2006, 162 (163).

Abs. 2 InsO). Umgekehrt kann der Verwalter sein Verwertungsrecht an den Gläubiger abtreten (§ 170 Abs. 2 InsO). Er kann den Gegenstand im Rahmen einer echten Freigabe auch aus der Insolvenzmasse lösen, sodass wieder der Insolvenzschuldner oder der Gläubiger zur Verwertung berechtigt sind. Maßgeblich ist daher allein, ob der Gegenstand der Verwertung Bestandteil der Insolvenzmasse ist. Ist das der Fall, liegt unabhängig von der Person des Veräußernden eine Verwertung *innerhalb* des Insolvenzverfahrens vor. Die Verwertung massezugehöriger Gegenstände, gleich durch wen, erfolgt im Insolvenzverfahren. Die Belastung eines Gegenstands mit Absonderungsrechten hebt die Massezugehörigkeit nicht auf (§ 50 Abs. 1 InsO). Vielmehr geht aus den §§ 170 Abs. 2, 171 Abs. 2 S. 3 InsO der Wille des Gesetzgebers hervor, auch die Verwertung durch den Gläubiger innerhalb des Insolvenzverfahrens anzusiedeln. Richtigerweise entscheidet sich die Frage, ob eine Verwertung innerhalb oder außerhalb des Verfahrens erfolgt, daher nach der Massezugehörigkeit des Sicherungsgegenstands. Die Verwertung eines Gegenstands der Insolvenzmasse erfolgt somit innerhalb des Insolvenzverfahrens. Unerheblich ist dabei, ob die Verwertung durch den Insolvenzverwalter, mit dessen Zustimmung durch den Sicherungsgläubiger oder durch den Gläubiger aufgrund eigenen Verwertungsrechts erfolgt.

(2) Keine analoge Anwendung des § 13b Abs. 2 Nr. 2 UStG

Eine Umkehr der Steuerschuldnerschaft zulasten des verwertenden Gläubigers in analoger Anwendung des § 13b Abs. 2 Nr. 2 UStG ist abzulehnen. Die Begründung einer Steuerschuldnerschaft durch analoge Anwendung eines Gesetzes widerspricht dem Rechtsstaatsprinzip.

Eine steuerverschärfende Analogie ist zwar nicht grundsätzlich ausgeschlossen.[334] Eine planwidrige Regelungslücke als Voraussetzung der Analogie ist aber in diesem Fall abzulehnen. Zwar gab es zur Zeit der Diskussion um die Einführung des von den Mitgliedern der SPD-Fraktion im Rechtsausschuss des Bundestags vorgeschlagenen § 200a InsO noch keine Umkehr der Steuerschuldnerschaft gemäß § 13b Abs. 2 Nr. 2 UStG.

Es war aber bereits deren Vorgänger eingeführt, das Abzugsverfahren für die Lieferung sicherungsübereigneter Gegenstände gemäß § 18 Abs. 8 a. F. UStG i. V. m. § 51 Abs. 1 Nr. 2 a. F. UStDV.[335] Dieses Abzugsverfahren hat für die Verwertung sicherungsübereigneter Gegenstände außerhalb des Insolvenzverfahrens den verwertenden Gläubiger als Haftenden verpflichtet, die Umsatzsteuer aus der Verwertung einzubehalten und für den Steuerschuldner abzuführen.

Auch aus einem weiteren Grund ist eine Analogie zu § 13b Abs. 2 Nr. 2 UStG abzulehnen. Die Analogie lässt sich nämlich in dem konkreten Fall der Sicherheitenverwertung durch den Gläubiger nicht mit dem Argument begründen, die Insolvenzmasse würde andernfalls mit der Um-

---

334 BVerfG, Beschl. v. 24.07.1957, 1 BvL 23/52, BVerfGE 7, 89 (95); Beschl. v. 12.03.1985, 1 BvR 571/81, 494/82, 47/83, BVerfGE 69, 189 (203 ff.); BFH, Urt. v. 20.10.1983, IV R 175/79, BStBl. II 1984, 221 (224); *Lang*, in: Tipke/Lang, Steuerrecht, 20. Aufl., 2010, § 4 Rn. 53; *Schenke*, Rechtsfindung im Steuerrecht, 2007, S. 352, 393 ff.; *Roman Herzog*, Leitlinien und Entwicklungstendenzen der Rechtsprechung des Bundesverfassungsgerichts in Steuerfragen, StbJb. 1985/86, 27 (43); zweifelnd BVerfG, Urt. v. 24.01.1962, 1 BvR 232/60, BVerfGE 13, 318 (328); a. A. Kruse, Lehrbuch des Steuerrechts, Bd. 1, 1991, S. 60 ff.; *ders.*, Steuerspezifische Gründe und Grenzen der Gesetzesbindung, in: Tipke, Klaus (Hrsg.), Grenzen der Rechtsfortbildung durch Rechtsprechung und Verwaltungsvorschriften im Steuerrecht, DStJG Band 5, Köln 1982, S. 71 (83); *Werner Flume*, Richterrecht im Steuerrecht, StbJb. 1964/65, 55 (68); *ders.*, Steuerrechtsprechung und Steuerrecht, StbJb. 1985/86, 277 (290 ff.); *Georg Crezelius*, Verkappte Analogien in der Finanzrechtsprechung, StuW 1981, 117 (121) stellt sogar die begünstigende Analogie in Frage.

335 Eingeführt zum 01.01.1993 durch die Neunte Verordnung zur Änderung der Umsatzsteuer-Durchführungsverordnung vom 03.12.1992, BGBl. I 1992, 1982.

satzsteuer aus der Verwertung belastet.[336] Die Umkehr der Steuerschuldnerschaft verfolgt nicht den Zweck, der Insolvenzmasse eine Steuerschuld zu ersparen oder ihr gar einen Ausgleichspflichtigen zu verschaffen. Es soll lediglich der Anspruch des Fiskus sichergestellt werden, indem die Steuerschuld von dem häufig illiquiden Sicherungsgeber auf dessen Gläubiger übergeht.[337] Mit der Analogie würde folglich ein Ziel verfolgt werden, das von der Intention des § 13b Abs. 2 Nr. 2 UStG abweicht.

dd) Zwischenergebnis - Lieferung des Insolvenzschuldners an den Sicherungsgläubiger im Zeitpunkt der Verwertung des Sicherungsguts

Es ist daher festzuhalten, dass der Sicherungsgläubiger von dem Insolvenzschuldner im Zeitpunkt der Verwertung für eine juristische Sekunde die wirtschaftliche Verfügungsmacht über das Sicherungsgut erlangt und diese *uno actu* dem Erwerber verschafft. Die Verwertung durch den Gläubiger gemäß § 173 Abs. 1 InsO führt daher zu einem Doppelumsatz. Unabhängig von der Sicherungsart liegt stets eine Lieferung des Insolvenzschuldners an den Sicherungsgläubiger vor. Die durch diese Lieferung ausgelöste Umsatzsteuer ist nach Insolvenzeröffnung begründet. Aufgrund der Lieferung ist eine abstrakte Leistungsfähigkeit der Insolvenzmasse anzunehmen. Eine Umkehr der Steuerschuldnerschaft gemäß § 13b Abs. 1 UStG liegt nicht vor. Die Insolvenzmasse muss die Steuerforderung als Masseverbindlichkeit gemäß § 55 Abs. 1 Nr. 1 InsO begleichen. Dieses Ergebnis ist gerechtfertigt, wenn sich die abstrakt durch die Lieferung ausgedrückte Leistungsfähigkeit konkret in der Insolvenzmasse niederschlägt.

---

336 So aber (wohl mißverständlich) BGH, Urt. v. 29. 3. 2007 - IX ZR 27/06, ZInsO 2007, 605 (607), der im Ergebnis eine Analogie zu §§ 170 Abs. 2, 171 Abs. 2 S. 3 InsO annimmt.

337 *Lippross*, Umsatzsteuer, 22. Aufl., 2008, S. 1027 f.; *Stadie*, in: Rau/Dürrwächter, UStG, 146. Lfg., April 2011, § 13b Rn. 2, 126.

ee) Keine Erstattung der von dem Gläubiger vereinnahmten Umsatzsteuer an die Insolvenzmasse

Der Insolvenzmasse steht gegen den Gläubiger *kein* Anspruch auf Auskehr der vereinnahmten Umsatzsteuer zu.

(1) Keine direkte Anwendung der §§ 170 Abs. 2, 171 Abs. 2 S. 3 InsO

Die Regelungen des § 171 Abs. 2 S. 3 und des § 170 Abs. 2 InsO, durch die Umsatzsteuerbelastungen der Insolvenzmasse bei einem originären Verwertungsrecht des Insolvenzverwalters ausgeglichen werden, finden keine direkte Anwendung auf eine Verwertung durch den Gläubiger nach § 173 Abs. 1 InsO. Die Vorschrift des § 171 Abs. 2 S. 3 InsO nimmt bereits ihrem Wortlaut nach Bezug auf eine Verwertung, aus der sich Kostenbeiträge zugunsten der Insolvenzmasse ergeben. Auch die systematische Stellung des § 171 Abs. 2 S. 3 InsO lässt eine Anknüpfung des Anspruchs auf Erstattung der Umsatzsteuer aus der Verwertung an ein Verwertungsrecht des Verwalters erkennen. Es entspricht auch nicht dem Zweck der Norm, jede Belastung der Insolvenzmasse mit Umsatzsteuer auf den gesicherten Gläubiger abzuwälzen. Dies wird durch die im Gesetzgebungsverfahren geführte Diskussion über die Einführung des letztlich abgelehnten § 200a InsO bestätigt, der eine allgemeine Verlagerung der Steuerlast auf den Gläubiger vorgesehen hat.[338] Ein Anspruch der Insolvenzmasse gegen den Gläubiger ergibt sich auch nicht aus § 170 Abs. 2 InsO. Diese Norm setzt voraus, dass dem Insolvenzverwalter ein Verwertungsrecht zugestanden hat, das er an den Absonderungsberechtigten abgetreten hat. Gleichermaßen wie bei § 171 Abs. 2 S. 3 InsO ergibt sich auch hier aus der Stellung und dem Zweck der Vorschrift keine allgemeine Pflicht des Gläubigers, die Umsatzsteuer aus einer Verwertung an die Insolvenzmasse abzuführen.

338 Vgl. oben unter D. IV. 3. b), Seite 95 ff.

(2) Keine analoge Anwendung mangels unerkannter Regelungslücke

Auch eine analoge Anwendung beider Vorschriften scheidet aus. Eine unerkannte Regelungslücke liegt nicht vor.[339] Aus der Diskussion um den vorgeschlagenen § 200a InsO geht hervor, dass die Möglichkeit einer kompensationslosen Umsatzsteuerbelastung der Insolvenzmasse bei einer Verwertung durch den Gläubiger aus eigenem Verwertungsrecht erkannt *und* gebilligt wurde. Eine weitere Belastung absonderungsberechtigter Gläubiger wurde abgelehnt. [340]

Der Bundesgerichtshof und ein Teil der Literatur sind hierzu anderer Auffassung und befürworten eine analoge Anwendung des § 170 Abs. 2 InsO für den Fall, dass die Insolvenzmasse durch eine Verwertung des allein verwertungsberechtigten Gläubigers mit Umsatzsteuer belastet wird.[341] Dass der im Gesetzgebungsverfahren diskutierte § 200a InsO auch diesen Fall erfasst hätte, schließt nach der Ansicht des Bundesgerichtshofs eine planwidrige Regelungslücke zumindest für den Bereich der Verwertung von Sicherungseigentum nicht aus. Der Wirkungskreis des abgelehnten § 200a InsO wäre nach der Auffassung des Bundesgerichtshofs weit über den Bereich der Sicherungsübereignung hinausgegangen und hätte auch rechtsgeschäftliche Pfandrechte an beweglichen Sachen, Forderungen und anderen Rechten erfasst. Der Fall, dass Sicherungseigentum vor der Insolvenzeröffnung von dem Sicherungsgläubiger in Besitz genommen, aber erst nach Eröffnung verwertet wird, sei *„nicht*

---

339 LG Stuttgart, Beschl. v. 24.2.2004 – 7 O 502/03, ZIP 2004, 1117; *Maus*, ZInsO 2005, 82 (83); *Jan de Weerth*, Umsatzsteuer bei der Verwertung sicherungsübereigneter Gegenstände, ZInsO 2003, 246 (250); *Maus*, in: Uhlenbruck (Hrsg.), Insolvenzordnung (Kommentar), 12. Aufl., München, 2002, § 171 Rn. 8; *Burghard Wegener*, in: Wimmer, Klaus (Hrsg.), Frankfurter Kommentar zur Insolvenzordnung, 5. Aufl., Frankfurt, 2009, § 173 Rn. 8; zumindest für die freihändige Verwertung auch *Marotzke*, ZZP 109 (1996), 429 (463); *Onusseit*, ZIP 2000, 777 (784).

340 BT-Drucks. 12/7302, S. 178 (aus *Uhlenbruck*, Das neue Insolvenzrecht, 1994, S. 542).

341 BGH, Urt. v. 29.03.2007, IX ZR 27/06, ZInsO 2007, 605; *Kling/Schüppen/Ruh*, in: Münchener Kommentar zur InsO, 2. Aufl., 2007, Insolvenzsteuerrecht, Rn. 173; *Hans G. Landfermann*, in: Kreft, Gerhart (Hrsg.), Heidelberger Kommentar zur Insolvenzordnung, 5. Aufl., Heidelberg, 2008, § 171 Rn. 14; *Stadie*, in: Rau/Dürrwächter, UStG, 146. Lfg., April 2011, § 13b Rn. 138 und § 18 Rn. 850.

erkennbar bedacht worden.“[342] Der Bundesgerichtshof folgert daraus, dass diese Lücke in analoger Anwendung der §§ 170 Abs. 2, 171 Abs. 2 S. 3 InsO und des § 13b Abs. 2 Nr. 2 UStG geschlossen werden müsse und spricht der Insolvenzmasse einen Erstattungsanspruch in Höhe der Umsatzsteuerbelastung gegen den Sicherungseigentümer zu.[343]

Diese Argumentation überzeugt nicht. Es fällt zunächst auf, dass der Bundesgerichtshof sich nicht recht zu entscheiden vermag, welche Vorschriften eigentlich analog herangezogen werden sollen, um das gewünschte Ergebnis zu erhalten. Es wird nicht klar, ob die Umkehr der Steuerschuldnerschaft bei der Verwertung sicherungsübereigneter Gegenstände (§ 13b Abs. 2 Nr. 2 UStG) oder der Anspruch der Insolvenzmasse auf den Umsatzsteuerbetrag aus der Verwertung (§§ 170 Abs. 2, 171 Abs. 2 S. 3 InsO) ausschlaggebend ist oder ein Zusammenwirken dieser Vorschriften. Ein Erstattungsanspruch der Insolvenzmasse lässt sich jedenfalls nicht aus § 13b Abs. 2 Nr. 2 UStG herleiten. Die Umkehr der Steuerschuldnerschaft ist bereits wörtlich kein Anspruch auf Erstattung. Die Vorschrift dient auch ihrem Zweck nach nicht einem Nachteilausgleich der Insolvenzmasse, sondern soll das Steueraufkommen des Fiskus bei der Verwertung sicherungsübereigneter Gegenstände sichern.[344] Die Entlastung der Insolvenzmasse ist lediglich Symptom, nicht Zweck des § 13b Abs. 2 Nr. 2 UStG.

Die Auffassung einer auf das Sicherungseigentum beschränkten Analogie führt zudem zu einer nicht gerechtfertigten Ungleichbehandlung von Pfandrecht und Sicherungseigentum. Während in der Literatur teilweise eine uneingeschränkte Analogie der §§ 170 Abs. 2, 171 Abs. 2 S. 3 InsO auf alle Arten von Absonderungsrechten befürwortet wird[345], was ange-

---

342 BGH, Urt. v. 29.03.2007, IX ZR 27/06, ZInsO 2007, 605 (606).

343 BGH, Urt. v. 29.03.2007, IX ZR 27/06, ZInsO 2007, 605 (607).

344 *Lippross*, Umsatzsteuer, 22. Aufl., 2008, S. 1027 f.

345 *Landfermann*, in: Heidelberger Kommentar zur Insolvenzordnung, 5. Aufl., 2008, § 171 Rn. 14; *Stadie*, in: Rau/Dürrwächter, UStG, 146. Lfg., April 2011, § 13b Rn. 138, § 18 Rn. 850; *Kling*, in: Münchener Kommentar zur InsO, 1. Aufl., 2001, Insolvenzsteuerrecht, Rn. 173; ablehnend hingegen *Lwowski/Tetzlaff*, in: Münchener Kommentar zur InsO, 2. Aufl., 2007, § 165 Rn. 209b; unentschlossen scheinbar *Kling/Schüppen/Ruh*, in: Münchener Kommentar zur InsO, 2. Aufl., 2007, Insolvenzsteuerrecht, Rn. 173.

sichts der Ablehnung einer entsprechenden Regelung im Gesetzgebungsverfahren nicht haltbar ist, nimmt der Bundesgerichtshof eine Analogie nur für die Verwertung von Sicherungseigentum durch den Gläubiger an. Obwohl Pfandrecht und Sicherungseigentum mit der Besicherung des Gläubigers wirtschaftlich das gleiche Ziel verfolgen und das Sicherungseigentum aus dem Pfandrecht hervorgegangen ist[346], konstruiert der Bundesgerichtshof unterschiedliche Rechtsfolgen hinsichtlich des Behaltendürfens des Verwertungserlöses. Dass der Pfandgläubiger als Folge dieser Rechtsprechung besser steht als der Sicherungseigentümer, überzeugt ebenfalls nicht. Der Sicherungsgläubiger soll die Umsatzsteuer aus der Verwertung an die Insolvenzmasse erstatten, obwohl er juristisch vollwertiges Eigentum an dem Sicherungsgegenstand innehat. Dem Pfandgläubiger steht hingegen nur ein Recht auf Befriedigung aus dem Gegenstand zu (§ 1204 Abs. 1 BGB). Zwar ist auch der Sicherungseigentümer im Rahmen der Sicherungsabrede im Verhältnis zum Sicherungsgeber beschränkt, über sein Eigentum zu verfügen. Dinglich ist der Sicherungseigentümer aber uneingeschränkt verfügungsbefugt. Das im Vergleich zum juristischen Volleigentum weniger starke Pfandrecht würde seinem Inhaber daher eine bessere Sicherheit vermitteln, als es das *Eigentum* dem Sicherungseigentümer zu verschaffen vermag.

Die Argumentation des Bundesgerichtshofs ist auch aufgrund ihrer mangelnden Folgerichtigkeit abzulehnen. Der Gesetzgeber hat eine allgemeine Regelung für die Erstattung von Umsatzsteuer an die Insolvenzmasse, wie sie der vorgeschlagene § 200a InsO *für alle Verwertungen* von mit Absonderungsrechten belasteten Gegenständen vorgesehen hat, erörtert und abgelehnt.[347] Eine planwidrige Regelungslücke für den speziellen Fall der Umsatzsteuerbelastung der Masse aus der Verwertung von Sicherungseigentum, der von der allgemeinen Regel erfasst worden wäre, kann daher nicht angenommen werden. Wird eine allgemeine Regel abgelehnt, weil eine noch stärkere Belastung des Sicherungsgläubigers mit den umsatzsteuerlichen Folgen der Sicherheitenverwertung nicht gewünscht wird, so kann nicht angenommen werden, dass eine solche Regelung in dem speziellen Fall der Sicherungsübereignung vom Gesetzgeber gewollt gewesen wäre. Die Ablehnung einer allgemeinen Regel be-

---

346 *Bassenge*, in: Palandt (Hrsg.), BGB, 69. Aufl., 2010, § 930 Rn. 13 ff., § 1205 Rn. 10.

347 Vgl. D. IV. 3. b), Seite 95 ff.

inhaltet in diesem Fall die Ablehnung einer speziellen Regel. Der Gesetzgeber hat die Möglichkeit einer Belastung der Insolvenzmasse mit Umsatzsteuer erkannt. Er hat für den Fall des alleinigen Verwertungsrechts des Sicherungsgläubigers gemäß § 173 Abs. 1 InsO von der Normierung einer Erstattungspflicht ausdrücklich abgesehen. Das mag als rechtspolitischer Fehler angesehen werden. Ein solcher Fehler ist aber nicht gleichzusetzen mit einer Gesetzeslücke.[348] Eine analoge Anwendung der §§ 170 Abs. 2, 171 Abs. 2 S. 3 InsO auf den Fall der Verwertung durch den Gläubiger aus eigenem Verwertungsrecht ist daher abzulehnen.

ff) Keine zivilrechtlichen Ausgleichsansprüche der Insolvenzmasse gegen den Gläubiger

Der Insolvenzmasse stehen gegen den verwertungsberechtigten Gläubiger keine zivilrechtlichen Ausgleichsansprüche zu, mithilfe derer eine Kompensation der Umsatzsteuerbelastung erreicht werden könnte. Der Sicherungsgläubiger hat nach ständiger Rechtsprechung einen Anspruch auf den Bruttoerlös aus der Verwertung bis zur Höhe der gesicherten Forderung.[349] Eine Anfechtung der Inbesitznahme des Sicherungsgegenstands durch den Gläubiger vor der Insolvenzeröffnung nach den §§ 129 ff. InsO kommt nicht in Betracht. Der Begriff der Rechtshandlung im Anfechtungsrecht ist zwar weit auszulegen und erfasst auch die Besitzerlangung als Realakt.[350] Eine Gläubigerbenachteiligung gemäß § 129 Abs. 1 InsO liegt allerdings nicht vor. Der Absonderungsberechtigte hat im Insolvenzverfahren ein Recht auf den Verwertungserlös aus dem Sicherungsgut (§§ 50, 51 InsO). Zugunsten der Insolvenzmasse fallen nur die gesetzlichen Kostenbeiträge gemäß der §§ 170 Abs. 1, Abs. 2, 171 Abs. 1, Abs. 2 S. 1 InsO und ein Anspruch auf den Umsatzsteuerbetrag gemäß §§ 170 Abs. 2, 171 Abs. 2 S. 3 InsO an, wenn nicht ein höherer Übererlös verbleibt. Nimmt der Gläubiger das Sicherungsgut vor Verfahrenseröffnung in Besitz und verwertet er es nach Insolvenzeröffnung gemäß seines Rechts aus § 173 Abs. 1 InsO, so besteht kein Anspruch

---

348 *Larenz*, Methodenlehre der Rechtswissenschaft, 6. Aufl., 1991, S. 374.

349 BGH, Urt. v. 22.03.1972, VIII ZR 119/70, BGHZ 58, 292 (295); BGH, Urt. v. 25.11.2003, XI ZR 379/02, ZIP 2004, 554 (557); BGH, Urt. v. 23.09.2004, IX ZR 25/03, ZInsO 2005, 148.

350 *Rogge*, in: Hamburger Kommentar zum Insolvenzrecht, 3. Aufl., 2009, § 129 Rn. 10; *Kirchhof*, in: Münchener Kommentar zur InsO, 2. Aufl., 2007, § 129 Rn. 22.

der Masse auf die gesetzlichen Kostenbeiträge. Das Entgehen der Kostenbeiträge genügt nicht für die Annahme einer Gläubigerbenachteiligung.[351] Das gleiche gilt für das Entgehen eines Anspruchs auf Erstattung der aus der Verwertung resultierenden Umsatzsteuer gemäß §§ 170 Abs. 2, 171 Abs. 2 S. 3 InsO. Der Gläubiger hat auch im Insolvenzverfahren grundsätzlich einen Anspruch auf den Bruttoerlös. Nur in Ausnahmefällen trifft ihn eine Pflicht zur Erstattung der Umsatzsteuer an die Insolvenzmasse. Diese Ausnahmefälle sind in § 170 Abs. 2 InsO und § 171 Abs. 2 S. 3 InsO niedergelegt. Liegen die Voraussetzungen dieser Vorschriften nicht vor, kann das als falsch empfundene Ergebnis nicht über die Insolvenzanfechtung korrigiert werden.[352]

gg) Untersuchung der Möglichkeit einer Steuervermeidung durch Freigabe des Sicherungsgegenstands

Grundsätzlich kann der Insolvenzverwalter durch die Freigabe des im Besitz des Gläubigers befindlichen Sicherungsguts eine Belastung der Masse mit der Umsatzsteuer aus der Verwertung vermeiden. Erforderlich ist dafür, dass es sich um eine echte Freigabe handelt. D. h. der Insolvenzverwalter muss für die Insolvenzmasse auf die Substanz des Gegenstands und deren Surrogate verzichten.[353]

Im Vergleich zu der bereits erörterten Freigabe eines Grundstücks[354] ergeben sich bei der Freigabe von beweglichen Gegenständen aber erhebliche Unterschiede, die Anlass zu starken Zweifeln an der Wirksamkeit dieser Gestaltungsmöglichkeit geben. Von Grundbesitz des Schuldners erlangt der Insolvenzverwalter in aller Regel Kenntnis vor einer Verwertung. Bei beweglichen Gegenständen wird der Insolvenzverwalter unter

351 BGH, Urt. v. 09.10.2003, IX ZR 28/03, ZInsO 2003, 1101 (1103); BGH, Urt. v. 23.09.2004, IX ZR 25/03, ZInsO 2005, 148; *Rogge*, in: Hamburger Kommentar zum Insolvenzrecht, 3. Aufl., 2009, § 129 Rn. 93; a. A. *Kirchhof*, in: Münchener Kommentar zur InsO, 2. Aufl., 2007, § 129 Rn. 137.

352 *Ries*, ZInsO 2006, 162 (163); a. A. BGH, Urt. v. 29. 3. 2007, IX ZR 27/06, ZInsO 2007, 605 (607); OLG Düsseldorf, Urt. v. 13.01.2006, I-16 U 49/05, ZInsO 2006, 154 (162).

353 BFH, Urt. v. 24.09.1987, V R 196/83, BStBl. II 1987, 873 (874); *Hirte*, in: Uhlenbruck/Hirte/Vallender (Hrsg.), InsO, 13. Aufl., 2010, § 35 Rn. 73; *Lüdtke*, in: Hamburger Kommentar zum Insolvenzrecht, 3. Aufl., 2009, § 35 Rn. 69; *Frotscher*, Besteuerung bei Insolvenz, 7. Aufl., 2010, S. 240.

354 Vgl. D. III. 3. b) cc), Seite 123 ff.

Umständen erst im eröffneten Verfahren davon erfahren, dass diese von Sicherungseigentümern in Besitz genommen worden sind bzw. dass Gläubigern rechtsgeschäftliche Pfandrechte an ihnen bestellt worden sind. Massebestandteile, die sich zur Zeit des Insolvenzantrags nicht im Besitz des Schuldners befinden, können im Rahmen einer körperlichen Bestandsaufnahme nicht ermittelt werden. Dazu trägt auch der Umstand bei, dass der Schuldner bzw. die für ihn handelnden Organe für Auskünfte oft nicht zur Verfügung stehen oder schlicht überfordert sind. Ein geordnetes und laufend geführtes Anlagenverzeichnis existiert häufig nicht oder nicht mehr. Wenn das Sicherungsgut für die Aufrechterhaltung des Geschäftsbetriebs nicht erforderlich ist, wird es im Insolvenzeröffnungsverfahren auch nicht vermisst. Die Freigabe vor der Verwertung des Sicherungsguts durch den Gläubiger ist dem Insolvenzverwalter daher in der Praxis oft nicht möglich. Er kann im Unterschied zur Rechtslage bei Grundvermögen, hinsichtlich dessen nur er zur freihändigen Verwertung befugt ist, auf die Verwertung beweglicher Sachen durch den Gläubiger gemäß § 173 Abs. 1 InsO auch keinen Einfluss ausüben. Von der Verwertung erfährt der Insolvenzverwalter im Extremfall daher erst aufgrund der Gutschrift des Verwertungserlöses durch den Gläubiger, in der dieser die Umsatzsteuer ausweist. Eine Informationspflicht des Gläubigers vor einer Verwertung besteht nicht. Die Verpflichtung zur Mitteilung von Absonderungsrechten nach Insolvenzeröffnung (§ 28 Abs. 2 S. 2 InsO) nützt wenig, wenn die Verwertung zwischen Verfahrenseröffnung und Anmeldefrist erfolgt. Es ist daher festzuhalten, dass der Insolvenzverwalter von der Verwertung beweglichen Sicherungsguts überrascht werden kann. Nach der Verwertung ist eine Freigabe nicht mehr möglich. Eine voreilige Freigabe aus dem Insolvenzbeschlag ist mit der Gefahr einer persönlichen Haftung des Verwalters gemäß § 60 Abs. 1 InsO verbunden. Der Gefahr einer Umsatzsteuerbelastung der Masse aufgrund der Verwertung von Sicherungsgut durch den besitzenden Gläubiger kann durch die Freigabe folglich nicht zuverlässig begegnet werden.

hh) Die Überprüfung des Ergebnisses unter Berücksichtigung des Leistungsfähigkeitsprinzips

Festzuhalten ist, dass die Verwertung von Sicherungsgut durch den gemäß § 173 Abs. 1 InsO absonderungsberechtigten Sicherungsgläubiger, der vor Insolvenzeröffnung den Besitz an dem Sicherungsgut erlangt hat, zu einer umsatzsteuerpflichtigen Lieferung gemäß § 1 Abs. 1 Nr. 1 UStG des Insolvenzschuldners an den Gläubiger führt. Die Lieferung indiziert eine Leistungsfähigkeit der Insolvenzmasse. Ein Fall der Umkehr der Steuerschuldnerschaft gemäß § 13b Abs. 2 UStG liegt nicht vor. Die Umsatzsteuer ist folglich nach Insolvenzeröffnung begründet und grundsätzlich den Masseverbindlichkeiten zuzuordnen (§ 55 Abs. 1 Nr. 1 InsO).

Eine konkrete Leistungssteigerung der Insolvenzmasse geht mit der Lieferung allerdings nicht einher. Der Leistungsfähigkeitsindikator *Einkommen* wird durch die Lieferung nicht positiv beeinflusst. Der Insolvenzmasse stehen keine Ausgleichsansprüche gegen den Gläubiger zu, der den vollen Bruttoerlös behalten darf. Ein Erlös aus der Verwertung fließt der Masse nur dann zu, wenn sich eine freie Erlösspitze errechnet. Die Reduzierung der Verbindlichkeit gegenüber dem Sicherungsgläubiger stellt für die Insolvenzmasse keine Steigerung ihrer wirtschaftlichen Leistungsfähigkeit dar. Das könnte nur für den Schuldner außerhalb des Insolvenzverfahrens gelten. Bei diesem steht der Verminderung der Passiva eine Erweiterung seines wirtschaftlichen Handlungsspielraums gegenüber. Für die Insolvenzmasse ist die Verminderung der vorinsolvenzlich begründeten Passiva hingegen unerheblich. Der Leistungsfähigkeitsindikator *Vermögen* erfährt ebenfalls keine positive Veränderung. Der Insolvenzverwalter hat auch keine Handlung vorgenommen, die die Annahme einer wirtschaftlichen Leistungsfähigkeit der Insolvenzmasse, beispielsweise durch einen die Leistungsfähigkeit konkret darlegenden *Konsum,* rechtfertigen könnte.

Die bevorzugte Stellung des Fiskus als Massegläubiger ist unter Berücksichtigung des Leistungsfähigkeitsprinzips daher nicht gerechtfertigt. Der durch die Leistungserbringung abstrakt ausgedrückten Leistungsfähigkeit der Insolvenzmasse steht keine konkrete Leistungssteigerung gegenüber. Die teleologische Korrektur des Begründetheitsbegriffs ist daher geboten. Die Umsatzsteuerschuld ist nicht als Forderung gegen die Insolvenzmasse, sondern als Insolvenzforderung gemäß § 38 InsO einzuordnen. Die teleologische Gesetzeskorrektur ist auch erforderlich, da keine andere Möglichkeit besteht, mit deren Hilfe eine Steuerbelastung der Insolvenzmasse vermieden werden kann. Die Möglichkeit der Freigabe des Sicherungsguts kann die Gefahr einer Umsatzsteuerbelastung der Insolvenzmasse im Gegensatz zur Rechtslage bei massezugehörigem Grundbesitz nicht zuverlässig beseitigen.

VI. Die Berichtigung des Vorsteuerabzugs gemäß § 17 Abs. 1, Abs. 2 UStG

1. Die Uneinbringlichkeit der Forderungen mit Insolvenzeröffnung gemäß § 17 Abs. 2 Nr. 1 S. 1 UStG

a) Die Uneinbringlichkeit der Gläubigerforderungen

Mit der Eröffnung des Insolvenzverfahrens werden die Forderungen von Gläubigern der Insolvenzschuldnerin uneinbringlich. Forderungen gelten als uneinbringlich, wenn sie aus rechtlichen oder tatsächlichen Gründen nicht durchsetzbar sind.[355] Der Durchsetzbarkeit von Insolvenzforderungen steht § 87 InsO entgegen, wonach die Insolvenzgläubiger auf die Teilnahme am Insolvenzverfahren verwiesen werden. Zwangsvollstreckungen zugunsten eines Insolvenzgläubigers sind nicht mehr zulässig (§ 89 Abs. 1 InsO). Der von der späteren Insolvenzschuldnerin beim Empfang der Leistung vorgenommene Vorsteuerabzug ist zu berichtigen (§ 17 Abs. 2 Nr. 1 S. 1 i. V. m. Abs. 1 S. 2 UStG). Dem Fiskus steht für die bereits gewährte Vorsteuervergütung ein Erstattungsanspruch gemäß § 37 Abs. 2 AO zu. Der Steueranspruch des Fiskus ist mit Insolvenzeröffnung begründet.[356] Der Erstattungsanspruch ist daher vorinsolvenzlich begründet und als Insolvenzforderung gemäß § 38 InsO einzuordnen.

Das insolvenzrechtliche Ergebnis stimmt mit dem Leistungsfähigkeitsprinzip überein. Die Berichtigung des Vorsteuerabzugs führt zu keiner Er-

---

355 BFH, Beschl. v. 10.03.1983, V B 46/80, BStBl. II 1983, 389 (391); *Zeuner*, in: Bunjes/Geist, UStG, 9. Aufl., 2009, § 17 Rn. 34 f.

356 BFH, Urt. v. 13.11.1986, V R 59/79, BStBl. II 1987, 226 (228); BFH, Urt. v. 16.07.1987, V R 80/82, BStBl. II 1987, 691 (692); *Frotscher*, Besteuerung bei Insolvenz, 7. Aufl., 2010, S. 217; *Knobbe-Keuk*, BB 1977, 757 (761); *Onusseit*, Umsatzsteuer im Konkurs, 1988, S. 216; *Stadie*, Das Recht des Vorsteuerabzugs, 1989, S. 285; *Loose*, in: Tipke/Kruse, AO-FGO, § 251 Rn. 81; *Hans Peter Richter*, Zur Frage des Vorsteuerrückforderungsanspruchs des Finanzamtes im Konkurs, DStZ 1988, 275 (276).

höhung der wirtschaftlichen Leistungsfähigkeit der Insolvenzschuldnerin. Die Leistungsfähigkeitsindikatoren *Einkommen* und *Konsum* erfahren keine positive Veränderung. Weder hat ein Mittelzufluss zur Insolvenzmasse stattgefunden, noch ein Konsum zu nichtunternehmerischen Zwecken. Auch eine *Vermögen*smehrung liegt nicht vor, obwohl die Insolvenzschuldnerin das für die bereits vereinnahmte Leistung geschuldete Entgelt nicht aufbringen muss. Der gesetzliche Vollstreckungsschutz des § 89 Abs. 1 InsO gewährt der Insolvenzmasse nämlich keinen Vorteil im wirtschaftlichen Sinn, durch den eine vorrangige Befriedigung des Vorsteuerberichtigungsanspruchs des Fiskus gerechtfertigt werden kann.

b) Die Uneinbringlichkeit der Forderungen des Insolvenzschuldners gegen Dritte

Der Bundesfinanzhof hat in einem Aufsehen erregenden Urteil entschieden, dass eine Steuerberichtigung nicht nur hinsichtlich der Verbindlichkeiten des Insolvenzschuldners, sondern auch hinsichtlich seiner Forderungen aus Lieferungen und Leistungen zu erfolgen habe.[357] Dies folge aus einer angeblichen Aufspaltung des insolventen Unternehmens in einen vorinsolvenzlichen und einen nachinsolvenzlichen (bei natürlichen Personen u. U. auch einen insolvenzfreien) Teil. Die vorinsolvenzlichen Forderungen würden mit Insolvenzeröffnung rechtlich uneinbringlich. Der Insolvenzschuldner könne die Forderung nämlich nicht mehr einziehen, da die Verwaltungs- und Verfügungsbefugnis auf den Insolvenzverwalter übergegangen ist (§ 80 Abs. 1 InsO). Daher sei eine Berichtigung der auf diese Forderungen geschuldeten Umsatzsteuer zugunsten des Insolvenzschuldners gemäß § 17 Abs. 2 Nr. 1 S. 1 i. V. m. Abs. 1 S. 1 UStG vorzunehmen. Bei der späteren Einziehung zur Insolvenzmasse müsse eine erneute Korrektur gemäß § 17 Abs. 2 Nr. 1 S. 2 i. V. m. Abs. 1 Nr. 1 UStG folgen. Da diese Steuerberichtigung erst nach Insolvenzeröffnung begründet sei, liege eine Masseverbindlichkeit vor. Der V. Senat des Bundesfinanzhofs hat sich mit dieser Entscheidung von seiner bisherigen Auffassung verabschiedet, die die insolvenzrechtliche Zuordnung der Umsatzsteuer aus Lieferungen des Insolvenzschuldners von der Besteuerungsart (Soll- oder Ist-Besteuerung) abhängig gemacht hat.[358] Bri-

357 BFH, Urt. v. 09.12.2010, V R 22/10, ZInsO 2011, 823.

358 Vgl. C. I. 3. b) bb), S. 47 ff.

sanz gewinnt das Urteil durch den Umstand, dass das Steuerguthaben des Insolvenzschuldners aus der ersten Berichtigung (Insolvenzeröffnung) mit Steuerforderungen des Fiskus aus der Zeit vor Insolvenzeröffnung regelmäßig verrechnet werden kann, da die Insolvenzeröffnung die Aufrechnungsbefugnis unberührt lässt (§ 94 InsO). Die Umsatzsteuerschuld aus der zweiten Korrektur (Forderungseinzug) ist hingegen aus der Masse zu entrichten.

Die fiktive Aufspaltung in mehrere Unternehmensteile lässt indes außer Acht, dass der Insolvenzschuldner trotz des Insolvenzverfahrens über sein Vermögen Eigentümer dieses Vermögens und Inhaber seiner Rechte bleibt.[359] Lediglich die Verwaltungs- und Verfügungsbefugnis über das massezugehörige Vermögen ist auf den Insolvenzverwalter übergegangen. Ebenso wenig wie der Wechsel eines Geschäftsführers kann dies aber eine Uneinbringlichkeit der Forderungen des Unternehmens zur Folge haben. Zudem ist zu berücksichtigen, dass der Insolvenzverwalter, soweit der spätere Insolvenzschuldner bereits Klage gegen einen Drittschuldner zur gerichtlichen Durchsetzung der Forderung erhoben hat, den Rechtsstreit nach Insolvenzeröffnung durch Aufnahme nahtlos fortführen kann (§ 85 Abs. 1 S. 1 InsO). Da die Insolvenzeröffnung die Durchsetzbarkeit der Forderung gegen den Drittschuldner nicht berührt, ist die Auffassung des Bundesfinanzhofs abzulehnen.[360]

2. Die Rückabwicklung von Verträgen gemäß § 17 Abs. 2 Nr. 3 UStG

Die Rückabwicklung von Verträgen gemäß § 17 Abs. 2 Nr. 3 UStG tritt im Insolvenzverfahren insbesondere bei unter Eigentumsvorbehalt gelieferten Waren in Erscheinung. Aufgrund seines Aussonderungsrechts gemäß § 47 InsO ist der Eigentumsvorbehaltslieferant berechtigt, die gelieferten Waren nach Insolvenzeröffnung zurückzunehmen. Die Rücknahme führt

---

359 *Kuleisa*, in: Hamburger Kommentar zum Insolvenzrecht, 3. Aufl., 2009, § 80 Rn. 23 m. w. N.

360 Die bei einem Forderungseinzug durch den Insolvenzverwalter vom Bundesfinanzhof gewünschte und im Ergebnis auch zutreffende Zuordnung der Umsatzsteuer zu den Masseverbindlichkeiten ergibt sich stattdessen aus der teleologischen Korrektur des Begründetheitsbegriffs, vgl. D. I. 1., Seite 89.

zur Rückgängigmachung der Lieferung, sodass es an einem unternehmerischen Eingangsumsatz fehlt. Der von der Insolvenzschuldnerin vor Insolvenzeröffnung vorgenommene Vorsteuerabzug ist zu berichtigen (§ 17 Abs. 2 Nr. 3 UStG). Anders als bei der bloßen Uneinbringlichkeit der Forderung im Sinne von § 17 Abs. 2 Nr. 1 UStG könnte man in diesem Fall annehmen, dass die Rückabwicklung zeitlich erst nach Insolvenzeröffnung erfolge und der Insolvenzverwalter zudem durch eine Erfüllungswahl gemäß §§ 103 Abs. 1, 107 Abs. 2 InsO die Rückabwicklung verhindern könne. Der Berichtigungsanspruch hätte dann aufgrund seiner nach-insolvenzlichen Begründung die Qualität einer Masseforderung gemäß § 55 Abs. 1 Nr. 1 InsO. Nimmt man hingegen einen materiellrechtlichen Zusammenhang der Rückabwicklung mit der vor Insolvenzeröffnung begründeten Schuldrechtsbeziehung zwischen Lieferant und späterem Insolvenzschuldner an, wäre die Begründetheit des Berichtigungsanspruchs vor Insolvenzeröffnung anzusiedeln.[361] Der Anspruch des Fiskus wäre Insolvenzforderung. Richtigerweise ist die Begründetheit des Steueranspruchs vor Insolvenzeröffnung zu sehen. Dies folgt aber nicht daraus, dass die zum ursprünglichen Vorsteuerabzug führende Leistungsbeziehung vor Insolvenzeröffnung eingegangen worden ist. Vielmehr ist auch hier bereits vor der Rückabwicklung der Lieferung die Forderung mit Verfahrenseröffnung uneinbringlich geworden. Der Berichtigungsanspruch ist gemäß § 17 Abs. 2 Nr. 1 UStG schon bei Insolvenzeröffnung begründet. Der weitere Berichtigungstatbestand des § 17 Abs. 2 Nr. 3 UStG tritt nur aufgrund des Eigentumsvorbehalts des Lieferanten hinzu, ohne auf das umsatzsteuerliche Ergebnis eine zusätzliche Auswirkung zu haben. Der Vorsteuerberichtigungsanspruch ist daher als Insolvenzforderung einzuordnen.

Der Eigentumsvorbehalt kann aber eine Auswirkung auf die Leistungsfähigkeit des Insolvenzschuldners haben. Erteilt nämlich der Lieferant nach der Rücknahme seiner Ware dem Insolvenzschuldner eine Gutschrift, so könnte sich hierdurch die Leistungsfähigkeit der Insolvenzmasse erhöhen. Die Gutschrift führt zu einer Erhöhung des *Einkommens* bzw. des *Vermögens*. Solange die Gutschrift aber nur zum Ergebnis hat, dass die

361 BFH , Urt. v. 13.11.1986, V R 59/79, BStBl. II 1987, 226 (228); *Onusseit*, Umsatzsteuer im Konkurs, 1988, S. 217; *Frotscher*, Besteuerung bei Insolvenz, 7. Aufl., 2010, S. 215.

Verbindlichkeit der Insolvenzschuldnerin aus dem ursprünglichen Erwerbsvorgang vermindert wird, kann eine erhöhte Leistungsfähigkeit der Insolvenzmasse nicht angenommen werden. Die bloße Reduzierung von Insolvenzforderungen führt zu keiner Leistungssteigerung der Insolvenzmasse. Voraussetzung für eine Erhöhung der wirtschaftlichen Leistungsfähigkeit ist, dass sich die Gutschrift liquiditätswirksam in der Insolvenzmasse niederschlägt. Das kann der Fall sein, wenn die spätere Insolvenzschuldnerin eine Anzahlung auf die Eigentumsvorbehaltsware geleistet hat, sodass aus der Gutschrift ein Überschuss zugunsten der Insolvenzmasse verbleibt. Der Anspruch der Insolvenzmasse aus der Rückabwicklung eines vor Insolvenzeröffnung begründeten Vertragsverhältnisses ist vorinsolvenzlich begründet. Weitere Voraussetzung für eine fortwirkende Leistungsfähigkeit ist daher, dass der Lieferant keine weiteren vorinsolvenzlich begründeten Forderungen gegen die Insolvenzschuldnerin hat, mit denen er gemäß §§ 94, 95 Abs. 1 S. 1 InsO die Aufrechnung gegen den Erstattungsanspruch erklären kann. Liegen diese Voraussetzungen vor und kommt es aus der Rücknahme der Eigentumsvorbehaltsware zu einer Erstattung an die Insolvenzschuldnerin, so hat dies eine Erhöhung ihrer wirtschaftlichen Leistungsfähigkeit zur Folge (Leistungsfähigkeitsindikator *Einkommen*). Einhergehend damit ist es nicht gerechtfertigt, dem Steuerberichtigungsanspruch nur den Rang einer Insolvenzforderung zuzubilligen. Der Anspruch ist unter Berücksichtigung der konkreten wirtschaftlichen Leistungsfähigkeit der Insolvenzmasse aufgrund der gebotenen teleologischen Korrektur des Gesetzes als Masseverbindlichkeit zu behandeln.

E. Zusammenfassung und Ergebnis

Die konsequente Berücksichtigung des Leistungsfähigkeitsprinzips ermöglicht eine dogmatisch überzeugende Zuordnung der Umsatzsteuer zu den Kategorien *Masseverbindlichkeiten* und *Insolvenzforderungen* im Insolvenzverfahren über das Vermögen des umsatzsteuerlichen Unternehmers.

I. Die Berücksichtigung der Leistungsfähigkeit des leistenden Unternehmers im Bereich der Umsatzsteuer und die insolvenzrechtliche Konsequenz

Der Grundsatz der Besteuerung nach der Leistungsfähigkeit ist im Grundgesetz verankert (Art. 14 Abs. 1, Abs. 2, Art. 12 Abs. 1, Art. 3 Abs. 1, Art. 20 Abs. 1 GG).[362] Als Grundgedanke des Steuerrechts ist das Leistungsfähigkeitsprinzip bei allen Steuerarten zu berücksichtigen. Auch im Umsatzsteuerrecht ist die Leistungsfähigkeit, wenn auch nicht so konsequent wie beispielsweise im Bereich der Einkommensteuer, Maxime der Belastungsentscheidung des Steuergesetzgebers.[363] Entgegen der h. M. ist die Umsatzsteuer nicht auf eine einseitige Belastung des nichtunternehmerischen (besser: des nicht zum Vorsteuerabzug berechtigten) Leistungsempfängers gerichtet. Die Annahme der vollständigen Überwälzung der Umsatzsteuer auf den nichtunternehmerischen Leistungsempfänger ist eine Fiktion, die der wirtschaftlichen Wirklichkeit nicht gerecht wird. Stattdessen ist nach dem objektivierten Willen des Gesetzgebers eine Belastung *auch* des leistenden Unternehmers als Zweck und tatsächliche Wirkung der Umsatzsteuer festzustellen.[364] Im Rahmen der Umsatzsteuer ist die wirtschaftliche Leistungsfähigkeit des leistenden Unternehmers daher zu berücksichtigen. Folglich lassen sich aus seiner Leistungsfähigkeit Rückschlüsse auf die Zuordnung der Umsatzsteuer zu den Kategorien *Masseverbindlichkeiten* und *Insolvenzforderungen* im Insolvenzverfahren über sein Vermögen ziehen.

---

362 B. I. 2.

363 B. I. 3.

364 B. III. 3.

II. Die teleologische Korrektur des insolvenzrechtlichen Begriffs der Begründetheit

Die insolvenzrechtliche Qualifikation von Umsatzsteuerforderungen richtet sich nach dem Zeitpunkt der Begründetheit (§ 38 InsO). Da der insolvenzrechtliche Begriff der *Begründetheit* gesetzlich nicht definiert ist, bedarf es zur Ermittlung des Zeitpunkts der Begründetheit einer Auslegung des Gesetzes. Es werden im Wesentlichen drei Meinungen vertreten.[365] Eine Ansicht setzt die Begründetheit der Umsatzsteuer weitgehend mit ihrem steuerrechtlichen *Entstehen* gleich. Eine andere Auffassung verlangt für eine Begründetheit zwingend die *Entgeltvereinnahmung*, während eine dritte Meinung die *Leistungserbringung* zum Maßstab der Begründetheit wählt. Nach dieser vorzugswürdigen Ansicht ist die Begründetheit der Umsatzsteuerforderung im Grundfall der Umsatzsteuer, der Leistungserbringung gemäß § 1 Abs. 1 Nr. 1 UStG, im Zeitpunkt der Leistungserbringung anzunehmen.[366] Gleichwohl führt auch diese Auslegung zu keinem vollkommen ausgewogenen Resultat. Die insolvenzrechtliche Zuordnung der Umsatzsteuer auf Anzahlungen, die vor der Leistungserbringung vereinnahmt worden sind (Mindest-Ist-Besteuerung gem. § 13 Abs. 1 Nr. 1 S. 4 UStG), zu den Masseverbindlichkeiten lässt insolvenzrechtliche Wertungen unberücksichtigt, während der Versuch, die Umsatzsteuer in diesem Fall trotz Leistungserbringung nach Insolvenzeröffnung als Insolvenzforderung zu qualifizieren, dogmatisch nicht überzeugt.

Es bedarf daher einer teleologischen Korrektur des Begründetheitsbegriffs unter Rückgriff auf das Leistungsfähigkeitsprinzip.[367] Das Aufeinandertreffen von Steuer- und Insolvenzrecht offenbart in der vorliegenden Konstellation eine verdeckte Lücke des Gesetzes.[368] Das steuerrechtliche Ziel einer gleichmäßigen Verteilung der steuerlichen Lasten auf die Allgemeinheit unter Berücksichtigung der wirtschaftlichen Leistungsfähigkeit kollidiert mit dem insolvenzrechtlichen Ziel der Gläubigergleichbehandlung. Zur Lösung dieses Konflikts ist anhand einer wertenden Betrachtung zu ermitteln, ob eine Heranziehung der Insolvenzmasse zur allge-

365 C. I. 3. b)

366 C. I. 3. b) dd)

367 C. II.

368 C. II. 1.

meinen Finanzierung der Staatsaufgaben im Rahmen der Umsatzsteuer uneingeschränkt gerechtfertigt ist, oder ob der Fiskus lediglich auf eine Insolvenzquote zu verweisen ist. Eine uneingeschränkte Heranziehung ist dann gerechtfertigt, wenn eine vorinsolvenzlich typisiert zum Ausdruck gekommene Leistungsfähigkeit der Insolvenzmasse nach Insolvenzeröffnung konkret fortwirkt.[369] Die Umsatzsteuerforderung ist in diesem Fall den Masseverbindlichkeiten zuzuordnen. Eine Zuordnung zu den Insolvenzforderungen hat hingegen zu erfolgen, wenn eine im Einzelfall fortwirkende Leistungsfähigkeit der Insolvenzmasse nicht festgestellt werden kann.

Die Zuordnung der Umsatzsteuer zu den Masseverbindlichkeiten oder zu den Insolvenzforderungen wird folglich durch die Verwirklichung des der Besteuerung zugrunde liegenden Tatbestands indiziert. Anhand einer teleologischen Korrektur des Begründetheitsbegriffs im Lichte des Leistungsfähigkeitsprinzips ist das indizierte Ergebnis aber erforderlichenfalls einer Korrektur zu unterziehen.

III. Beispiele der Erscheinungsformen einer fortwirkenden Leistungsfähigkeit der Insolvenzmasse

Für die verschiedenen Tatbestände des Umsatzsteuergesetzes wurde jeweils einzeln ermittelt, worin der umsatzsteuerliche Tatbestand, dessen Erfüllung die insolvenzrechtliche Begründetheit indiziert, besteht. Zudem wurde ermittelt, anhand welcher Leistungsfähigkeitsindikatoren eine fortwirkende Leistungsfähigkeit der Insolvenzmasse angenommen werden kann. Zwei Beispiele sollen an dieser Stelle nochmals hervorgehoben werden.

Im umsatzsteuerlichen Grundfall des § 1 Abs. 1 Nr. 1 UStG wird die Begründetheit durch die Leistungserbringung indiziert. Eine Leistungserbringung vor Insolvenzeröffnung birgt somit die Vermutung in sich, dass die an die Leistung anknüpfende Umsatzsteuer eine Insolvenzforderung ist. Dieses Ergebnis ist nicht gerechtfertigt, wenn das Entgelt für die Leistung nach Insolvenzeröffnung zur Insolvenzmasse vereinnahmt wird. Der Leis-

369 C. II. 2.

tungsfähigkeitsindikator *Einkommen* erfährt eine positive Veränderung, die ihren Ursprung in der vorinsolvenzlichen Leistungserbringung hat. In diesem Fall wirkt die durch die Leistungserbringung typisiert zum Ausdruck gekommene Leistungsfähigkeit im eröffneten Verfahren fort. Die Umsatzsteuer ist aufgrund einer teleologischen Korrektur des Begründetheitsbegriffs den Masseverbindlichkeiten zuzuordnen.[370]

Die Begründetheit des Vorsteuerberichtigungsanspruch gemäß § 15a Abs. 1 UStG wird durch die Entfernung eines Wirtschaftsguts aus dem steuerlichen Nexus, d. h. eine Änderung der wirtschaftlichen Verhältnisse, indiziert. Die Änderung der wirtschaftlichen Verhältnisse tritt beispielsweise in dem Zeitpunkt ein, in dem der Insolvenzverwalter ein massezugehöriges Grundstück umsatzsteuerfrei veräußert. Der aus der steuerfreien Veräußerung resultierende Vorsteuerberichtigungsanspruch des Fiskus ist demzufolge Masseverbindlichkeit. Dieses Ergebnis steht im Einklang mit dem Leistungsfähigkeitsprinzip und bedarf daher keiner Korrektur. Das Fortwirken einer wirtschaftlichen Leistungsfähigkeit drückt sich in diesem Fall zwar nicht durch einen Zufluss von Zahlungsmitteln aus. Dem Insolvenzverwalter stehen aber mit der Optionsmöglichkeit des § 9 Abs. 1 UStG und mit der Möglichkeit der Freigabe aus dem Insolvenzbeschlag Gestaltungsmöglichkeiten offen, die dem Leistungsfähigkeitsindikator *Vermögen* zuzurechnen sind.[371] Steuerliche Gestaltungsmöglichkeiten kommen daher ebenfalls als Ausdruck einer fortwirkenden Leistungsfähigkeit in Betracht.

370 D. I. 1.

371 D. III. 3. b)

Literaturverzeichnis

Arndt, Hans-Wolfgang / Jenzen, Holger: Grundzüge des allgemeinen Steuer- und Abgabenrechts, 2. Auflage, München 2005.

Arndt, Hans-Wolfgang: Grundzüge des allgemeinen Steuerrechts, München 1988.

Arndt, Hans-Wolfgang: Steuerliche Leistungsfähigkeit und Verfassungsrecht, in: Festschrift für Otto Mühl, Stuttgart 1981, S. 17 – 39.

Bauer, Joachim: Unzulässigkeit der Wiedereinführung eines Fiskusvorrechts im Insolvenzverfahren, in: ZInsO 2010, S. 1432 – 1437.

Bauer, Joachim: Die schleichende Wiedereinführung von Insolvenzvorrechten zugunsten des Fiskus und der Sozialkassen schreitet voran - § 28e Abs. 1 SBG IV n. F. als jüngstes Beispiel für Verstöße gegen den Gläubigergleichbehandlungsgrundsatz, in: ZInsO 2008, S. 119 – 125.

Baur, Fritz / Stürner, Rolf: Zwangsvollstreckungs-, Konkurs- und Vergleichsrecht/ Band II, Insolvenzrecht, 12. Auflage, Heidelberg 1990.

Baur, Fritz: Konkurs- und Vergleichsrecht, 2. Auflage, Heidelberg 1983.

Becker, Christoph: Insolvenzrecht, 3. Auflage, Köln 2010.

Beermann, Albert: Zur Charakterisierung der Verbrauchsteuern und zur bedingten Steuerschuld, in: *Kruse, Heinrich Wilhelm* (Hrsg.), Zölle, Verbrauchsteuern, europäisches Marktordnungsrecht, DStJG Band 11, Köln 1988, S. 283 - 287.

Beisse, Heinrich: Die wirtschaftliche Betrachtungsweise bei der Auslegung der Steuergesetze in der neueren deutschen Rechtsprechung, in: StuW 1981, S. 1 – 14.

Birk, Dieter: Das Leistungsfähigkeitsprinzip als Maßstab der Steuernormen, Köln 1983.

Birk, Dieter: Das Leistungsfähigkeitsprinzip in der Unternehmenssteuerreform, in: StuW 2000, S. 328 – 336.

Birk, Dieter: Gleichheit und Gesetzmäßigkeit der Besteuerung. Zum Stellenwert zweier Grundprinzipien in der Steuerreform 1990, in: StuW 1989, S. 212 – 218.

Birk, Dieter: Steuerrecht, 9. Auflage, Heidelberg 2006.

Birk, Dieter: Zum Stand der Theoriediskussion in der Steuerrechtswissenschaft. Erwiderung zu Walter Leisner, Von der Leistung zur Leistungsfähigkeit – die soziale Nivellierung, StuW 1983, 97, in: StuW 1983, S. 293 - 299.

Bley, Erich: Die Bedeutung der Rechtsprechung des Reichsfinanzhofs für das Konkursrecht, in: StuW 1928, S. 1094 – 1125.

Bonertz, Rainer: Sicherungsübereignung und Verwertung durch Insolvenzverwalter, Sicherungsnehmer oder Sicherungsgeber aus umsatzsteuerlicher Sicht, in: UR 2007, S. 241 – 245.

Boochs, Wolfgang / Dauernheim, Jörg: Das Steuerrecht in der Insolvenz, 3. Auflage, Neuwied 2007.

Brandenburg, Hans-Friedrich: Die teleologische Reduktion, Göttingen 1983.

Braun (Hrsg.): Insolvenzordnung (Kommentar), 4. Auflage, München 2010.

Bücheler, Friedrich: Umsatzsteuer in Sequestration und Konkurs. Kritische Anmerkungen zu ausgewählten Problemen aus der Sicht des Konkursverwalters, in: DStR 1980, S. 70 – 73.

Bunjes, Johann / Geist, Roland (Begr.): Umsatzsteuergesetz (Kommentar), 9. Auflage, München 2009.

Bydlinski, Franz: Juristische Methodenlehre und Rechtsbegriff, 2. Auflage, Wien 1991.

Canaris, Claus-Wilhelm: Die Feststellung von Lücken im Gesetz, 2. Auflage, Berlin 1983.

Crezelius, Georg: Verkappte Analogien in der Finanzrechtsprechung, StuW 1981, S. 117 – 125.

Dambeck ,Walter: Die mikroökonomische Überwälzbarkeit einer Einkommen- und Körperschaftsteuer – Eine theoretische Untersuchung, Mainz 1967.

Dziadkowski, Dieter: Umsatzsteuer, 3. Auflage, München 1990.

Dziadkowski, Dieter: Wider die voreilige Aufhebung der Steuerbefreiung für Sanierungsgewinne nach § 3 Nr. 66 EStG, in: DB 1997, S. 447 - 449.

Farr, Carsten: Die Reichweite rechtsfehlerhafter Feststellungsbescheide, in: DStZ 2003, S. 345 – 348.

Farr, Carsten: Die Besteuerung in der Insolvenz, München 2005.

Flume, Werner: Richterrecht im Steuerrecht, in: StbJb 1964/65, S. 55 - 68.

Flume, Werner: Steuerrechtsprechung und Steuerrecht, in: StbJb. 1985/86, S. 277 - 310.

Frotscher, Gerrit: Besteuerung bei Insolvenz, 7. Auflage, Frankfurt am Main 2010.

Frotscher, Gerrit: Steuern im Konkurs, 3. Auflage, Heidelberg 1990.

Giesberts, Franz-J.: Eigentumsübertragung, Verschaffung der Verfügungsmacht und Lieferung, in: UR 1976, S. 61 – 69.

Gottwald, Peter (Hrsg.): Insolvenzrechts-Handbuch, 4. Auflage, München 2010.

Grabower, Rolf: Die Umsatzsteuer, 2. Auflage, Köln 1962.

Großmann, Rainer: Konkursrechtliche Stellung von Umsatzsteuerforderungen am Beispiel der Verwertung von Sicherungsgut, in: DStR 1989, S. 22 - 28.

Haller, Heinz: Die Steuern, 3. Auflage, Tübingen 1981.

Hardorp, Benediktus: Vom Wesen der Umsatzsteuer und deren innerem Formwiderspruch. Eine Warnung vor falsch angelegter Steuerharmonisierung, in: UR 1986, S. 168 – 171.

Hartmann, Alfred / Metzenmacher, Wilhelm (Begr.): Umsatzsteuergesetz (Kommentar), Loseblattsammlung, Berlin, Ergänzungslieferung 05/11, Stand Juni 2011.

Häsemeyer, Ludwig: Die Gleichbehandlung der Konkursgläubiger, in: KTS 1982, S. 507 – 575.

Hensel, Albert: Die Abänderung des Steuertatbestands durch freies Ermessen und der Grundsatz der Gleichheit vor dem Gesetz, in: Vierteljahresschrift für Steuer- und Finanzrecht 1927, S. 39 – 131.

Herting, D.: Gedanken zur „Optimalen Umsatzsteuer", in: BB 1955, S. 389 - 393.

Herting: Ausgewählte Umsatzsteuerfragen, in: DStZ 1936, S. 1263 – 1271.

Herzog, Roman: Leitlinien und Entwicklungstendenzen der Rechtsprechung des Bundesverfassungsgerichts in Steuerfragen, in: StbJb 1985/86, S. 27 - 45.

Hey, Johanna: Rechtsprechung des Bundesverfassungsgerichts zum Steuerrecht im Wandel?, in: StbJb 2007/2008, S. 19 – 58.

Hübschmann, Walter / Hepp, Ernst / Spitaler, Armin (HHSp): Abgabenordnung - Finanzgerichtsordnung (Kommentar), Loseblattsammlung, Köln, 212. Ergänzungslieferung, Stand Mai 2011.

Jaeger, Ernst (Begr.): Konkursordnung (Großkommentar), 9. Auflage, Berlin 1997.

Janssen, Bernhard: Die Umsatzsteuer als Verkehr- und/oder Verbrauchsteuer, in: DStZ 1990, S. 35 – 46.

Jochum, Heike: Die Abgeltungssteuer 2009 – Sündenfall der Typisierung im Steuerrecht, in: Gedächtnisschrift für Malte Schindhelm, Köln 2009, S. 405 – 418.

Jochum, Heike: Verfassungsrechtliche Grenzen der Pauschalierung und Typisierung am Beispiel der Besteuerung privater Aktiengeschäfte, in: DStZ 2010, S. 309 – 315.

Jochum, Heike: Steuerliche Behandlung gemischt veranlasster Aufwendungen, in: DStZ 2010, S. 665 – 673.

Jüptner, Roland: Leistungsfähigkeit und Veranlassung, Heidelberg 1989.

Kahlert, Günter / Rühland, Bernd: Sanierungs- und Insolvenzsteuerrecht, Köln 2007.

Keuk, Brigitte: Einkommensteuer und Zahlungsunfähigkeit, in: StbJb 1973/74, S. 350 – 378.

Kirchhof, Hans-Peter / Lwowski, Hans-Jürgen / Stürner, Rolf (Hrsg.): Münchener Kommentar zur Insolvenzordnung, 2. Auflage, München 2007.

Kirchhof, Hans-Peter / Lwowski, Hans-Jürgen / Stürner, Rolf (Hrsg.): Münchener Kommentar zur Insolvenzordnung, 1. Auflage, München ab 2001.

Kirchhof, Paul: Bundessteuergesetzbuch – Ein Reformentwurf zur Erneuerung des Steuerrechts, Heidelberg 2011.

Kirchhof, Paul: Der verfassungsrechtliche Auftrag zur Besteuerung nach der finanziellen Leistungsfähigkeit, in: StuW 1985, S. 319 – 329.

Kirchhof, Paul: Verfassungsrechtliche Maßstäbe der Steuergesetzgebung, in: StBJb 1999/2000, S. 17 – 34.

Klein, Franz (Begr.): Abgabenordnung (Kommentar), 10. Auflage, München 2009.

Knobbe-Keuk, *Brigitte*: Konkurs und Umsatzsteuer, in: BB 1977, S. 757 – 765.

Koch, Karl / Scholtz, Rolf-Detlev (Hrsg.): Abgabenordnung (Kommentar), 5. Auflage, Köln 1996.

Kramer, Ernst A.: Juristische Methodenlehre, 3. Auflage, München 2010.

Kreft, Gerhart (Hrsg.): Heidelberger Kommentar zur Insolvenzordnung, 5. Auflage, Heidelberg 2008.

Krüger, Dietrich: Umsatzsteuerlegenden und ihre Folgen, in: UR 1988, S. 65 - 67.

Kruse, Heinrich Wilhelm: Lehrbuch des Steuerrechts, Band 1 – Allgemeiner Teil, München 1991.

Kruse, Heinrich Wilhelm: Steuerspezifische Gründe und Grenzen der Gesetzesbindung, in: *Tipke, Klaus* (Hrsg.): Grenzen der Rechtsfortbildung durch Rechtsprechung und Verwaltungsvorschriften im Steuerrecht, DStJG Band 5, Köln 1982, S. 71 - 83.

Kruse, Heinrich Wilhelm: Über die Gleichmäßigkeit der Besteuerung, in: StuW 1990, S. 322 – 330.

Kuhn, Georg / Uhlenbruck, Wilhelm (Hrsg.): Konkursordnung (Kommentar), 11. Auflage, München 1994.

Kühn, Rolf / von Wedelstädt, Alexander (Hrsg.): Abgabenordnung und Finanzgerichtsordnung (Kommentar), 19. Auflage, Stuttgart 2008.

Lagae, Jean-Pierre: Die Auslegung der Steuergesetze, in: StuW 1963, S. 208 - 222.

Lang, Joachim: Verantwortung der Rechtswissenschaft für das Steuerrecht, in: StuW 1989, S. 201 – 211.

Larenz, Karl: Methodenlehre der Rechtswissenschaft, 6. Auflage, Berlin 1991.

Leisner, Walter: Von der Leistung zur Leistungsfähigkeit – die soziale Nivellierung, in: StuW 1983, S. 97 - 102.

Liebisch, Arnold: Materielles Steuerrecht und Konkurs, in: Vierteljahresschrift für Steuer- und Finanzrecht 1929, S. 212 – 263.

Lippross, Otto-Gerd: Umsatzsteuer, 22. Aufl., Bremen 2008.

Lüerssen, Werner: Der Notverkauf von Grundstücken und die Option nach § 9 Abs. 1 UStG, in: StuW 1987, S. 127 – 132.

Lwowski, Hans-Jürgen / Tetzlaff, Christian: Verwertung unbeweglicher Gegenstände im Insolvenzverfahren. Ausgewählte Rechtsfragen zur Verwertung von Grundpfandrechten und Zubehör in der Insolvenz, in: WM 1999, S. 2336 – 2352.

Marotzke, Wolfgang: Die dinglichen Sicherheiten im neuen Insolvenzrecht, in: ZZP 109 (1996), S. 429 – 471.

Marotzke, Wolfgang: Sinn und Unsinn einer insolvenzrechtlichen Privilegierung des Fiskus, in: ZInsO 2010, S. 2163 - 2180.

Maunz, Theodor / Dürig, Günter (Begr.): Grundgesetz (Kommentar), Loseblattsammlung, München, 61. Ergänzungslieferung, Stand Januar 2011.

Maus, Karl-Heinz: Steuern im Insolvenzverfahren, Recklinghausen 2004.

Maus, Karl-Heinz: Umsatzsteuer bei Sicherheitenverwertung durch den Gläubiger im Insolvenzverfahren, in: ZInsO 2005, S. 82 – 83.

Meyer, Ernst: Grundzüge einer systemorientierten Wertungsjurisprudenz, Tübingen 1984.

Meyer, Peter: Die Auswirkungen der Insolvenz, Umwandlung und Vollbeendigung von Gesellschaften auf den anhängigen Zivilprozess, Hamburg 2005.

Möstl, Markus: Verfassungsrechtliche Grenzen der Besteuerung. Dargestellt am Beispiel der Vermögensteuer, Veräußerungsgewinnbesteuerung und Abgeltungssteuer, in: DStR 2003, S. 720 – 726.

Nehrig, Ulrich: Umsatzsteuerpflicht der Masse bei vorinsolvenzlicher Inbesitznahme des Sicherungsgutes durch den Sicherungsnehmer, in: DZWiR, S. 141 – 142.

Netzer, Helmut: Umsatzsteuerrechtliche Fragen im Konkurs, in: UR 1977, S. 65 - 69.

Ohlf, Gunther: Billigkeitsmaßnahmen bei der Umsatzsteuer, in: UR 1994, S. 264 – 267.

Onusseit, Dietmar/Kunz, Peter: Steuern in der Insolvenz, 2. Auflage, Köln 1997.

Onusseit, Dietmar: Die umsatzsteuerlichen Folgen des in der Insolvenz steckengebliebenen Bauvorhabens, in: Festschrift für Hans-Peter Kirchhof zum 65. Geburtstag, Recklinghausen 2003, S. 373 - 389.

Onusseit, Dietmar: Vorsteuerrückforderungsansprüche im Konkurs – Einige Anmerkungen zu den Urteilen des Bundesfinanzhofs vom 13.11.1986 – V R 59/79 und vom 09.04.1987 – V R 23/80, in: BB 1988, S. 674 – 679.

Onusseit, Dietmar: Die Freigabe aus dem Insolvenzbeschlag: eine umsatzsteuerliche Unmöglichkeit? in: ZIP 2002, S. 1344 – 1348.

Onusseit, Dietmar: Die insolvenzrechtlichen Kostenbeiträge unter Berücksichtigung ihrer steuerrechtlichen Konsequenzen sowie Massebelastungen durch Grundstückseigentum, in: ZIP 2000, S. 777 – 787.

Onusseit, Dietmar: Die Rechtsprechung des BFH mit insolvenzrechtlichem Bezug in der Zeit vom 1.1.2000 bis 30.6.2006, in: ZInsO 2006, S. 1084 - 1096.

Onusseit, Dietmar: Umsatzsteuer im Konkurs, Köln 1988.

Onusseit, Dietmar: Zur notwendigen Reform umsatzsteuerrechtlicher Fragen im Rahmen einer Reform des Insolvenzrechts, in: ZInsO 2000, S. 586 - 587.

Pahlke, Armin / Koenig, Ulrich (Hrsg.): Abgabenordnung (Kommentar), 2. Auflage, München 2009.

Palandt, Otto (Begr.): Bürgerliches Gesetzbuch (Kommentar), 69. Auflage, München 2010.

Pawlowski, Hans-Martin: Abschied von der „wirtschaftlichen Betrachtungsweise" im Steuerrecht?, in: BB 1977, S. 253 – 259.

Pawlowski, Hans-Martin: Methodenlehre für Juristen, 3. Auflage, Heidelberg 1999.

Philipowski, Rüdiger: Umsatzsteuer: Verbrauch- oder Verkehrsteuer? in: Umsatzsteuerkongress-Bericht 1985, Köln 1985, S. 183 – 207.

Popitz, Johannes: Umsatzsteuergesetz 1921 (Kommentar), 2. Auflage, Berlin 1921.

Rau, Günter / Dürrwächter, Erich (Begr.): Kommentar zum Umsatzsteuergesetz, Loseblattsammlung, Köln, 146. Ergänzungslieferung, Stand April 2011.

Rebmann, Kurt / Säcker, Franz Jürgen / Rixecker, Roland (Hrsg.), Münchener Kommentar zum BGB, 5. Auflage, München 2009.

Recktenwald, Horst Claus: Steuerüberwälzungslehre, 2. Auflage, Berlin 1966.

Reiß, Wolfram / Kraeusel, Jörg / Langer, Michael (Hrsg.): Umsatzsteuergesetz (Kommentar), Loseblattsammlung, Bonn, 91. Ergänzungslieferung, Stand Juli 2011.

Reiß, Wolfram: Der Belastungsgrund der Umsatzsteuer und seine Bedeutung für die Auslegung der Umsatzsteuergesetzes, in: *Woerner, Lothar* (Hrsg.), Umsatzsteuer in nationaler und europäischer Sicht, DStJG Band 13, Köln 1990, S. 3 – 37.

Reiß, Wolfram: Zur Umsatzsteuer, in: StuW 1980, S. 342 – 350.

Reiß, Wolfram: Zur Umsatzsteuer, in: StuW 1987, S. 351 – 363.

Reiß, Wolfram: Gestaltungsmissbrauch durch Option zur Steuerpflicht bei insolventen Unternehmen, in: UR 1992, S. 42 - 43.

Richter, Hans Peter: Zur Frage des Vorsteuerrückforderungsanspruchs des Finanzamtes im Konkurs, in: DStZ 1988, S. 275 - 278.

Ries, Stephan: § 13 Abs. 1 Nr. 2 UStG - Lieferung sicherungsübereigneter Gegenstände an den Sicherungsnehmer außerhalb des Insolvenzverfahrens, in: ZInsO 2005, S. 230 – 234.

Ries, Stephan: Anmerkung zu OLG Düsseldorf, Urt. v. 13.01.2006, I-16 U 49/05, in: ZInsO 2006, S. 162 - 163.

Rüthers, Bernd / Fischer, Christian: Rechtstheorie, 5. Auflage, München 2010.

Schenke, Ralf: Die Rechtsfindung im Steuerrecht, Tübingen 2007.

Schmidt, Andreas (Hrsg.): Hamburger Kommentar zum Insolvenzrecht, 3. Auflage, Münster 2009.

Schmidt, Kurt: Grundprobleme der Besteuerung, in: *Neumark, Fritz (*Hrsg.), Handbuch der Finanzwissenschaft, Band II, 3. Auflage, Tübingen 1980, S. 119 - 171.

Schwarz, Bernhard (Hrsg.), Abgabenordnung (Kommentar), Loseblattsammlung, Freiburg i. Br., 144. Ergänzungslieferung, Stand Juni 2011.

Smid, Stefan: Grundzüge des Insolvenzrechts, 4. Aufl., München 2002.

Smid, Stefan: Große Reform oder Beseitigung der Insolvenzordnung durch ein neues Konkursverfahren?, in: DZWiR 2010, S. 397 – 408.

Söhn, Hartmut: Die Umsatzsteuer als indirekte, allgemeine Verbrauchsteuer, in: StuW 1996, S. 165 – 168.

Söhn, Hartmut: Die Umsatzsteuer als Verkehrsteuer und/oder Verbrauchsteuer, in: StuW 1975, S. 1 – 18.

Spitaler, Armin: Die Auslegungsregeln des Steuerrechts, in: StbJb 1949, S. 267 - 303.

Stadie, Holger : Umsatzsteuergesetz (Kommentar), Köln 2009.

Stadie, Holger: Das Recht des Vorsteuerabzugs, Köln 1989.

Starck, Christian: Die Bundesstaatlichkeit im Spiegel der Finanzverfassung. Bemerkungen zum Bonner Kommentar, in: StuW 1974, S. 271 – 284.

Tehler, Hermann-Josef: Der Begriff „Leistungsaustausch" im Umsatzsteuerrecht – Versuch einer systemgerechten Auslegung, in: DStR 1983 S. 215 - 218.

Theile, Karsten: Die Belastungswirkung der Umsatzsteuer. Steuerrechtswissenschaftlicher Glaube, gesetzgeberischer Wille und ökonomische Wirklichkeit, in: StuW 1996, S. 154 – 164.

Tipke, Klaus / Kruse, Wilhelm: Abgabenordnung – Finanzgerichtsordnung (Kommentar), Loseblattsammlung, Köln, 126. Ergänzungslieferung, Stand Juli 2011.

Tipke, Klaus / Lang, Joachim: Steuerrecht, 20. Auflage, Köln 2010.

Tipke, Klaus: Steuergerechtigkeit in Theorie und Praxis, Köln 1981.

Tipke, Klaus: Über „richtiges Steuerrecht", in: StuW 1988, S. 262 – 282.

Tipke, Klaus: Über Steuergerechtigkeit in Steuergesetzgebung, Steuerverwaltung und Steuergerichtsbarkeit, in: StuW 1980, S. 281 – 297.

Tipke, Klaus: Über Umsatzsteuer-Gerechtigkeit, in: StuW 1992, S. 103 – 120.

Uhlenbruck, Wilhelm: Das neue Insolvenzrecht: Insolvenzordnung und Einführungsgesetz nebst Materialien, Herne 1994.

Uhlenbruck, Wilhelm / Hirte, Heribert / Vallender, Heinz (Hrsg.): Insolvenzordnung (Kommentar), 13. Auflage, München 2010.

Uhlenbruck, Wilhelm (Hrsg.): Insolvenzordnung (Kommentar), 12. Auflage, München 2002.

Vogel, Alfred / Schwarz, Bernhard (Hrsg.), Umsatzsteuergesetz (Kommentar), Loseblattsammlung, Freiburg i. Br., 154. Ergänzungslieferung, Stand Juni 2011.

Vogel, Klaus: Zur Konkurrenz zwischen Bundes- und Landessteuerrecht nach dem Grundgesetz. Über das „Anzapfen" von „Steuerquellen", in: StuW 1971, S. 308 – 316.

Wagner, Herbert: Insolvenzrecht, 2. Auflage, Wiesbaden 1986.

Waza, Thomas / Uhländer, Thomas / Schmittmann, Jens: Insolvenzen und Steuern, 8. Auflage, Herne 2010.

Weiß, Eberhard: Anmerkung zu BGH, Urteil vom 2. 6. 1987 – X ZR 39/86, in: UR 1988, S. 277 – 279.

Weiß, Eberhard: Die Option zur Steuerpflicht bei Illiquidität, in: UR 1990, S. 101 – 107.

Weiß, Eberhard: Quo vadis Umsatzsteuer? Rückblick und Ausblick auf zwei Umsatzsteuersysteme, in: UR 1993, S. 329 – 335.

Weiß, Eberhard: Anmerkung zu BHF, Urt. v. 13.11.1986, V R 59/79, in: UR 1987, S. 40 – 41.

Weiß, Eberhard: Zwangsversteigerungen im Konkurs – zugleich eine Besprechung des Urteils des FG Köln vom 03.08.1988, 9 K 4888/87, in: UR 1989, S. 201 – 203.

Weiß, Eberhard: Anmerkung zu BFH, Urt. v. 12.05.1993, XI R 49/90, in: UR 1994, S. 349 – 350.

Weiß, Eberhard: Anmerkung zu BFH, Urt. v. 06.12.1979, V R 87/72, in: UR 1980, S. 76 - 77.

Welzel, Peter: Die Umsatzsteuer aus der zwangsweisen Verwertung mobilen und immobilen Vermögens im Konkurs als Masseanspruch? in: DStR 1991, S. 233 – 239.

Wennrich, Eberhard: Die typisierende Betrachtungsweise im Steuerrecht, Düsseldorf 1963.

Weerth de, Jan: Zu Auswirkungen der Steuerhaftung nach § 13c UStG – insbesondere auf die Insolvenzpraxis, in: ZInsO 2004, S. 190 – 193.

Weerth de, Jan: Umsatzsteuer bei der Verwertung sicherungsübereigneter Gegenstände, in: ZInsO 2003, S. 246 – 253.

Weerth de, Jan: Die Verwertung sicherungsübereigneter Gegenstände nach Inkrafttreten der Insolvenzrechtsreform im Blickwinkel des Umsatzsteuerrechts, in: BB 1999, S. 821 - 828.

Widmann, Werner: Zur Abwälzung von Umsatzsteuer, in: UR, 1984, S. 97 - 99.

Wimmer, Klaus (Hrsg.): Frankfurter Kommentar zur Insolvenzordnung, 5. Auflage, Frankfurt 2009.

Wilke, Hans-Joachim: Umsatzsteuer im Konkurs nach der Rechtsprechung des Bundesfinanzhofs, in: UR 1989, S. 367 – 371.

Woerner, Lothar: Die Steuerrechtsprechung zwischen Gesetzeskonkretisierung, Gesetzesfortbildung und Gesetzeskorrektur, in: *Tipke, Klaus* (Hrsg.), Grenzen der Rechtsfortbildung durch Rechtsprechung und Verwaltungsvorschriften im Steuerrecht, DStJG Band 5, Köln 1982, S. 23 - 51.

Woerner, Lothar: Resümee, in: *Woerner, Lothar* (Hrsg.), Umsatzsteuer in nationaler und europäischer Sicht, DStJG Band 13, Köln 1990, S. 247 – 264.

Wöhe, Günter: Betriebswirtschaftliche Steuerlehre Band I, Halbband 1, 6. Auflage, München 1988.

Wohlschlegel, Hanspeter: Eigenverbrauchsbesteuerung als Besteuerung der Einkommens- und Vermögensverwendung, in: StuW 1974, S. 139 – 146.

Zimmermann, Horst: Versuch zur Klassifizierung der unternehmensbezogenen Steuern in finanzwissenschaftlicher Sicht, in: StuW 1993, S. 231 – 236

Zimmermann, Steffen: Rechtsposition, Handlungsalternativen und Kostenbeiträge der absonderungsberechtigten Bank im Rahmen der InsO, in: NZI 1998, S. 57 – 64.

Zippelius, Reinhold: Juristische Methodenlehre, 10. Auflage, München 2006.

Anlage 1 - Pressemitteilung 10/27 des DEHOGA-Bundesverbands

DEHOGA BUNDESVERBAND

Informationen für die Presse

aktuell

DEUTSCHER HOTEL- UND GASTSTÄTTENVERBAND (DEHOGA BUNDESVERBAND)

PRESSEMITTEILUNG 10/27

Sechs Monate reduzierter Mehrwertsteuersatz für Übernachtungen

DEHOGA: Endlich Steuergerechtigkeit in Europa / Hoteliers schaffen Jobs und investieren

(Berlin, 1. Juli 2010) Die Senkung der Mehrwertsteuer für Übernachtungen hat bundesweit Investitionen in Millionenhöhe ausgelöst und für tausende neue Jobs in der Hotellerie gesorgt, so das Ergebnis einer Umfrage des Deutschen Hotel- und Gaststättenverbandes (DEHOGA Bundesverband). „Mit der Mehrwertsteuerreduzierung wurde endlich Steuergerechtigkeit in Europa hergestellt. 23 EU-Staaten gewähren ihrer Hotellerie aus guten Gründen ermäßigte Steuersätze“, erklärt DEHOGA-Präsident Ernst Fischer. „Es war und bleibt richtig, dass die Bundesregierung mit der Einführung des reduzierten Mehrwertsteuersatzes zum 1. Januar 2010 die seit Jahrzehnten bestehende Wettbewerbsverzerrung beendet hat. Jetzt sind unsere Betriebe in der Lage, zu investieren und Arbeitsplätze zu schaffen. Handwerker, Zulieferindustrie, Gäste und Mitarbeiter profitieren.“

Bis zum 30. Juni 2010 liegen dem Verband 4.050 Rückmeldungen von Hotels vor. Die Addition der angegebenen Maßnahmen und Summen ergibt folgendes Ergebnis:

- 717,6 Millionen Euro geben die Betriebe für Neuanschaffungen, Renovierungen und Modernisierungen aus.
- Laut der DEHOGA-Umfrage schaffen die Unternehmen zusammen 5.747 zusätzliche Arbeitsplätze, davon 2.150 Vollzeit-Mitarbeiter, 1.793 Teilzeit-Mitarbeiter und 1.804 Azubi-Stellen.
- Jeder dritte Betrieb (32,2 Prozent), der bisher auf die Fragen des DEHOGA geantwortet hat, senkt die Preise um durchschnittlich 6,5 Prozent.
- 29,2 Millionen Euro fließen in Lohnerhöhungen, 12,8 Millionen Euro werden in Schulungsmaßnahmen investiert.

„Die Mehrwertsteuersenkung ist damit auch ein wirkungsvolles Konjunkturprogramm für den Tourismus in Deutschland“, so Fischers Zwischenfazit.■

Der Deutsche Hotel- und Gaststättenverband (DEHOGA Bundesverband) ist der Branchenverband der Hoteliers und Gastronomen in Deutschland. Hinter dem DEHOGA steht mit dem Gastgewerbe ein starkes Stück mittelständischer Wirtschaft: Über eine Million Beschäftigte und mehr als 100.000 Auszubildende in 240.000 Betrieben erwirtschaften einen Jahresnettoumsatz von 57,2 Milliarden Euro.

Ihre Ansprechpartnerin:

Stefanie Heckel
Pressesprecherin
DEHOGA Bundesverband
Am Weidendamm 1A
10117 Berlin

Fon 030/72 62 52-32
Fax 030/72 62 52-42
Mobil 0171/4 44 13 63
heckel@dehoga.de
www.dehoga.de

**Der reduzierte Mehrwertsteuersatz
ist in Europa nicht die Ausnahme, sondern der Normalfall.**

Anlage 2 - Pressemitteilung des Verbraucherzentrale Bundesverband e. V. vom 19.01.2010

verbraucherzentrale
Bundesverband

Haushaltsdebatte: Hotelübernachtungen eher teurer als günstiger

Bisher kein positiver Preiseffekt für Hotelkunden

19.01.2010

Offenbar geben nur wenige Hotels das Mehrwertsteuergeschenk zum Jahreswechsel in Form von Preissenkungen an die Kunden weiter. Dies zeigt eine vom Verbraucherzentrale Bundesverband (vzbv) veröffentlichte bundesweite Stichprobe von rund 600 Übernachtungsangeboten. Das Ergebnis: Von Mitte Dezember 2009 bis Mitte Januar 2010 wurden Hotelübernachtungen eher teurer als günstiger. Lediglich 7,4 Prozent der untersuchten Angebote wurden im Preis gesenkt, hingegen wurden 13,9 Prozent sogar erhöht. In der Summe sind die Kosten für Übernachtungen um 1,9 Prozent gestiegen.

vzbv-Vorstand Gerd Billen kritisiert die Hotelbranche für die Nichteinhaltung ihrer Ankündigungen. "Das Hauptargument für die Einführung einer reduzierten Mehrwertsteuer waren preisbedingte Wettbewerbsnachteile im internationalen Wettbewerb. Dann müssten als logische Konsequenz jetzt auch die Preise sinken." Der von der Politik erhoffte positive Preiseffekt für die Hotelkunden sei bisher jedenfalls nicht eingetreten. 5700 Mitglieder hatten in einer repräsentativen Umfrage des Deutschen Hotel- und Gaststättenverbandes (Dehoga) angekündigt, 21,2 Prozent des Mehrwertsteuervorteils als Preissenkungen direkt an die Kunden weitergeben zu wollen. Der Hotelverband Deutschland (IHA) hatte zugesagt, dass Gäste, Mitarbeiter sowie Handwerker und Zulieferer gleichermaßen profitieren werden.

Ergebnisse der Erhebung

Der vzbv hatte das Institut für angewandte Verbraucherforschung (IFAV) mit der Überprüfung der Preisentwicklung beauftragt. Die nicht repräsentative Stichprobe umfasst insgesamt 583 einzelne Übernachtungsangebote von 300 Betrieben, verteilt auf 180 Betriebe in 30 Städten in allen Bundesländern sowie 120 Betriebe in 20 beliebten Ferienregionen in Deutschland. Sämtliche Preise bezogen sich auf Übernachtungen an einem Werktag außer Freitag. Es wurden nur Normalangebote ermittelt. Die erste Datenerhebung wurde per Internet vom 15.-18. Dezember 2009 durchgeführt, die zweite Erhebung fand vom 12.-14. Januar 2010 statt.

In 78,7 Prozent der untersuchten Fälle sind die Preise konstant geblieben, in 13,9 Prozent der Fälle gestiegen, in 7,4 Prozent der Fälle gesunken.

Für die Gesamtstichprobe sind die Übernachtungspreise um 1,9 Prozent gestiegen.

Die Preiserhöhungen fallen kräftiger aus als die Preissenkungen: Die insgesamt 81 Angebote, die sich gegenüber Dezember 2009 verteuert haben, wurden durchschnittlich um 13,03 Euro erhöht. Dagegen fallen die durchschnittlichen Preisreduzierungen bei den 43 Angeboten, für die jetzt ein niedrigerer Preis als vor einem Monat festgestellt wurde, mit 5,62 Euro bescheiden aus.

Nur geringe Unterschiede in der Preistendenz lassen sich zwischen einem Zimmer mit und ohne Frühstück sowie zwischen einem Einzel- und Doppelzimmer erkennen.

In Großstädten haben wesentlich mehr Betriebe Preisänderungen vorgenommen als in den Ferienregionen, in beiden Fällen gab es mehr Anpassungen nach oben als nach unten.

Bei Einzelzimmern im oberen Preissegment, die vor allem für Geschäftsreisende interessant sein dürften, wurden die Preise bereits in über 30 Prozent der Fälle angepasst. Neben vielen Preiserhöhungen sind hier verglichen mit der Gesamtstichprobe relativ viele Preissenkungen zu beobachten. Vielleicht besteht hier, wenn auch auf sehr niedrigem Niveau, die Tendenz, Geschäftsreisenden, für die sich die Möglichkeiten des Vorsteuerabzugs jetzt verschlechtert haben, zum Teil mit Preissenkungen entgegenzukommen.

Hingegen sind die Preise für Doppelzimmer im unteren Preissegment, die vor allem für Urlauber attraktiv sein dürften, weitestgehend konstant geblieben. Preisanpassungen wurden lediglich in rund 11 Prozent der Fälle vorgenommen.

Angebote Verbraucherinfothek rund ums Reisen
Wer Unterstützung in der Reiseplanung sucht, findet unter http://www.verbraucherinfothek.de Marktübersichten zu Reiseveranstaltern, Ferienhäusern und -Wohnungen, zu Bahn-, Schiffs- und Flugreisen oder zu Fluggesellschaften. Auch gibt es eine Übersicht ökologischer Reiseveranstalter.

Downloads

Preisbeobachtungen nach Mehrwertsteueränderung im Hotelgewerbe / IFAV
(PDF, 53,85 KB)

FSC
www.fsc.org
MIX
Papier | Fördert gute Waldnutzung
FSC® C083411

Kolibri 360 GmbH
Ferdinand-Jühlke-Straße 7
99095 Erfurt, Deutschland
produktsicherheit@kolibri360.de